KB068473

잠수네 아이들의
소문난 수학공부법

**잠수네 아이들의
소문난 수학공부법**

1판 1쇄 발행 2016년 12월 27일
1판 11쇄 발행 2023년 06월 20일

지은이 이신애

발행인 양원석　　　**편집장** 김건희
디자인 스튜디오243　　**영업마케팅** 조아라 이지원

펴낸 곳 ㈜ 알에이치코리아
주소 서울시 금천구 가산디지털2로 53, 20층 (가산동, 한라시그마밸리)
편집문의 02-6443-8902　　**도서문의** 02-6443-8800
홈페이지 http://rhk.co.kr
등록 2004년 1월 15일 제2-3726호

ISBN 978-89-255-6070-0 (04370)

수학에 강한 아이를 만드는 잠수네 20년 교육 노하우

잠수네 아이들의

소문난 수학 공부법

이신애 〈잠수네 커가는 아이들〉 대표 지음

RHK
알에이치코리아

'수학을 공부해서 뭘 할 건데?'

1초의 망설임 없이 '학교시험 잘 보려고, 대학 잘 가기 위해서'라고 생각하는 분이 대부분일 것입니다. 맞는 말입니다. 그러나 좋은 대학이 좋은 직장을 보장하지 못하고, 알파고를 필두로 인공지능이 성큼 다가왔습니다. 대학만을 목표로 수학을 공부한다는 생각에 변화가 필요한 때입니다. 이렇게 바뀐 세상에서 수학을 공부해야 하는 이유는 무엇일까요? 바로 '문제해결력'을 키울 수 있기 때문입니다.

다음은 직장생활이나 사업할 때, 또는 일상생활에서 부딪히는 문제들을 해결하는 과정입니다.

- 무엇이 문제지? (문제 이해)
- 문제의 핵심이 뭐지? (조건 분석)
- 이 문제를 어떻게 해결하지? 어떻게 활용할까? 다른 방법은 없을까? (문제해결)

수학문제를 풀 때도 마찬가지입니다. 수학문제를 읽고(문제 이해) 주어진 조건에 맞는 식을 세워(조건 분석) 문제를 푸는 데 필요한 개념을 생각한 후(원인 분석) 논리적으로, 또는 직관적으로 문제를 해결할 방법을 찾습니다. 어떤 문제에 부딪혔을 때 여러 가지 해결방법을 생각해보고 그중 가장 적합한 해결책을 선택해서 실천하는 것은 수학문제 풀 때뿐 아니라 인생을 살아가는 데도 많은 도움이 됩니다. 또한 수학 개념을 정확하게 이해하고 골똘히 생각하다 보면 전혀 생각하지 못한 엉뚱한 곳에서 해결의 실마리가 보일 때가 종종 있습니다. 바라보는 각도만 살짝 바꾸면 쉽게 문제가 풀리는 것은 사회생활에서 만나는 문제를 해결할 때도 비슷한 상황입니다.

이런 관점에서 보면 수학공부의 목표는 점수 잘 받기를 넘어서 스스로 문제를 해결하는 능력을 키우는 데 초점을 맞추어야 할 것입니다. 최대한 자기 힘으로 뚜벅뚜벅 걸어갈 수 있는 능력, 돌멩이에 걸려 넘어져도 다시 일어나고, 벽에 부딪쳐도 넘어갈 수 있다는 자긍심과 끈기를 키우는 길을 찾아야겠지요. 이 책을 쓸 때 가장 중점을 둔 것도 바로 이 부분입니다.

〈1부〉는 수학에 대한 부모들의 고민과 원인, 대안을 담았습니다. 사교육을 안 하면 수학을 못한다, 선행은 필수라고 여기는 시대입니다. 과연 어디까지가 맞고 어디까지가 거품인지 살펴보았습니다.

〈2부〉에서는 아이의 수학실력에 따라 선택할 수 있는 초등, 중등 수학로드맵을 제시합니다. 더불어 초중고 수학의 전체 흐름을 짚고 초등, 중등 수학문제집도 난이도와 종류별로 구분했습니다. 내 아이에게 딱 맞는 길을 찾는 데 나침반 역할을 해주기 위해서입니다.

〈3부〉는 연산, 도형, 문장제(서술형), 사고력 수학, 오답/개념노트 등 영역별로 나누어 중요한 부분을 체크하고 약한 부분을 보완하는 방법을 담았습니다. 수학교구, 사고력 퍼즐과 보드게임도 난이도와 영역으로 구분해서 넣었습니다. 수학문제 해결의 바탕이 되는 집중력, 문제해결력, 집중력, 직관력, 논리력 등을 키웠으면 하는 바람에서입니다.

〈4부〉는 유아기 자녀의 수학 접근 방법으로, 놀이로 즐겁게 진행하는 선배들의 노하우를 담았습니다. 초중고 12년을 바라보며 초반에 지치지 않으려면 수학문제 몇 개 더 푸는 것보다 생활에서 재미있게 수학을 접해주는 것이 중요하기 때문입니다.

〈부록〉에는 잠수네 책나무 데이터에서 엄선한 영역별, 난이도별 수학지식책을 넣었습니다. 수학지식책을 안 읽어도 수학을 잘할 수 있지만 수학을 싫어하거나 개념이해가 부족한 아이에게 흥미를 주고 이해를 높이는 용도로, 수학을 좋아하는 아이에게 교과서를 넘어 좀 더 심화된 개념을 접근하는 통로로 수학지식책의 자리가 있기 때문입니다. 마지막에 실은 초등 과정의 중요한 수학개념과 초중고 수학연관단원표는 앞으로 공부할 영역을 조망하거나, 현재 부족한 영역을 찾을 때 도움이 될 것입니다.

잠수네의 의미는 아이들에게 올바른 교육, 미래를 바라보는 교육이 무엇인지 함께 고민하는 데 있습니다. 잠수네에서 생각하는 수학 공부의 목표 역시 수학 점수를 잘 받는 것을 넘어 수학을 공부하면서 체득한 문제 해결력이 빛을 보는 것입니다. 삶에서 어떤 어려운 문제를 만나더라도 피하지 않고 적극적으로 새로운 길을 찾는 사람으로 자라나는 데 이 책이 일조했으면 합니다.

함께하면 길이 보입니다.

2016년 12월 이신애

3부
영역별 수학 핵심 잡기

4부
유아수학

부록

1. 약어 정리

- 이과(자연계), 문과(인문계)
- 고등학교 수학교과서 : 수학1(수학 I), 수학2(수학 II)
- 고교 종류별
  일반고(일반고등학교), 외고(외국어고등학교), 특목고(특수목적고등학교), 과학고(과학고등학교)
  영재고 : 과학고(서울, 경기, 대전, 대구, 광주), 한국과학영재학교, 과학예술영재학교(세종, 인천)

2. 사례글

이 책에는 〈잠수네 커가는 아이들〉 회원들의 글이 실려 있습니다.

- 자녀의 학년 표시
  - 글을 쓴 시점의 학년(나이)과 현재 학년을 병기했습니다.
  - 최근에 쓴 글은 현재 학년만 표시했습니다.

- 리얼리티를 살리기 위해 맞춤법에 어긋나더라도 그대로 둔 부분이 있습니다.

- 사례글에 나오는 약어
  포폴 – 잠수네 포트폴리오
  잠친 – 잠수네 친구들
  팀방 – 잠수네 함께하는 팀
  수교 – 잠수네 수학교실

3. 참고사항

1) 수학 로드맵은 2009 개정 교육과정을 기준으로 했습니다.

2) 이 책에 실린 수학동화책, 수학지식책 중 절판되거나 구입이 어려운 책은 도서관을 이용해주세요.

3) 수학동화책과 수학지식책 단계(JK1~JK10)는 조금씩 변동될 수 있습니다.
   JK1(1~4세), JK2(5~7세), JK3(초1)~JK8(초6), JK9~JK10(중등, 고등)

4) 수학문제집은 출판사 난이도 조정에 따라 단계가 달라질 수 있습니다.

4. 〈잠수네 커가는 아이들〉 프로그램

잠수네 프로그램 10가지		
1	잠수네 포트폴리오	전체학습 기록 관리
2	잠수네 영어교실	영어 테스트, 영어학습 코칭페이퍼
3	잠수네 수학교실	수학 테스트, 수학학습 코칭페이퍼
4	잠수네 책벌레	한글책/영어책 읽기 동기 부여
5	잠수네 책나무	한글책/영어책/DVD 교재정보
6	잠수네 연산	초등, 중등 연산 문제은행
7	잠수네 받아쓰기, 잠수네 Dictation	한글/영어 받아쓰기
8	잠수네 프린트센터	과목별 교육자료와 양식
9	잠수네 파피루스	한글/영어 글쓰기 지원
10	잠수네 상장	칭찬, 격려, 동기부여용

1부

—

수학, 이것이 궁금해요

수학을 잘하기 위해서
제일 중요한 것은?

수학을 좋아했던(또는 잘했던) 부모와 수학을 싫어했던(또는 못했던) 부모를 비교하면 어느 쪽이 더 많을까요? 두말할 것도 없이 후자 쪽이 훨씬 더 많습니다. 다들 수학이라면 고개를 절레절레하고 수학은 쳐다보기도 싫은 것이 솔직한 심정입니다. 여기서 잠깐! 부모가, 특히 엄마가 수학을 무서워하고 불안해하면 아이도 두려워할 가능성이 높습니다. 한 술 더 떠서 "수학은 어려워, 수학은 힘들어, 나도 수학을 못했어⋯⋯" 같은 부정적인 말을 쏟아내면, 아이에게 수학을 싫어하는 마음이 바로 전염됩니다. '나보다는 잘하겠지' 하는 마음에 남들이 좋다는 수학학원에 보내거나, 입소문 난 과외 선생님 구하는 것으로 최선을 다했다고 생각하지만 착각입니다.

수학을 잘하는 길은 수학교과서의 개념을 충분히 이해하고, 실력에 맞는 문제를 꾸준히 푸는 것입니다. 아이가 수학교과서를 잘 이해했는지 살피고, 아이의 수준에 맞는 적당한 문제집을 찾아 잘 이끌어주면 수학실력이 올라가는 것은 시간문제입니다. 부모가 수학을 못해도 괜찮습니다. 직접 가르치지 않아도 됩니다. 매니저 역할만 잘 해주면 됩니다. 내가 수학을 못했어도 아이는 얼마든지 잘할 수 있습니다.

반대로 수학을 잘했던 부모들은 걱정이 없을까요? 남들은 엄마, 아빠가 수학을 잘하면 좋겠다고 하지만 수학 공부를 직접 챙기겠다고 나선 경우, 감정이 앞서 잘못된 말과 행동이 나도 모르게 튀어나오기 쉽습니다. 쉬운 문제를 틀렸다고 인상 쓰고, 틀린 문제를 설명해줘도 알아듣지 못한다고 벌컥 화부터 내고, 시키는 대로 안 한다고 윽박지르는 식입니다. 이러다 보면 아이는 점점 주눅이 듭니다. 사춘기에 접어든 때라면 사이마저 나빠지기 쉽습니다. 수학 공부 이전에 아이와 좋은 관계를 유지하는 것이 우선이라는 점을 명심해주세요.

수학을 잘했던 아빠들 중에는 "스스로 하겠다는 마음이 들 때까지 기다려야지, 억지로 수학 공부 시키지 마라"는 소신파도 있습니다. 다른 집 아이들의 수학 진도와 공부량을 소문으로 듣는 엄마 입장에서는 남편과 싸워가면서 수학을 시켜야 할지, 혼자 발을 동동 구르며 기다려야 할지 애가 탑니다. 아빠의 의견이 틀린 것은 아니지만 시대가 많이 변했습니다. 스마트폰, 게임 등 아이들을 유혹하는 환경이 과거에 비해 훨씬 더 다양하고 자극적입니다. 입시제도가 복잡해져서 뒤늦게 공부하겠다고 마음먹어도 차근차근 준비한 아이들을 따라잡기가 매우 벅찹니다. 수학은 장거리 경주입니다. 기본 체력이 있어야 마라톤 완주를 할 수 있듯, 최소한 제 학년 수학 공부는 확실히 해두어야 나중에 제대로 달릴 수 있습니다.

어릴 때부터 수학을 재미있게 접해주려고 노력한 경우도 초등부터는 자세를 바꿔야 합니다. 일정 시점부터는 엉덩이 붙이고 진득하게 공부하는 모드로 전환해야지 재미만 추구해서는 수학 실력이 늘지 않습니다.

아이 스스로 잘하고자 하는 마음이 들도록 해주세요

수학은 혼자 힘으로 문제를 해결할 때까지 끈기 있게 붙잡고 씨름해야 하는 과목입니다. 아무리 잘 가르친다고 소문난 수학학원에 보내고, 과외를 시켜봐도 스스로 하겠다는 마음이 없으면 모두 헛수고입니다. 반대로 스스로 수학 공부를 해야겠다고 마음먹고 꾸준히 공부를 하다 보면 수학 실력도 자연스럽게 올라갑니다. 문제는 하늘에서 감 떨어지길 바라듯 언제 아이가 철이 들지(공부해야겠다고 마음먹을지) 알 수 없다는 것이지요.

초등 저학년까지는 매일 조금씩 공부하면서 잘한다 칭찬해주면 수학이 재미있어집니다. 더 잘하고 싶은 욕심도 생겨납니다. 초등 고학년 이후는 아이의 꿈과 삶의 목표에 대해 차분하게 이야기 나누는 시간이 꼭 필요합니다. 마음이 움직여야 공부할 생각이 드니까요. 수학 공부가 조금씩 어려워지고 힘이 들어도 등 두드리며 대견하다고 격려해주세요. 아이도 힘을 얻습니다.

내 아이의 수준을 제대로 알아야 합니다

교육과정이 바뀔 때마다 중간고사, 학기말 고사를 안 보는 초등학교가 늘었다 줄었다 합니다. 아이들의 학습 부담을 줄이기 위해 간단하게 단원평가만 보는 학교도 있다 보니, 한 반에 90점 이상이 대부분인 경우도 다반사입니다. 담임선생님에 따라 수학시험 수준이 달라지기도 합니다. 수학 교과서 수준의 문제를 출제하는 분부터 상당한 난이도의 심화문제를 내는 분까지 있습니다. 중학교라면 지역에 따라 수학 실력의 편차가 큽니다. 교육에 관심이 많은 지역일수록 잘하는 아이들이 많고 (잘하는 아이들이 전학 오기 때문), 변별력을 내기 위해 학교 시험이 어렵게 나오는 경향이 있습니다.

이 때문에 초등학교, 중학교 시험에서 100점을 맞았다고 해도 늘 겸손한 마음가짐이 필요합니다. 학교 수학 점수가 비슷한 같은 반 친구가 영재고, 과학고를 목표로 심화와 선행학습을 하고 영재원 준비를 한다고 부러워하거나 불안해하지 마세요. 잘하는 아이들이 많다고 의기소침하지도 마세요. 경계해야 할 것은 아무 계획 없이 같은 반 친구가 선행을 한다고 따라 하고, 잘하는 아이들이 어려운 심화수학 문제집을 푼다고 같은 문제집을 사서 들이미는 것입니다.

제일 먼저 살펴볼 것은 아이가 학교 수업을 잘 따라가는지, 제 학년 수학교과서와 익힘책을 제대로 이해하고 있는지입니다. 현재 풀고 있는 문제집이 아이 수준에 맞는지 판단할 수 있는 눈을 키워야 하고요. 수학학원에 다니거나 과외를 한다면 학원에서 풀거나 숙제로 내주는 문제의 수준이 아이한테 적당한지 판단할 수 있어야 합니다. 더 중요한 것은 아이의 현재 수학 실력, 원하는 진로에 맞는 수학 로드맵을 같이 머리를 맞대고 짜보는 것입니다.

> ### 초등 6학년 교사의 수학에 대한 생각!!!
> 작성자: 버드나무꿈 (초5, 초3) ⋯ 현재 중1, 초5

16년 차 경력의 교사이자 이제 6학년에 올라가는 남자아이를 둔 엄마입니다. 교단에 첫발을 내디딘 후 아이들을 바라보는 시선이 참 많이 변했습니다. 결혼 전과 후, 내 아이가 생긴 후, 내 아이가 초등학교에 들어가고 고학년에 되어가니 부모의 입장이 되어 아이들을 걱정하고 도움을 주고 싶은 마음이 생기더군요.

그래서 작년 한 해 동안 정말 열심히 가르쳤습니다. 특히 수학을요. 수학으로 걱정, 고민하시는 어머님들께 작은 도움이라도 되고자 글을 남겨봅니다.

1. 제가 가르친 아이들
부모님 대부분이 맞벌이를 하며 형편들이 넉넉하지 않다 보니 사교육을 받는 아이들이 적고, 사교육을 받더라도 공부방 위주로 다니다 보니 문제집 풀이 또는 중학교 선행학습을 진행하고 있었다. 진단평가 결과 수학 평균이 75점일 정도로 수학 성적이 낮았다.

2. 수학 성적 향상을 위해 노력한 점

1) 수학 시간에 거꾸로 수업 방법을 적용하여 수업함

요즘 뜨고 있는 거꾸로 수업!!! 간단히 말하면 담임쌤이 다음 날 배울 핵심적 내용을 10분 이내 동영상으로 제작해 올려놓으면 아이들은 가정에서 이를 토대로 예습하고 온 후, 수업 시간에는 서로 협동하며 수학 익힘 및 심화 문제를 해결하는 방법이다. 아이들이 너무나 수학 실력의 편차가 심하고, 여학생들의 경우 수학에 대한 두려움이 강하며, 수학익힘을 숙제로 내주더라도 제대로 풀고 오는 아이들이 없어서 힘들었지만 이 방법으로 수업을 전개했고 참 많은 변화와 좋은 결과를 얻었다. 한 아이는 3월 진단평가 시 부진아로 판정되었는데, 2학기 말 수학시험에서 100점을 맞았다.

* 부모님이 알아야 할 것

① 아이들에게 가장 필요한 것은 문제를 혼자 힘으로 풀 수 있는 시간이므로, 아이들이 문제 1개라도 충분히 고민하며 발버둥치며 풀 수 있는 시간을 줘야 한다(양보다는 질이 중요함).

② 아이들은 서로 가르치고 설명하면서 배우고 수학에 즐거움을 느끼므로, 가정에서 아이를 격려하며 선생님이 되어 설명해보는 기회를 많이 주면 좋을 것 같다.

③ 수학이든 무슨 과목이든지 가장 중요한 것은 수업에 집중하는 것이므로, 평소 학교에서 수업 및 생활태도에 관심을 갖고 가정에서 지도하면 좋을 듯싶다(특히 선행을 한 아이들은 수업을 건성으로 듣는 경향이 심함).

2) 수학 풀이노트를 습관화하도록 함

6학년이 되었는데도 아이들이 연산에서 브레이크가 걸리는 경우가 많았다. 몇 개월을 아침 10분을 이용해 잠수네 연산 학습지를 꾸준히 하도록 할 만큼 아이들은 기초가 부족했으나, 대부분 부모님들은 연산의 중요성과 자녀들이 연산에서 얼마나 많은 실수를 하고 있는지 모르고 계셨다. 그래서 아이들에게 수학 풀이노트를 활용하는 방법을 지도했고, 한 명 한 명 체크하며 쉬운 문제도 꼭 노트 필기하듯 풀이노트를 활용하도록 하자, 가장 큰 변화를 보인 아이들이 남학생이었다. 아무래도 남자아이들은 시험지에 끼적이며 푸는 습관이 되어있고, 연산이 좀 되는 아이들은 암산을 하다 보니 실수가 많았는데 이런 점이 고쳐지니 수학 성적이 많이 향상되는 것을 알 수 있었다.

* 부모님이 알아야 할 것
① 아이들의 지속된 습관은 쉽게 고쳐지지 않으므로, 늘 확인하고 가르치고 격려해야 한다. 풀이노트를 이용한 문제풀이를 1년간 지도하였음에도 불구하고 아직도 여기저기에 푸는 아이들이 있을 정도다. 습관은 하루아침에 고쳐지지 않으므로 이를 습관화할 때까지 지속적인 관심이 필요하다.
② 연산은 초등 저학년에만 필요한 것이 아니다. 특히 초등 5학년 수학은 전 단원이 연산일 정도로 연산이 중요한 학년이니 더 연산에 관심을 가지고 잠수네 연산을 활용하여 지도해야 할 것이다. 우리 반 아이들은 5학년 수학을 제대로 해놓지 않아 어려움이 많았고, 꼭 새로운 단원을 배우기 전에 5학년 내용을 설명하고 배워야 했다.

3) 수학을 비롯한 공부의 맛을 알도록 격려하고 칭찬함
거꾸로 수업을 통해 어려운 문제를 서로 협동하여 푸는 모둠에는 스티커 및 쿠폰, 젤리 등으로 칭찬을 해주면서 아이들의 공부를 도왔다. 그러자 서

로 고민하며 이런저런 방법으로 풀어 그 문제를 해결하면 같이 박수를 치며 기뻐하고, 수학에 대한 자신감을 회복하는 아이들을 볼 수 있었다. 특히 이 변화는 수학에 대한 자신감이 부족한 여학생과 중하위권 아이들이었다. 자신들도 할 수 있다는 성취감을 맛보자 이는 자신감으로 연결되어 두려움을 극복하는 계기가 되었다.

* 부모님이 알아야 할 것
① 부모님, 학교 및 학원 선생님들을 통해 아이들은 수학에 대한 두려움을 많이 가지고 있으므로 가정에서 아이를 격려하고 보상하며 자신감을 회복할 수 있게 도와준다면 분명 성적은 오를 것이다.
② 아이들마다 타고난 재능이 다르므로 수학, 논리 지능이 약한 아이들이 수학을 어려워하는 것은 당연하다. 하지만 이 약점들도 노력을 통해 얼마든지 극복될 수 있으므로 부모가 조급함 대신 여유로운 마음과 시선으로 아이를 대하면 좋을 듯싶다.

쓰다 보니 두서없는 글이 되었습니다. 부족함 많은 교사이자 엄마인 제가 저처럼 고민하고 힘들어하시는 어머님들께 작은 도움이 되고자 남깁니다. 저 또한 저희 반 아이들은 이렇게 지도하고 격려하지만, 내 아이의 작은 실수에는 왜 이리 엄격해지는지……. 더 좋은 엄마가 되리라 다짐해봅니다.

사교육 없이 집에서
수학 학습이 가능한가?

초등 2~3학년만 되어도 수학학원을 다니는 아이들이 급속하게 늘어납니다. 왜 그럴까요?

부모가 못 봐주니까, 남들 다 다니니까 불안해서, 수학 성적이 떨어져서, 혼자 놔두면 공부를 안 해서, 아이 공부시킨다고 하다 관계만 나빠질까 염려돼서, 선행 진도를 혼자 빼기 어려워서 등 이유는 다양합니다. 창의수학이니 사고력 수학같이 부모가 잘 모르는 영역을 다뤄줘야 하지 않나 하는 강박도 있습니다. 계속 바뀌는 수학 교육과정, 널뛰듯 하는 입시에 대비하는 길이 학원행 외에는 대안이 떠오르지 않기 때문이기도 합니다. 수학이 싫다, 생각하는 게 싫다는 아이를 사교육에 맡기면 요술방망이처럼 뚝딱 탈바꿈시켜주지 않을까 하는 기대도 있습니다.

진짜 그런지 하나씩 따져보겠습니다.

내가 못 봐준다.	⋯⋯▶ 수학을 몰라도 된다.
아이들이 다 학원에 다닌다.	⋯⋯▶ '학원 다니면 다 수학을 잘하는가?' 되짚어본다.
수학 성적이 떨어진다.	⋯⋯▶ 수학 공부를 안 해서다. 공부하면 된다.
혼자 놔두면 공부를 안 한다.	⋯⋯▶ 동기부여 방법을 모색하고, 계획 짜기와 실천을 도와준다.
아이와 관계가 나빠진다 .	⋯⋯▶ 옆집 아이라 생각하고 예의를 갖춘다. (짜증 부리기, 벌컥 화내기 금지)
선행 진도를 혼자 빼기 어렵다.	⋯⋯▶ 선행 진도와 수학 실력은 무관하다. (수학을 잘하면 혼자서도 선행 가능)
사고력 수학을 해야 할 듯하다.	⋯⋯▶ 수학 개념이해와 응용. 심화문제 풀기가 사고력을 키우는 과정이다.
바뀐 수학교육과정을 잘 모른다.	⋯⋯▶ 내 아이에게 적용되는 수학교육과정을 알려고 노력한다.
변하는 입시에 대해 잘 모른다.	⋯⋯▶ 부모가 입시를 모르면 내비게이션 없이 낯선 길을 달리는 차와 같다.
수학(생각하기)을 싫어한다.	⋯⋯▶ 잘하면 좋아하게 된다. 쉬운 수준부터 차근차근 공부하면 잘할 수 있다.

엄두가 안 난다고요? 사교육에 맡겨도 이런 고민들이 눈 녹듯 싹 해결되지 않습니다. 진검승부를 해야 할 고등학교 수학은 스스로 공부하는 습관이 배어있지 않으면 어느 순간 벽에 막히게 됩니다. 다음 몇 가지를 지켜보세요. 사교육을 안 시켜도 수학 잘하는 아이로 키울 수 있습니다.

1. 수학 공부 습관을 갖게 한다

요즘은 스마트폰, 게임 등 공부 말고 재미있는 놀이가 너무 많습니다. 알아서 수학 공부를 할 수 있는 환경이 아닙니다. 그래서 아이 스스로 수학 공부를 해야겠다는 의지가 생기기 전까지는 부모가 이끌어줄 수밖에 없어요. 어떤 일이든 잘하면 재미있어집니다. 수학도 마찬가지입니다. 낙숫물이 바위를 뚫는다는 말처럼, 아이의 수준에 맞춰 계획을 세우고 꾸준히 실천하도록 격려해주세요. 매일 일정한 시간에 공부하는 습관이 자리 잡으면 수학 실력은 저절로 올라갑니다.

2. 아이의 자존감을 세워준다

집에서 수학 공부를 할 때 제일 어려운 것이 내 마음을 다스리는 일입니다. 아이들은 잠깐만 한눈팔면 딴짓을 하기 일쑤입니다. 엉터리로 후다닥 문제를 풀고, 답지를 베끼는 일도 비일비재합니다. 자연히 목소리가 커지고 야단치는 횟수가 늘어갑니다. 그러나 화를 내는 횟수가 많아질수록 아이들은 수학과 멀어집니다. 다 아는 문제를 틀린다고 잔소리하면 할수록 수학이 싫어집니다. 겁을 먹으면 평소 잘 풀던 문제도 못 풉니다. 수학을 잘한다는 자신감이 붙어야 어려운 문제를 해결하려는 도전 의식이 생깁니다. 딱 3가지만 지키세요. 잘 풀면 칭찬해주기, 틀렸어도 웃으면서 격려하기, 화가 나면 잠시 자리 피하기!

3. 개념 이해는 도와주되, 모르는 문제를 풀어주지 않는다

아이와 함께 수학교과서의 개념을 공부해보세요. 개념 부분이 어렵다고 하면 반복해서 소리 내 읽도록 해주세요. 아이가 알고자 하는 마음이 있다면 문제를 풀면서 개념을 이해할 수 있습니다. 어려운 문제에 부딪혔을 경우에도 교과서의 개념 설명 부분을 다시 읽어보게 하면서 스스로 문제를 해결하도록 독려해야 합니다. 애써 설명해봐야 아이들은 뒤돌아서면 금방 까먹습니다. 아이들 눈높이에서 알아들을 수 있게 설명하는 것도 쉽지 않고요. 수학 문제집의 못 푸는 문제(틀린 문제)는 최소 3번은 다시 풀어보게 하세요(단, 아이 실력에 맞는 문제집이어야 합니다). 그래도 모르면 교과서에서 해당 개념을 찾아보고, 도저히 이해가 안 될 때 답지를 보여주세요. 수학은 혼자 힘으로 끙끙대며 풀 때 실력이 올라간다는 사실을 잊지 마세요.

잠수네 수학, 됩니다!!
작성자 : 해피지니 (중1) … 현재 중3   ✉

– 초등수학 진행

잠수네만 믿고 7년째 잠수식 공부법으로 이끌고 있습니다. 잠수네 영어를 1학년 말에 시작하면서 3학년 때 영어 학원을 보내게 되겠지라고 생각했었는데 그 시기가 점점 뒤로 미뤄지더니 영어뿐 아니라 수학도 스스로 공부하고 있습니다. 아이와 함께한 수학 공부를 되돌아보며 정리해보겠습니다. 참고로 저는 문과 엄마이고 초등학교 입학 이전에 적절한 수학적 자극을 준 기억이 별로 없습니다. 수학동화 전집을 사서 같이 읽었으나 아이가 별로 좋아하지 않았고, 전집에 딸려온 교구를 함께하고 퍼즐을 좋아할 때 많이 사준 기억밖에 없네요. 아이가 레고도 좋아하지 않아서 별로 가지고 놀지 않았고 남들이 많이 시키던 오르다 같은 수업도 받아본 적이 없습니다. 차 타고 다닐 때 앞차 번호판으로 더하고 빼는 놀이는 자주 했는데 훗날 아이가 자기는 번호판만 보면 연산을 하고 있다는 이야기를 했습니다.

〈1학년〉

잠수네를 몰랐을 때 어떤 문제집이 좋은지 몰라서 베스트셀러라는 우등생 해법수학을 사서 1, 2학기 모두 풀었답니다. 중간중간 생각날 때 기탄수학으로 연산을 한 게 다입니다. 담임선생님께서 수학을 잘하면 문제 해결의 길잡이를 풀려보라고 하시더군요. 쌤 말씀을 철석같이 믿고 구입했는데, 이런 일이. 너무 어려워서 풀 수 있는 문제가 없는 거예요. 잘 설명하면서 풀려보다가 때려치웠습니다.

〈2학년〉

1학년 때와 마찬가지로 우등생 해법수학을 풀렸고, 연산도 풀렸지만 열심히 챙긴 건 아니었어요. 연산은 쉽게 진행되길래 상위권 연산을 구입해 몇 권 풀었답니다. 수학도 규칙적으로 해야겠다는 생각에 9월부터 평일 30분 공부하는 습관을 들였습니다. 1학년 때 포기했던 문해길(문제 해결의 길잡이) 원리 편을 다시 구입해서 일부만 풀렸답니다. 아직도 어려워서 이건 아니다 하고 다시 포기~. 3학년이 된다고 생각하니 수학이 좀 걱정되기 시작하더군요. 그래도 할 때 되면 할 거라 믿고 잠수네 영어와 한글책 읽기에 힘을 쏟았습니다.

〈3학년〉

1, 2학년에는 수업을 따라가면서 문제집을 풀었는데 3학년 되면서 예습을 처음 시작하였습니다. 잠수네 연산도 규칙적으로 하지는 못했지만 생각날 때마다 풀었네요. 이제 3학년이 되었으니 풀어낼 수 있을까 하며 겨울 방학에 다시 문해길을 구입했습니다. 머리가 커서 그런지 이번엔 원리 부분을 풀 수 있게 되었어요. 정답률은 그리 높지 않았지만 풀게 되었다는 것에 의의를 두었답니다.

〈4학년〉

예습은 방학 동안 하고, 그 이상의 선행은 하지 않았습니다. 4학년부터 잠수네 수학 테스트를 치르게 되었고 그에 맞추어 공부하게 되니 수학 공부도 당연히 해야 하는 것으로 인식하게 되어 진행이 수월했습니다. 4학년 1학기에 처음으로 교내 수학 경시대회를 치르게 되었습니다. 70점만 넘으면 동상인데, 그 점수도 나오지 않아 상을 받아오지 못했어요. 그래도 너무하다는 생각에 상담할 때 선생님께 여쭤보니 60점 대라고 하시더군요. 60점 대라고 말씀하셨으니 60점 초반이었겠죠? 저는 크게 충격을 받지 않았는데 아이는 많이 놀랐나 봅니다. 교내 수학 경시대회 이후로 학원 다니는 친구들이 늘어났고 아이는 학원 다니지 않아도 되냐며 걱정을 하기 시작했습니다. 엄마랑 하면 된다고 다독이며 진행했는데, 연산에서 구멍이 많이 보여 연산에 중점을 두고 진행했습니다. 학기 중에는 최고수준(최고수준 수학)도 풀렸는데 어려운 부분은 그냥 넘어갔습니다.

여름방학에 최고수준을 하나 더 사서 새로 풀게 했는데 이때 자신감이 붙었습니다. 1, 2, 3학년 때는 문해길 원리편도 어려워서 못 풀던 아이가 다른 심화서를 풀고 나니 문해길 심화편을 풀 수 있게 되었습니다. 기다려주길 참 잘했다는 생각을 했고, 못 풀던 문제집을 푸니 성취감도 생겼습니다. 이렇게 자신감이 붙더니 2학기 교내 수학 경시대회에서는 금상을 받아왔습니다. 이때 수학은 자신감이 참 중요하다는 생각을 다시 한 번 해보게 됩니다. 4회째 치르는 잠수네 수학 테스트는 점차 적응이 되어 문제 푸는 속도가 빨라져서 시간이 남았고 검토까지 할 여유가 생겼습니다. 한 문제만 어렵다면서 풀지 못했는데, 몇 문제를 틀렸고 이제까지 가장 높은 점수였답니다.

겨울방학 전 학교 친구 엄마들 만난 자리에서 다들 학원 이야기만 하는데 학원에 대해 아는 바가 없어서 입 꾹 다물고 남들 말만 듣다 왔습니다. 안 보내던 엄마들도 이번 겨울방학부터 수학학원 보낸다던데 잠수님께 수학 강연회에서 기 받고 온 대로 아이와 진행하였답니다.

〈5학년〉

학기 중에 디딤돌 응용부터 풀었고 일품도 풀었는데 경시 부분은 좀 어려워했습니다. 오답풀이는 아빠와 하기로 했는데 화이트보드에 문제를 푸는 재미로 잘 진행했으나 처음엔 부녀 모두 문제 푸는 방식이나 설명하는 방식에 적응하지 못해 삐걱거리기도 했습니다. 점점 나아지긴 했는데 주말 하루만 아빠와 하다 보니 규칙적으로 진행되지는 않았습니다.

담임선생님과의 상담 시간에 학원 다니지 않고 영어, 수학 모두 제가 데리고 공부시킨다고 이야기하니 선생님께서 진지하게 저를 설득하시더군요. 공교육에 종사하는 입장에서 드릴 말씀은 아니지만 어머니께서 공부하던 시대랑 지금은 다르다며 수학학원은 보내시라는 이야기를 들었습니다. 교내 경시대회가 없어져서 아이 실력을 점검할 기회가 없었으니 선생님의 그 말씀은 저희 아이를 생각해주시는 말씀이셨겠지요.

담임선생님의 조언도 들은 터라 6월에 처음으로 수학학원 테스트를 치렀습니다. 부원장님이 상담해주시면서 이제부터 선행 제대로 시작해야 잘하는 아이들 반으로 올라갈 수 있다며 제게 불안감을 조성하셨는데 학원은 등록하지 않았습니다.

심화 문제를 많이 풀고 난 뒤 9월 잠수네 테스트에서는 가장 높은 점수를 받게 되었습니다. 이렇게 탄력을 받으면서 수학 공부를 하니 학원을 다니지 않아도 쉽게 진행할 수 있었답니다.

– 중등수학 진행

5학년 겨울방학에 중등수학 공부를 시작했습니다. 인강으로 개념 설명을 듣고 문제집을 푸는 방식으로 진행했는데 민정범 쌤 강의는 재미있었지만 쌤이 문제 푸는 것까지 다 보겠다는 지니를 말릴 수가 없어 원하는 대로 진행하게 했습니다. 그러나 시간이 너무 오래 걸리더군요.

인강 수업하는 문제집도 풀고 개념서를 3권 동시에 진행하니 아이는 중1-1에 질리는 듯했습니다. 계속되는 오답에 아이도 엄마도 지쳐가고 제가 "지금 중등수학 나갈 때가 아니야. 너는 아직 안 되나 보다. 중등수학은 나중에 하자!"며 문제집을 던져버리는 만행도 저지릅니다. ㅜㅜ

아이는 중등수학 진행을 어려워했고 6-1, 6-2 최상위(최상위 초등수학)를 풀고 나서 중등수학을 하겠다고 하더군요. 엄마의 마음은 중1-1은 일품까지 풀고 개학을 맞이하길 바랬는데 어쩔 수 없이 아이의 의견을 존중해 6-1, 6-2 진행을 합니다. 선행이라 high level 부분은 빼고 진행했고 학기 중엔 쉽게 풀었습니다.

〈6학년〉

다시 시작한 중등수학. 예전에 비해 아이가 달라진 점이라면 엄마에게 물어보기 전에 한 번 더 혼자 생각해보는 점이었습니다. 최상위도 생각보다 오답이 적고, 잘 풀었는데 최상위를 풀면서 수학이 재미있다는 이야기도 했답니다. 이런 일이? 고민고민 해서 풀다가 맞으면 재미있고, 틀리면 멘붕이라네요. 수학 공부 시간은 평일 2시간, 주말 3시간으로 엄마와 약속을 했었고 되도록이면 지키려 노력했습니다.

〈중1〉

중학교 입학한 뒤 진행을 어떻게 해야 하는지 고민을 했는데 미리 걱정할 필요가 없었습니다. 내신 기간에는 시험 범위까지 최상위, 에이급, 수학의 신(1, 2step), 3000제(문제은행 3000제 꿀꺽 수학), 쎈을 다 풀었고 시간을 재어가며 강남 주요 학교들의 기출문제를 하루에 하나씩 풀렸습니다. 때때로 중학교수학 선생님이 되고 싶다는 이야기를 할 정도로 수학과 친근해졌구요.

3월 잠수네 테스트는 중1-1 범위라 엄마만 내심 기대를 하였습니다. 6학년 때 테스트에서는 초긴장을 하며 푼 적이 2번이나 있었기에 의연히 풀기만 하면 된다고 아이를 다독이고 잠수네 수학 테스트에 임했는데 89점으로 중1 전체에서 상위 1.7%가 나왔습니다.

전형적인 문과 엄마가 중등수학까지 아이와 함께할 수 있을 거라는 생각은 해본 적이 없었습니다. 중등수학까지 엄마와 진행할 수 있었던 것은 저 혼자만의 힘으로 된 것이 아니랍니다.

  1. 본인의 의지와 잠수네 영어로 길러진 엉덩이 힘
  2. 아이와의 친밀한 관계
  3. 포럼, 티타임 등 잠수네 모임 참석
  4. 포폴에 고민을 풀어놓으면 조언해주시는 고마운 잠친들
  5. 잠친들의 격려

위 사항들 중 한 가지라도 빠졌다면 이렇게 진행할 수 없었을 겁니다. 잠수네는 제 인생에서 좋은 분들을 가장 많이 만날 수 있었던 공간이고 앞으로도 그럴 거라 믿습니다. 잠수네와 잠친들께 모두 감사드리고 더불어 누군가에게 저도 작은 희망의 불빛이 될 수 있기를 바랍니다.

이제 시작 지점에 서있다고 생각합니다. 스스로 혼자 공부한 경험이 지니

를 더욱 자신감 있는 아이로 만들어주길 바랍니다.

지니야, 그동안 엄마의 코칭 잘 따라와줘서 고맙다. 사랑한다.

수학학원에 다니면
정말 수학을 잘할까?

수학학원이 효과가 있어 보이는 까닭은?

1. 수학 성적이 오르는 듯 보인다

대부분의 초등, 중등 수학학원은 학생들에게 많은 문제를 풀게 합니다. 초등학교 때는 공부할 양이 많지 않아 문제 푸는 양만 조금 늘려도 쉽게 성적이 올라갑니다. 중등 내신학원의 경우 시험을 앞두고 아이가 다니는 학교의 기출문제를 수백 개씩 집중적으로 풀게 하고, 숙제도 많이 내줍니다. 문제를 외울 정도로 많이 풀다 보니 단기간에 성적이 오를 수밖에 없습니다.

2. 진도를 빼준다

학원의 제일 큰 강점이 진도를 빼주는 점입니다. 아이의 실력에 맞게 계획을 세우고 실행하는 것이 자신 없으면 학원 외에 대안이 없어 보입니다. 공부 안 하려는 아이, 의지가 약한 아이도 학원에 보내면 수학진도를 빼주는 만큼 공부가 되려니 생각합니다. 선행 진도를 나가기 위해 학원을 찾는 것은 당연하고요.

3. 의지가 된다

학원에 가면 모르는 문제를 물어볼 선생님이 있다는 사실은 큰 의지가 됩니다. 학원에 안 보내는 것보다는 낫지 않을까 하는 안심보험 성격의 심리적 안정감도 있습니다.

4. 선의의 경쟁이 될 수도 있다

수학에 뛰어난 아이들이 모인 그룹에서는 서로서로 동기부여가 됩니다. 지지 않으려고 긴장해서 열심히 공부하다 보면 자연스럽게 실력도 올라갑니다(단, 이런 경우는 수학을 잘하는 상위권 아이들이 모여있고, 아이들과 호흡이 맞는 좋은 선생님이 있는 학원에 국한될 뿐입니다).

수학학원에 다녀서 진짜 수학 실력을 키우기 힘든 이유

1. 양으로 밀어붙이는 것의 한계

수학 문제를 많이 풀어 시험 점수가 올라가는 것에 안심하다 보면 놓치는 것들이 하나둘 생깁니다. 가장 큰 문제가 한글책을 읽을 시간이 점점 줄어든다는 점입니다. 책을 읽지 않아 한글 어휘력, 독해력이 떨어지면 학년이 올라갈수록 교과 성적이 떨어집니다. 국어는 물론 사회, 과학, 영어까지 동반 하락하면 다른 과목 공부에 시간을 많이 할애해야 합니다. 수학 공부할 시간이 상대적으로 줄어드니 수학 성적도 서서히 하락 곡선을 그릴 수밖에 없습니다.

2. 너무 어려운 교재, 과도한 분량

아이 수준과 상관 없이 개념 문제집, 유형 문제집, 심화 문제집을 동시에 풀게 하는 학원이 많습니다. 이런 학원일수록 숙제도 많아 혼나지 않으려고 학교에서 친구들에게 대신 풀어달라고 부탁하는 진풍경까지 벌어집니다. 수준에 맞지 않는 어려운 교재는 수학 공포심만 갖게 할 뿐입니다.

3. 비현실적인 선행

선행을 나갈 때 한꺼번에 2학기 이상 진도를 빼는 학원들이 상당수 있습니다. 초등 6학년 아이가 학기 중에 중1-1, 2-1를 나가고 방학 때는 중1-2, 2-1, 2-2를 하는 식으로요. 이 정도 속도로 진도를 나가려면 수박 겉핥기 식으로 개념 설명만 대충 하고 빠르게 진행해야 합니다. 간단한 설명과 쉬운 문제 몇 개만 풀고 진도를 빼는 선행은 최상위권 아이들도 제대로 이해하기 어렵습니다. 대다수는 몇 번씩 반복해도 기억에 남는 것이 없습니다. 부모의 불안을 미끼로 벌이는 한판의 사기극일 뿐입니다.

4. 안 좋은 태도가 몸에 배기 쉽다

모르는 문제는 선생님이 풀어주는 것이 대부분의 학원 시스템입니다. 이러한 방식이 익숙해지면 어려워 보이는 문제는 처음부터 별표를 치고 선생님에게 물어보기 쉽습니다. 틀린 문제도 깊이 고민하지 않고 설명을 듣고는 알았다고 넘어갑니다. 이렇게 대충 하는 태도, 어려운 문제를 해결하려고 끝까지 노력하지 않는 습관이 몸에 배게 됩니다. 한술 더 떠, 아이 스스로 하겠다는 의지가 없으면 가방만 들고 왔다 갔다 할 뿐 시간만 허비하게 됩니다.

5. 학원 중독에서 헤어 나오지 못한다

학원도 중독성이 있습니다. 아이는 학원에서 다 알아서 해줄 거라 생각하며 의지합니다. 그만두면 성적이 추락할 것 같은 불안감에 학원을 끊지 못하지요. 부모도 학원에 보내면 아이와 실랑이할 일이 줄어드니 편하기 그지없습니다. 그러나 학원에 다니며 문제풀이식 공부를 하고 선행을 하는 것이 효과가 있어 보이는 것은 초등, 중등 때뿐입니다. 고등

수학은 다른 사람이 떠먹여주는 것이 어렵습니다. 스스로 수학 개념을 소화하려고 애써야 심화문제를 해결할 수 있습니다. 아래 그림처럼요.

수학학원에 보낸다면 꼭 챙겨야 할 것

1. 내 아이에게 맞는 학원을 찾기

현실적으로 내 아이에게 꼭 맞는 학원은 없습니다. 잘 가르친다고 소문난 곳, 전교 1등이 다니는 학원이라도 아이 수준보다 어렵거나 아이가 해낼 수 있는 양보다 과하게 수업을 진행하는 곳이라면 소중한 시간과 돈만 허비할 가능성이 매우 높습니다. 부모가 이렇게 저렇게 바꿔달라고 한들 학원에서 시스템을 바꿔주지도 않습니다. 학원을 찾는 이유가 분명해야 합니다. 아이 혼자 하기 힘들어서라면 확실하게 습관을 잡게 해주는 곳을, 심화학습에서 도움을 받으려면 그에 맞는 곳을 찾기 위해 발품을 팔아야 합니다. 똑똑한 아이라면 며칠 다녀보고 학원이 자신에게 맞는 곳인지 아닌지 금방 알아차립니다. 아니라면 바로 환불을 요청하세요.

2. 피드백 확실히 하기

만 원짜리 물건을 살 때도 이리저리 재보면서 매월 수십만 원씩 하는 학원비는 고민 없이 척척 내는 분이 많습니다. 학원 다니면서 잘하는 아이는 어디 내놓아도 잘하는 아이든지, 엄마가 철저하게 관리하는 경우입니다. "잘 부탁드립니다" 하고 꾸벅 인사만 하고 나오면 집과 학원을 오가는 들러리밖에 안 됩니다. 지금 어디쯤 진도가 나가는지, 숙제와 오답풀이는 제대로 하나 늘 주시해야 합니다. 학원 등록할 때 채점은 (부모가) 직접 하겠다, 진도도 미리 알려주고 정확하게 지켜달라 요구하세요. 곤란한 표정을 짓는다면 굳이 보낼 필요가 없는 곳입니다.

> **학원에 대해서 꼭 하고 싶은 말**
> 작성자 : 물공주 (초5, 초3, 초1)   ✉

제가 고등학교 수학 선생인데요, 먼저 학원에 대해서 말할 것이 있습니다. 중고등 학원이 너무 아이들을 수동적으로 만드는 경향이 있습니다. 개념을 스스로 생각하고 고민할 시간을 주지 않고 문제를 반복해서 많이 풀리는 방법으로 학교 성적을 올리려고 하는 학원이 대부분인데 그게 중학교 때까지만 먹힙니다.

선행도 마찬가지입니다. 아직 그 내용을 이해할 만큼 머리가 여물지 않은 상태의 아이들에게 말도 안 되는 내용을 주입하려다 보니 당연히 아이들은 개념을 소화하지 못하고 기계적으로 푸는 것 같은데 풀면서도 자신들이 뭘 하는지 스스로 모르고 당연히 1, 2달 지나서 다시 보면 완전 생소하기 짝이 없게 되어버리죠.

그리고 6학년 내용을 배우고 5학년 최상위를 풀면 쉽게 풀린다고 좋아하는 분이 있던데 문제라는 것이 그 문제를 푸는 게 중요한 게 아니라 문제를 풀기 위해 고민하고 해법을 찾아내는 것이 중요한 거잖아요. 그러면서 사고력과 문제해결력이 생기는 거죠.

5학년 내용만을 아는 상태에서 5학년 최상위를 풀면 그게 심화문제고, 사고력 증진에 도움이 되지만 6학년 내용을 이용해서 그걸 풀면 그건 심화로서의 의미가 없는 문제잖아요.

내 아이의 능력이 50이면 65짜리 문제가 심화문제고 내 아이의 능력이 65면 80짜리의 문제가 심화문제인 거죠. 아이의 사고력 신장을 수학교육의 목표로 삼는 것이 맞다면 유형별 문제풀이법을 주입하는 것은 아무 의미가 없고 고등학교 가서는 더 이상 안 먹힌다는 것을 깨닫게 될 수밖에 없답니다.

수학 공부에도 왕도는 없습니다. 학원에서 뭔가 떠먹여줄 비법 같은 것도 없습니다. 아이가 스스로 고민한 시간만큼 사고력이 늘죠. 저희 남편이 그러더라구요. "약은 아플 때 잠깐 먹고 끊어야지 평생 먹어야 하면 그게 중독성 물질이지 약이냐"구요. 학원도 마찬가지라는 거죠. 특정 개념에서 막혔거나, 사고하는 방법이 잘못된 아이들을 한시적으로 교정해주는 역할을 하고 학원은 빠져줘야 한다구요.

그런데 요즘 아이들은 수능 보는 그 순간까지도 학원에서 숙제를 내주지 않으면 혼자 계획 세워 공부도 못하고 누가 설명해주지 않으면 책 보고 개념을 이해하는 것도 못합니다. 그러면 대학 공부는 못하는 거예요. 대학교수들은 연구가 주 업무이지 teaching은 별로 중요한 게 아니라서 강의 잘하는 교수는 별로 없거든요. 특히 이공대의 경우. 결국 혼자 책 보며 고민해보는 수밖에 없습니다.

우리나라 국민들 대부분은 수포자 아닙니까. 언제 포기했느냐가 문제지요. 중2-2 기말고사 후냐, 고1-1 중간고사 후냐, 고2-1 기말고사 후냐 뭐이렇게 시기의 문제이지 확률 통계까지 끝까지 붙들고 간 사람들은 저처럼 수학과나 물리학과를 갔겠죠. 저도 똑같이 리본띠옹의 앞으로 7년의 시간 동안 어떤 일이 벌어질지 예측할 수는 없지만 잠수네 수학 공부법만 꼭 쥐고 가려구요.

너무 뻔한 정답인가요? 근데 잠수에서 제시하는 게 정말 정답이에요. 다른 대안은 없습니다. 영어처럼요.

학원 보내는 아이, 집에서는 이렇게 챙겨요
작성자 : 썬더마우스 (중1)

유뚱이가 양계장(학원) 들어간 지 3개월째군요. 요한이는 9개월쨈데, 장단점이 다 있더라구요. 우선 장점은 진도가 늘어지지 않는다는 것. 친구들을 보며 공부 자극을 받는다는 것. 모르는 문제는 즉각 답을 얻을 수 있다는 것(요건 단점이 될 수도).

단점은 대부분의 학원들이 그런 것 같은데 선행을 나가면서 응용까지는 하는데 심화까지는 안 해준다는 것. 진도 빼기에 집중한다는 느낌이에요. 그래서 저도 수업료 내러 가면서 가끔 궁금한 걸 묻곤 하는데요. 학원이다 보니 우리 아이만 심화를 해주세요. 이 말이 안 나오더라구요. 걍 돌려서 소심하게 말했어요. "울 아이는 진도 빨리 안 빼셔도 돼요. 더 다지셔도 됩니다."

그래서 학원 보내면서 매일 체크하고 부족한 부분은 집에서 따로 챙기려 노력 중이에요. 울 학원은 중2-2, 3-2를 건너뛰고 수1을 해서 제가 따로 2학기 인강을 찾아 매일 듣게 하고 중1-2 심화도 따로 챙기는 중이라 쌩쑈를 하고 있습니다.

그러니까 양계장서 주로 거주는 하지만 수시로 바깥바람 쏘여주고 뛰어다니게 해야 한다는 거죠. 벌레도 잡아먹고.

Tip

사고력 학원, 과외, 인터넷 강의의 진실

사고력 학원

"사고력수학을 안 해도 되나요?"라는 질문을 들으면 '조삼모사'란 고사성어가 바로 떠오릅니다. 사고력 문제의 대부분은 초등 수학교과서 단원 맨 뒤에 있는 문제나 익힘책의 별 2개 문제를 유형별로 난이도를 달리해 꼬아낸 것에 불과합니다. 예전부터 있던 살짝 어려운 문제를 이름만 바꿔서 '사고력수학'이라고 낸 것입니다. '창의력수학'도 마찬가지입니다. '창의'라고 이름을 붙인 문제집이나 학원의 수업을 보면 교과과정을 벗어난 퍼즐 형태의 수학이 대부분입니다. 일부러 시간 내서 배우러 다닐 영역은 아닙니다.

사고력수학, 창의력수학을 해야 한다는 학원의 논리는 이런 유형의 문제를 다루어봐야 영재교육원, 영재고와 과학고, 수능수학을 준비할 때 유리한 고지에 설 수 있다는 것입니다. 초중고 교과과정, 입시에 대한 정확한 이해가 부족한 저학년 부모들은 학원 설명회에서 이러한 이야기를 듣고 나면 이 학원에 보내야 할 것 같은 압박감을 느낍니다. 이과 성향의 아이라면 어릴 때부터 학원

43

에 보내 타고난 재능을 최대한 키워야 할 것 같습니다. 주변의 똑똑한 아이들이 이런 학원에 다니기 시작하면 덩달아 마음이 불안해집니다.

사고력, 창의력 문제가 대두된 근본적인 배경은 수능수학 때문입니다. 두 개 이상의 개념이 섞인 데다 새로운 유형까지 더해진 문제가 나오니 많은 아이들이 당황해서 풀어볼 엄두조차 못 냈거든요. 유형문제만 반복해서 풀어서는 해결할 수 없는 상황이 된 것이지요. 그래서 어릴 때부터 틀에 박힌 유형에서 벗어난 문제, 수학적 직관력을 키워주는 문제를 풀어보자는 아이디어가 대두된 것입니다. 하지만 이러한 문제들을 학원에서 배워 풀거나 답을 보고 풀면 더 이상 사고력, 창의력 문제가 아니라 유형별 문제풀이가 되고 맙니다. 사고력, 창의력이란 이름이 무색해집니다. 수학에 재능이 있는 아이는 사고력수학이든 창의력수학이든 혼자서도 잘합니다. 반대인 경우는 가르쳐도 의미가 없는 상황입니다.

수능수학을 대비하는 최선의 공부방법은 개념을 확실하게 이해하고 심화학습을 제대로 하는 것입니다. 사고력수학 학원을 따로 다니지 않아도 됩니다. 기본을 챙겨가는 것이 답입니다. 또한 영재교육원, 영재고, 과학고 등 수월성 교육을 목표로 하는 기관의 입시 추세는 '만들어진 인재'가 아니라 '잠재력 있는 아이'를 뽑는 쪽으로 바뀌고 있습니다. 잠재력을 키우는 길이 무엇일까 곰곰이 생각해보세요. 수학을 좋아하고 재능이 있는 아이라면 집에서 짬짬이 할 만한 퍼즐교구, 수학퀴즈 책들을 꾸준히 구입해주세요. 또래 애들과 어울려 경쟁하면서 공부하는 것은 중학생이 돼서 해도 충분합니다.

과외

과외는 복불복이란 말이 딱 들어맞습니다. 아이와 잘 맞는 좋은 선생님을 만나 1:1로 밀착 지도를 받으면 도움이 될 수 있습니다. 그러나 좋다고 소문이 나서 대기자까지 있는 과외 선생님이라도 내 아이와 안 맞으면 아무 소용이 없습니다. 한꺼번에 지나치게 많은 아이를 받아 한 명 한 명 신경을 못 써주는 곳, 아이 스스로 문제를 해결하는 힘을 길러주지 못하고 열심히 설명만 해주는 곳은 물론, 약속 시간을 제대로 안 지키는 책임감 없는 대학생은 전혀 도움이 되지 않습니다. 과외를 하려고 할 때는 과외 선생님이 아이와 맞는지가 최우선입니다. 과외 역시 학원만큼이나 부모의 개입이 필수입니다. 만만하게 봐서는 안 되겠다는 마음이 들 정도로 깐깐해야 한 번이라도 더 관심을 가집니다.

인터넷 강의

인터넷 강의는 공부하려고 굳게 마음먹은 고등학생 정도나 되어야 조금 도움이 될까 말까입니다. 멍하니 바라보기만 하는 일방적 강의라 집중력이 떨어지기 때문에 어른도 보다가 졸기 일쑤입니다. 그러니 초등, 중등 아이들이 집중하도록 하기 위해 과도한 농담, 과장된 제스처가 난무하게 됩니다. 인터넷 강의의 강의 수가 너무 많은 것도 문제입니다. 인터넷 강의를 다 들으려면 시간이 너무 많이 소요됩니다. 강의를 아무리 열심히 들어도 아이가 직접 수학 문제를 풀지 않으면 소용이 없다는 점도 한계입니다.

초등학생이 인터넷 강의를 듣는 것은 권하고 싶지 않습니다. 인터넷 강의에 집중하기에는 아이들의 나이가 아직 어리기 때문입니다. 인터넷 강의는 '공부하는 것'이 아니라 '일방적으로 듣는 것'입니다. 스스로 하고자 하는 의지가 없으면 백해무익합니다. 초등학생은 학교 수업만으로도 충분합니다. 인터넷 강의를 듣느니 교과서를 한 번 더 읽고, 문제집을 하나 정해서 매일 꾸준히 푸는 것이 더 효율적입니다.

중학생은 초등학생보다 좀 낫지만 꼭 지켜야 할 것이 있습니다. 첫째, 반드시 부모가 옆에서 같이 봐야 합니다. 안 그러면 게임, 채팅, 야동 등 옆길로 새라고 아예 명석을 깔아주는 것과 마찬가지입니다. 둘째, 인터넷 강의 전체를 다 보는 것은 시간 낭비입니다. 개념 설명 부분, 아이가 아무리 풀어보려고 노력해도 못 푸는 문제만 뽑아서 보는 것이 시간도 절약하고 효과도 높이는 현명한 방법입니다.

어떠세요? 사고력학원, 과외, 인터넷 강의 어느 하나도 제대로 효과를 보려면 쉬운 것이 없다는 생각이 들지 않나요?

언제부터 수학 비중을
높여야 하나?

수학을 잘해야 대학을 수월하게 갈 수 있다는 만고의 진리를 생각하면 자꾸 마음이 급해지는 것이 부모들의 마음입니다. 5년 단위로 교육과정이 바뀌고, 입시도 늘 오락가락하니 갈피를 잡기 어렵습니다. 수학을 어떻게 시켜야 하나 불안한 마음에 인터넷을 뒤지고, 학원 설명회도 쫓아다니고, 이웃 엄마들의 의견도 들어보지만 어떤 말을 따라야 할지 확신이 서지 않습니다.

사교육 업체나 주위 엄마들의 말에 끌려가지 마세요. 하라는 대로 수학, 영어, 논술, 과학 등 온갖 것을 다 하려면 돈도 돈이지만 제일 중요한 아이들의 시간과 에너지가 허비됩니다. 제대로 할 수도 없고요. 내 아이의 나이와 발달 상태, 적성 등을 고려했을 때 최적의 길이 무엇인가에 대한 고민은 누구도 대신해주지 않습니다. 결국은 나와 아이가 손을 꼭 잡고 직접 부딪치면서 무엇이 우리 아이에게 맞는 길인지 찾아 헤쳐나가야 합니다.

유아기 놀기와 한글책 읽어주기 최우선

이 시기 아이들에게 제일 중요한 것 한 가지만 콕 찍으라면 두말할 것도 없이 '놀기'입니다. 자연 속에서 엄마, 아빠와 신나게 놀고 여러 가지를 체험하는 것이 아이를 똑똑하게 키우는 길입니다. 사고력이 별건가요? 이리저리 머리 굴리며 궁리해보는 거죠. 알아서 잘 노는 아이는 사고력이 높아질 수밖에 없어요. 지금 놀지 않으면 앞으로 놀 시간은 점점 더 없어집니다. 각종 교구수업, 방문교사, 학원 때문에 놀 시간이 부족하지 않나 늘 살펴보세요.

한글책은 영어책보다 2배 이상 읽어준다는 마음가짐이 필요합니다. 영어 조기교육을 하고 있다면 나도 모르는 새 한글책이 뒷전으로 밀려나기 쉽습니다. 한글책보다 영어책을 좋아할 경우 초등학교 3~4학년부터 영어 실력이 더 이상 성장하지 못합니다. 영어로 말하는 것이 유창하고 영어책을 잘 읽는다고 자랑하기보다 한글책을 좋아하는 아이로 키우고 있는지 살펴보세요.

수학은 수학교구, 퍼즐을 가지고 놀며 체험하는 정도로도 충분합니다. 지금 당장은 숫자 잘 세고 더하기, 빼기 잘하는 것이 수학을 잘하는 것으로 보이겠지만 나이가 들어감에 따라 한글 독해력과 집중력, 사고력이 있는 아이의 수학 성적이 쭉쭉 올라갑니다. 학습지로 연산 연습만 한 경우보다 구체물로 다양한 체험을 해본 경험이 문제를 보며 상상하는 힘을 키워줍니다. 아이를 다 키운 선배 엄마들이 "어릴 때는 많이 놀고, 체험하고 책 많이 읽는 것이 남는 것이다"라는 말을 괜히 하는 것이 아니랍니다.

초등 저학년 한글책 = 영어 >>> 수학

초등학교 저학년 때 중점을 둘 부분은 한글책 읽기와 영어입니다. 아직 어린 아이들이므로 놀 시간도 있어야 하고요. 이 시기에 수학에 과하게 시간을 투자하면 상대적으로 한글책 읽기와 영어를 할 시간이 줄어듭니다. 놀 시간은 아예 나오지 않습니다. 주말에나 잠깐 놀까요?

유아 때 한글책을 좋아하던 아이라도, 부모가 계속 신경 쓰지 않으면 한글책과 점점 멀어지게 됩니다(스마트폰 등 재미있는 것이 너무 많아서요). 영어유치원을 다녔거나, 영어 조기교육을 해서 영어를 잘하는 아이라면 영어책 1시간 읽을 때 한글책도 1시간 이상 읽도록 해야 합니다. 한글책 읽기에 소홀해서 영어책을 더 좋아한다면, 영어는 최소한으로 진행하면서 한글책 읽기에 더 힘을 써야 합니다.

　수학은 연산을 챙기면서 학교수학을 잘 따라가는 정도면 됩니다. 수학에 재능이 보인다고 사고력 학원, 영재교육원 준비에 시간을 과도하게 허비하지 마세요. 지금부터 수학에 시간을 쏟으면 대학 진학은 물론 사회에 나가서도 설 자리가 좁아집니다. 유학 갈 때뿐 아니라 대학원 진학, 취업시험에서 영어는 필수니까요. 영어와 한글책 읽기에 시간 투자를 많이 하세요. 수학은 나중에 달려도 얼마든지 잘할 수 있습니다.

초등 고학년 내 아이에 맞춰 '영어:한글책:수학' 진행

초등 고학년은 수학 연산의 기초가 완성되는 때입니다. 4학년까지 자연수의 사칙연산을 배우고, 5~6학년에서 분수와 소수의 사칙연산을 공부합니다. 초등 4~5학년에는 배우는 도형의 정의는 중학교까지 연결되는 중요한 개념입니다. 6학년 수학도 중학교와 연결되기 때문에 중요합니다. 이제는 수학 공부 시간도 조금씩 늘리고, 아이 수준에 맞는 심화문제도 풀어봐야 합니다.

　단, 초등 고학년에서는 영어, 한글책 수준에 따라 수학의 비중을 다르게 가야 합니다. 무작정 수학의 비중을 높이면 다른 영역에서 구멍이 나게 되니까요. 먼저 영어 수준부터 살펴보세요. 영어는 전략과목입니다. 영어 실력에 따라 중고등학교 때 각 과목의 공부 시간 배분이 달라집니다. 영어 실력이 탄탄하면 중고등학교 6년간 영어 공부에 시간을 많이 들이지 않아도 됩니다. 반대로 영어 실력이 부족하면 중학교, 고등학교에 가서도 계속 영어 공부를 하느라 수학과 다른 과목 공부 시간이 줄어듭니다.

초등학교 고학년은 아이 상황에 맞게 선택과 집중을 할 때입니다. 초등학교 6학년까지 최대한 영어 실력을 끌어올리는 것이 1차 목표입니다. 기준은 잠수네 영어학습 기준 〈심화2〉 단계 이상, 또는 J6~J7 단계 영어책을 집중듣기 하거나 읽을 수 있는가입니다.

그다음은 한글책을 얼마나 잘 읽고 있는가입니다. 한글책을 싫어하거나 만화만 읽는 아이라면 학년이 올라갈수록 국어 성적이 떨어지게 됩니다. 국어가 안 되면 영어 성적도 동반 하락합니다. 고등학교 영어시험, 수능영어는 영어로 된 국어시험이기 때문입니다. 유아, 초등 저학년까지 한글책을 잘 읽던 아이라도 수학 공부 시간이 늘어나면 급속도로 한글책과 멀어집니다. 초등학교 고학년, 중학교까지 한글책을 꾸준히 읽도록 도와주세요. 그래야 한글 어휘력, 독해력이 늘어납니다.

'영어허약/영어탄탄, 한글책허약/한글책탄탄'으로 나눠서 한글책 보기, 수학 공부의 시간 비중을 그림으로 나타내보았습니다.

1. 영어 실력이 부족한 경우

지금 중요한 것은 수학보다 영어 실력을 올리는 것입니다. 여기서도 한 가지 변수가 있습니다. 한글책 수준이 낮아 만화책만 보거나 한글책을 싫어하는 아이라면 한글책 읽는 습관을 잡는 것이 더 급합니다.

2. 영어 실력이 탄탄한 경우

그동안 영어 듣기/읽기를 꾸준히 해서 〈심화2〉 단계 이상의 영어 실력을 갖춘 아이라면 수학에 힘을 실어도 됩니다. 그러나 영어책만 읽으려 하고 한글책을 별로 안 읽는 아이라면, 한글책을 더 많이 읽어야 합니다.

중학교 진로에 따라 '영어:수학' 비중을 다르게

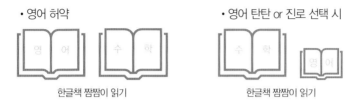

• 영어 허약

영어 수학

한글책 짬짬이 읽기

• 영어 탄탄 or 진로 선택 시

수학 영어

한글책 짬짬이 읽기

본격적으로 수학에 집중할 시기입니다. 잠수네 영어학습을 해서〈심화2〉단계 정도 수준까지 온 아이라면 수능영어는 그다지 문제가 되지 않습니다. 수학에 최대한 시간을 투자할 맷집이 생긴 거죠. 만약 이만한 영어 실력을 갖추고있지 않다면 영어와 수학에 시간을 반반 투자해주세요. 입시는 물론, 아이의 인생을 위해서도 영어는 필수니까요. 자연계 진로가 확실하다면 수학 공부량이 아주 많아져야 합니다. 방학에는 학기 중보다 이상 수학 시간을 잡고 방학 때 선행, 학기 중 심화를 한다는 전략하에 차근차근 진도를 빼야 합니다.

고등국어 대비를 위한 한글책 읽기

수능영어가 절대평가로 바뀌었습니다(90점 이상이면 1등급). 사교육 부담을 덜기 위해 수능수학도 절대평가 전환을 검토하겠다는 교육부 발표가 있었습니다. 대학수학능력시험이 절대평가로 바뀌어 영어와 수학의 변별력이 약해지면 국어가 점점 더 중요해집니다. 초등학교, 중학교 때 한글책을 제대로 읽어두지 않으면 고등학교에 가서 국어 때문에 애를 먹게 됩니다. 영어, 수학 하느라 한글책 읽기를 소홀히 하지 마세요.

누구나 맞이하는 사춘기

초등학교 5학년부터 중학교 3학년에 걸쳐 대부분의 아이가 사춘기 증상을 보입니다. 호르몬 체계의 부조화로 나도 모르는 행동을 하고, 이유 없이 기존 질서에 저항하는 시기이지요. 아이마다 가볍게 지나가기도 하고 크게 홍역을 치르기도 하지만 누구나 거치는 과정이니만큼 성장통으로 인정하고 따스한 눈길을 주는 마음 씀씀이가 필요합니다.

고등학교 수학이 '갑'

고등학교는 초등학교, 중학교와 비교가 안 될 정도로 수학 공부를 제일 열심히 해야 할 때입니다. 초중고 수학 공부 분량을 그림으로 나타내볼까요?

초등　▪

중등　▪▪▪

고등　▪▪▪　▪▪▪　▪▪▪　인문계

고등　▪▪▪　▪▪▪　▪▪▪　▪▪▪　▪▪▪　▪▪▪　자연계

　중등수학은 초등학교의 3배, 고등수학(공통)은 중학교의 3배 정도입니다. 자연계 진로를 염두에 둔다면 진학 희망 대학에서 요구하는 수준의 공부는 필수입니다. 위 그림처럼 인문계 진로에 비해 수학 공부량이 2배 가량 늘어납니다.

　중학교 때까지는 수학을 잘했는데 고등학교 성적이 뚝뚝 떨어지는 이유는 3가지 정도로 볼 수 있습니다.

첫째, 공부량이 부족해서입니다.

중등수학은 고등수학에 비해 공부해야 할 양이 훨씬 적은데다, 지역에 따라 공부를 많이 안 해도 학교성적을 잘 받을 수 있습니다. 그에 비해 고등수학은 워낙 공부해야 할 양이 많습니다. 중학교 때 설렁설렁 공부했다면 고등학교에서 좋은 성적을 받기 어렵습니다.

둘째, 유형문제 풀이가 통하지 않아서입니다.

고등학교 수학시험은 중학교 때처럼 공식을 대입해서 풀리는 문제나 유형을 알면 풀 수 있는 문제가 확 줄어듭니다. 무작정 문제를 반복해서 많이 푸는 공부 방법(일명 양치기)도 한계에 부딪힙니다.

셋째, 본인의 의지도 중요합니다. 고등학교부터는 부모가 관여할 부분이 점점 줄어듭니다. 혼자 공부하는 습관이 안 되어있으면 부모가 끌고 가는 공부의 약발은 떨어질 수밖에 없습니다.

✓ 핵심포인트

1. 학년에 따라 전체 학습 시간의 배분이 중요하다.
2. 한글책 읽기는 모든 학습의 기본이다.
3. 초등학교 때는 수학보다 영어 실력을 갖추는 데 중점을 두자.
4. 다른 집 아이의 진도에 연연하지 말고 내 아이의 수준에 맞춰 진행한다.

고등수학 전문강사인 친구가 해준 의외의 말

작성자 : 바흐모짜르트 (초2, 5세) ··· 현재 초3, 6세

저희 학교는 매년 12월 초에 교내 수학 경시대회가 있습니다. 1학년만 빼고요. 물론 학교 측에서는 아이들에게 시험에 대한 스트레스를 주지 않기 위해 신청자만 응시하도록 하고 있습니다. 저도 1학년 때는 대상자가 아니기에 관심도 없었고, 뭐 수학 경시대회는 고학년쯤 내보낼까 저학년은 원하지 않는다면 이른 감이 있지 않나 했어요.

그런데 2학년 때 아이가 원해서 시험을 치르게 했고 준비를 별도로 많이 시키지는 않고 그냥 보게 했어요. 아직 2학년이니……. 그런데 시험 결과에 따라 금상, 은상, 동상을 주고 학교 신문에 대문짝만 하게 상을 받은 아이의 명단이 오르자 기분이 묘하더라구요(참고로 저희 아이는 1점 차이로 상을 못 받았어요). '공부를 좀 시켜서 이 명단에 오르게 하여 아이도 힘을 얻고 엄마도 어깨 올라가보자!' 하는 시켜먼 무언가가 꿈틀대더라구요. 사실 저희 아이가 수학을 나름 잘하는 편이어서 혼자서도 100점을 받기도 하고 반에서는 수학의 신이라 아이들이 불렀다 하더라구요. 그런데 본인도 수학 경시대회에 나가 상을 못 받아서 좀 의기소침하길래 수학 경시대회 준비 팁을 좀 알까 해서 이모 딸에게 연락을 했어요. 대치동 학원가에서 10년 경력의 수학강사로 일을 하고 있어서 전화를 했죠.

그 친구는 고등수학 전문강사인데 제가 이런 고민을 털어놓자 정말 깔깔 웃더라구요. 언니 맘은 충분히 공감한다 하면서 수학강사인 그 친구 입에서 의외의 대답이 돌아왔어요. "언니! 초등 저학년 때 수학으로 아이 기 빼지마! 단 아이가 정말 많이 좋아하고 본인이 수학 문제 풀고 생각하기를 너무나도 즐긴다면 모르겠지만. 수학경시 따로 준비하거나 하지 말고!! 그냥

그 시간에 초등 저학년 아니 5학년 때까지는 한글책 더 많이 읽히고 그래도 시간이 남으면 영어책 많이 읽혀!! 영어든 한글이든 책 많이 읽고 즐기는 아이는 뭐가 달라도 달라"라는 어디서 많이 들어본 (잠수네서 외치는) 이야기를 하는 것이 아니겠어요?

또 그 친구 왈. "언니, 내가 여기서 오래 고등수학을 담당하면서 느끼는 것은 정말 아이들이 의외로 문제해석능력이 떨어지는구나 하는 거야. 그런 경우를 많이 봐. 그런데 그게 정말 하루아침에 이루어지지 않기에 안타깝지……. 오랫동안 독서능력, 읽기능력 잘 키워온 아이들은 자양분 자체가 탄탄해서 치고 올라가는 속도도 빨라~."

제가 그럼 "네가 생각하기에 초등수학에서 무엇을 놓치지 말고 중점을 두어 생각하면 되니?"라고 물으니 그녀의 답은 이랬습니다. "양손에 두 검을 들고 중학교를 입학하는데, 한 손의 검엔 탄탄한 독서능력 읽기능력을 갖추고! 다른 한 손에는 빠르고 정확한 연산 능력을 반드시 갖추고 입학했으면 해. 그리고 선행보다는 제 학년에 맞게 심화문제를 더 풀게 하고 탄탄히 다져! 사실 나도 초등이 담당이 아니라 잘은 모르겠지만, 초등을 거친 중등 아이들부터 맡고 있잖아. 내가 느끼는 바는 이래." 잠수네 수학 공부법에서 외치는 바와 같은 맥락을 이야기하더라구요.

해서 마음을 비우고 잠수네 열잠하도록 더 노력하고 있어요. 하루하루 잠수네 한글책 영어책 리스트를 눈에 익히며 우리 아이가 어떤 책을 읽으면 행복해할까를 고민하면서. ^^

3학년을 앞두고 있어 이런저런 조바심을 더 내게 되는데요……. 해서 다시 잠수네 교육로드맵과 수학, 영어 공부법 책을 정독하고 마음을 다지고 있어요. 혹 저와 같이 조바심 나는 분들 다시 한 번 잠수네 책을 정독해보심도 좋을 듯해요. 보이지 않았던 많은 글귀가 또 마음에 전해지네요.

> ## 학년별 수학 학습에 대한 초등교사의 의견
> 작성자 : 빵꿋이 (초4, 초1)

저는 초등학교 교사로 현재 2학년 아이들을 가르치고 있구요. 작년에 1학년 맡았던 아이들을 연임해서 가르치고 있습니다. 1, 2학년 연임 전에는 3, 4학년을 연임으로, 그리고 그전에는 주로 5, 6학년 아이들을 연임해서 가르쳤습니다. 어찌어찌 하다 보니 초등 6학년을 가르친, 학교에서 몇 안 되는(주로 비슷한 학년을 반복해서 가르치려는 성향들이 있어서……) 교사가 되었네요. 학교 현장에서 그리고 제 아이들 둘을 가르쳐본 경험으로 몇 가지 말씀드리고 싶은 점이 있다면 이렇습니다.

* 초등 1, 2학년의 경우 선행은 가급적 피해주시는 것이 좋습니다
호기심이 배움의 큰 동기를 유발하는 1, 2학년은 학습지라든지 문제집을 미리 푸는 경우, 수업 시간 집중력이 떨어지는 것이 사실입니다(학교에서요). 1, 2학년은 선행 문제풀이나 미리 배워오는 것보다 더 중요한 것이 구체적 조작에 의한 수학 활동입니다.

2+5=7을 백날 문제로 푸는 것보다 과자 2개와 사탕 5개를 손으로 직접 만져보고, 세어보는 것이 훨씬 더 오래 기억에 남습니다. 사실 2+5와 같은 문제를 1학년 수준에서 모르는 아이들은 잘 없습니다. 그런데 치환이라고 하지요. 어떤수+5=7에서 어떤 수를 구하는 과정을 생각해보면요, 중학년 이상의 아이들이나 어른은 7-2=5라는 단순한 치환을 통해서 금방 답이 5라고 알 수 있지만 수학을 식이나 문제로만 익히면 이런 문제가 굉장히 난해할 수밖에 없습니다. 실제로 가르쳐보면 다들 어리바리합니다.

처음 신입교사 때는 줄곧 문제만 풀리면 (반복적으로) 잘할 수 있을 줄 알았습니다(기계적으로 많이 풀면 어느 정도 가능하기는 합니다). 그러나 들인 시간이나 에너지에 비해 그 정도의 효과가 나지는 않습니다. 나이의 특성이 구체적 조작기이기 때문에 일단 많이 푸는 것 자체가 쉬운 일은 아닙니다. 학교에서 이런 방법으로도 저런 방법으로도 가르쳐보니 단순한 수학적 원리를 손과 발, 온몸을 이용해서 게임으로 익히고 활동으로 익혔을 때 제일 효과적이었습니다.

1, 2학년 때 충분히 활동이나 게임을 통해 수학적 원리를 이해하지 못하고 3, 4학년으로 가면 그야말로 수학이 산으로 가는 경우가 있습니다. 1, 2학년 교과서 보면 뭐 이런 걸 다 배우나 싶은 것이(너무 쉬워서) 갸우뚱할 수도 있는데, 배우는 원리나 내용이 적은 이유는 그만큼 관련 활동을 충분히 해야 그 원리를 습득할 수 있다는 것을 의미합니다.

학습지나 문제집에 연연하지 마시고 부디 수학적인 다양한 활동을 하도록 해주시면 좋을 듯합니다. 별도의 학습지나 문제집 없이 수학책과 교과서만으로 1, 2학년은 정말 충분합니다. 더 하기를 원한다면 수학적 원리가 들어간 보드 게임이 효과적입니다. 오르다는 대부분 아실 것 같고 아이들이 재미있어 하는 수학이나 연산 보드게임은 어떤 것이든 좋습니다.

* 3, 4학년은 서서히 개인차가 드러나기 시작할 때입니다
이때부터는 다양한 문제 패턴들을 접하고 익히는 것을 염두에 두시면 좋습니다. 학원이나 과외를 이용하지 않는 경우에는 학교 공부 이외에, 수준에 맞는 문제집 1권, 연산 문제집 1권(《기적의 계산법》 같은)을 학교 진도에 맞춰서 하면 좋습니다.

제 큰아이가 4학년인데요. 학교에서 문제 푸는 속도가 다 다르다 보니 자기 수준에 맞는 《기적의 계산법》을 학교에 두고 수학 교과 내용을 마치면 선생님이 자율적으로 풀게 하시더라구요. 보통 수학 시간에 5~10분 정도 짬을 내어 푸는데 매일 수학 시간에 남는 시간을 이용해서 풀다 보니 1년이면 꽤나 많은 양을 풀게 되는 것을 보았습니다. 3, 4학년부터는 시간 내에 문제를 정확하게 푸는 것이 실력과 연결되니, 많은 시간은 아니지만 짧은 시간을 조금씩 투자하여 연산을 함께 병행하는 것이 좋을 듯합니다.

교과서에서 가르치는 수학의 원리는 매우 단순한데, 수학 문제는 변별력 때문에 교과에서 배운 내용이 그대로 나오지 않고 두세 차례 이상 사고의 과정을 거쳐서 답으로 도달하는 문제들이 많이 있습니다. 그래서 이런 것에 익숙하지 않은 아이들을 위한 문제 접근과 노출이 필요합니다. 많이 풀면 좋겠지만 연산과 병행해서 하다 보면 1권 정도가 적당한 듯싶습니다. 아이가 너무 좋아서 더 많이 풀기를 원한다면 상관없지만 연산 문제집 1권, 교과 관련 문제집 1권, 학교 교과서 이렇게만 해나가는 것도 때로는 일상이 빠듯할 때가 있습니다. 내 아이가 평균이라면 이 정도 수준을 유지하는 것으로 충분하다 여겨집니다.

3, 4학년은 문장제 문제를 이해 못해서 문제를 틀리는 경우가 많습니다. 이건 실은 다양한 문제풀이로는 명백한 한계가 있습니다. 국어 독서력 이해력과 관련이 밀접해서, 수백 문제 수천 문제를 풀어서 문제에 익숙해지는 방법보다는 평상시 내 아이의 독서이해력이 어느 정도인지를 파악하는 것이 훨씬 더 지혜로운 방법이라 여겨집니다.

* 5, 6학년은 슬프게도 수포자가 많이 나옵니다

1, 2학년과 3, 4학년에서 차근차근 시간과 에너지를 투자해서 기초를 잘 다져났다면 문제가 없지만 그렇지 않다면 슬프게도 수포자가 나오는 학년입니다. 5, 6학년 가르칠 때 이런 아이들이 굉장히 많았습니다. 실력이 낮은

아이들은 학원보다 과외가 더 효과적이고, 평균 수준을 유지하는 아이들은 학원을 통해 도움을 받을 수도 있습니다.

다만 저는 배움은 즐거움에 기초해야 한다 생각하고(너무 이상적이지만) 비인격적인 가르침을 참아내기 어려운 아이들이 때로 비인격적인 방법으로 배우다가 아예 포기하고 돌아서는 경우를 많이 봐왔습니다. 그렇기 때문에 많은 양의 과제와 벌과 강압적인 방법으로 수학을 가르치는 학원에 대해서는 (모든 학원이 그렇다는 것은 절대 아닙니다. ^^) 고려를 많이 해야 한다고 생각합니다. 아이에 따라 내면의 힘이 있는 아이들은 버텨낼 수 있지만 때로 수학을 잡으려다가 애를 잡는 사례를 너무 많이 봐와서……. 5, 6학년은 특히나 더 아이에게 맞는 방법이(부모님의 개별적인 도움인지, 학원의 도움인지, 과외의 도움인지 등) 무엇인지를 고민해야 한다고 생각합니다.

5, 6학년 아이들을 가르칠 때 보니 어느 순간 내용이 휘리릭 어려워졌다기보다는, 그간 기초를 얼마나 단단하게 했는지에 따라 한 단계 더 높은 수학적 원리나 사고를 쌓을 수도 있고, 아니면 쌓다가 무너지는 경우도 있는 듯합니다. 3, 4학년 때의 방법을 스스로 잘 유지하는 아이들은 크게 문제가 없었는데 3, 4학년 때 그 내용을 잘 이해하지 못하거나 방황했던 아이들은 5, 6학년 때도 결국 고배를 마실 수밖에 없는 듯합니다. 과외나 학원의 도움을 받기 전에 3, 4학년 때, 수학적 개념이나 사고를 놓치지 않도록 유지해주는 것이 매우 중요한 듯싶습니다.

결국 나이의 특성, 학년적 특성을 무시한 수학 공부는 길게 가지 못한다는 이야기를 드리고 싶네요.

심화문제,
언제부터 푸나?

초중고 수학에서 심화문제란?

앞서 초중고 수학 분량의 차이를 말씀드렸죠? 여기에 한 가지 함정이

있습니다. 아래 그림에서 빨간색으로 표시된 심화문제입니다. 학교 교

과서 수준보다 어려운 문제들이죠.

초등학교에서는 잘 못 느끼지만 중고등학교 내신은 빨간 부분, 즉 심화문제를 얼마나 해결할 수 있는지가 상위권을 가르는 기준이 됩니다. 초등학교 때 수학 심화문제를 풀어본 아이들은 중등수학을 나가기가 수월합니다. 중등 심화문제를 많이 푼 아이들은 고등수학을 두려워하지 않고요. 특히 중3 수학과 고1 수학은 상당 부분 연결되어 있습니다. 중3 과정의 심화학습이 고1 수학이라고 봐도 될 정도입니다. 수능수학에서 아주 어려운 4점 문제는 심화문제의 최고봉입니다. 2~3점 문제와 평이한 4점 문제를 빠르고 정확하게 풀고 나서, 시간 내에 어려운 4점 문제까지 해결할 수 있느냐가 1~2등급을 가르는 기준이 됩니다.

심화학습을 하는 이유는 생각하는 힘, 즉 논리력과 사고력을 키우기 위함입니다. 당장은 학교 시험이나 수능수학을 잘 보는 것이 목표이지만, 장기적으로는 살면서 부딪히는 여러 문제를 다각도로 생각해보며 해결하는 힘을 기르기 위해서겠지요. 물론 수학을 잘해야 인생에서 성공하는 것은 아닙니다만, 입시에서는 절대적인 조건입니다.

심화학습을 언제부터, 어느 수준까지 할 것인가를 두고 고민하는 분이 많습니다. 답은 간단합니다. 아이 수준에 맞추는 겁니다. 학교 수업을 따라가기 힘든 아이라면 교과서가 심화학습이겠고, 교과서가 만만하다면 그 이상, 아이가 해낼 수 있는 수준까지입니다. 수학은 수학적 재능이 있는 아이와 그렇지 않은 아이의 차이가 매우 큰 과목입니다. 잘하는 아이라면 아이가 해낼 수 있는 수준까지 심화문제를 다뤄보면 좋겠지만 나이에 따라, 아이가 받아들이는 수준에 따라 신중하게 판단

해야 합니다.

심화문제를 풀릴 때 주의점

1. 수학 실력에 따라 심화의 기준이 달라집니다
부모들이 생각하는 '심화문제'는 2가지 의미가 있습니다. 보통은 수학 교과서, 수학익힘책 수준보다 어려운 문제를 심화문제라고 생각합니다. 그러나 진짜 심화문제는 아이 수준보다 어려운 문제입니다. 심화의 기준은 '상대적'입니다. 남들 기준이 아닌 내 아이를 기준으로 잡아야 합니다.

여러 출판사에서 개념, 기본, 응용, 심화 등 다양한 제목으로 문제집을 냅니다. 출판사에서 낸 제목에 홀려 무작정 심화 문제집을 사와 아이에게 풀라고 들이밀지 마세요. 학원에서 심화 문제집을 푼다고 실력이 올라가지 않습니다. 수학 잘하는 다른 집 아이가 푸는 문제집을 따라 해서도 안 되고요.

70% 정답률을 보이는 문제집이 내 아이에게 적당한 심화 수준입니다. 수학이 느린 아이라면 수학익힘책도 어려울 수 있습니다. 익힘책 푸는 것이 심화문제를 푸는 것입니다. 수학 실력이 뛰어난 아이라면 경시 문제집 정도가 적당한 심화 수준이 될 수 있을 겁니다. 보통의 아이라면 내 아이에게 맞는 수준의 문제집을 찾는 것이 중요합니다.

2. 난이도 순으로 다 풀게 하지 마세요

우리 아이는 느리니까 기본서부터 차근차근 풀어야지 하고 마음을 먹는 분이 많습니다. 그러나 아직 수준이 안 된다면 '개념-응용-심화' 순으로 차례차례 다 하기가 매우 어렵습니다. 수준에 안 맞는 어려운 문제집은 아이의 자신감만 뺏을 뿐, 실력 향상에 도움이 안 됩니다. 문제집 1권을 잘 살펴보면 난이도별로 문제가 나눠져 있습니다. 그중 제일 어려운 단계의 정답률이 70%가 넘을 때 더 어려운 문제집으로 넘어가세요. 70% 이하의 정답률이면 더 어려운 문제집은 1년 후 수학 실력이 올라갔을 때 도전하는 것이 좋습니다.

3. 심화의 수준은 변할 수 있습니다

수학익힘책 푸는 것마저 힘겨워하는 아이라도 꾸준히 공부하다 보면 다른 아이들이 푸는 어려운 문제집을 푸는 날이 옵니다. 반대로 경시 문제집 수준까지 풀었던 아이라도 한동안 수학 공부를 안 하면 고학년이나 중학생이 되어 그 수준의 문제집을 풀기가 어렵습니다. 고로 지금 아이가 수학을 잘 못한다고 절망하지 말고, 지금 잘한다고 자만하지도 말아야겠지요. 좀 더 멀리 보고 수학의 큰 그림을 그려보시기 바랍니다.

4. 스스로의 힘으로 풀어야 합니다

자전거를 배울 때 어떻게 하셨나요? 일단 자전거에 올라타 페달을 밟으면서 넘어지고 다시 일어나면서 배워가죠? 자전거 타는 법을 설명하는 동영상, 책을 백날 봐야 소용 없습니다. 넘어질 각오를 하고 직접 타지 않으면 영원히 자전거는 못 배웁니다. 마찬가지로 심화 문제집을 풀때 학원이나 과외 선생님, 부모의 설명을 듣고 푼다면 자기 실력이 안됩니다. 해답을 보고 이해하는 것도 그때뿐입니다.

5. 개념 이해 없이 유형문제 풀이로 가면 안 됩니다

심화문제를 푸는 것은 교과서의 개념이 문제에서 어떻게 적용되고 있는지 알기 위해서입니다. 그러나 유형으로 된 심화문제를 풀다 보면 개념을 몰라도 유형을 외워 풀 수 있습니다. 초등학교, 중학교까지는 이 방법이 통할 수 있지만 고등학교 심화문제, 수능수학의 어려운 4점 문제는 난공불락의 성이 되고 맙니다. 중학교까지 잘하던 아이가 고등학교 가서 수학 성적이 뚝 떨어지는 가장 큰 원인이 여기에 있습니다.

6. 독해력이 부족하면 심화문제를 못 풉니다

심화문제를 풀려면 문장을 수식으로 바꿀 수 있어야 합니다. 주어진 조건, 구하라는 것을 파악하려면 글을 읽고 이해하는 능력은 물론 수학 용어도 잘 알아야 하지요. 한글책 읽기와 수학교과서의 개념 공부가 필수입니다.

심화문제, 학년에 따라 접근 방법이 달라야 한다

1. 초1~초2는 심화문제를 풀게 하지 마세요

초등 1~2학년은 교과서 수학과 연산만 확실히 해도 충분합니다. 수학에 재능이 있는 아이라도 초등학교 저학년 때는 많은 시간을 투자하면서까지 수학에 몰입할 필요는 없습니다. 이때 수학에 많은 시간을 투자하고 어려운 내용을 공부한다고 중학교, 고등학교와 연계된다는 보장은 없습니다. 수학에 투자한 것만큼 다른 영역에서 결손이 나타나기도 합니다. 대신 다양한 퍼즐, 보드게임 등을 즐겁게 하며 머리를 굴려보는 경험을 해보시길 권합니다. '사고력=머리 쓰기'라면 퍼즐만큼 좋은 재료가 없으니까요.

2. 초3~초4는 아이가 원하면, 수준에 맞는 심화문제를 풀어도 됩니다

수학을 좋아하는 아이라면 심화문제를 서서히 다뤄보는 것도 괜찮습니다. 하지만 아직은 책 읽기와 영어에 비중을 더 둘 때예요. 학교에서 경시를 본다고 해도 평소 실력대로 보세요. 수학을 잘하는 아이라면 그냥 봐도 잘볼 것이고, 평범하거나 느린 아이라면 따로 공부해도 좋은 결과가 나오기 어렵습니다. 초등 4학년까지는 자기 학년의 연산을 확실하게 하면서, 학교 단원평가 100점을 목표로 공부하세요. 남는 시간에는 책 읽기, 영어, 다양한 경험을 쌓는 데 주력해야 합니다.

3. 초5~초6은 능력껏 심화문제를 풀어보는 것이 좋습니다

초등 5~6학년부터는 아이의 역량에 맞는 교과 심화문제를 서서히 다뤄보았으면 합니다. 단, 설명을 듣고 이해해서 풀거나 선행해서 배운 내용으로 푸는 것은 진짜 아이 실력이 아니에요. 모르는 문제는 죄다 동그라미 치고 가르쳐주기만을 기다려서는 생각하는 힘이 늘지 않습니다. 지금은 많은 양을 푸는 것보다 한 문제라도 스스로 고민해서 풀어내는 과정이 중요합니다. 문제에서 기본적인 개념이 어떻게 응용되고 확장되는지 이리저리 부딪치며 경험해보고, 직관적으로 어떻게 문제를 풀어갈지 궁리하고 연습하는 과정이 있어야 중학교 심화문제도 도전해보려는 의욕이 생깁니다.

4. 중등수학은 심화문제를 안 풀면 '앙꼬 없는 찐빵'입니다

중등수학 심화가 중요시되는 이유 중 하나는 중학교 내신시험 때문입니다. 지역별, 학교별로 수학 내신시험의 수준이 아주 많이 차이가 납니다. 에이급 수학문제집의 제일 어려운 수준의 문제가 나오는 학교부터 교과서보다 살짝 어려운 수준 정도인 학교까지요. 내신시험이 어려운 지역에 있으면 내 실력에 맞춘 심화학습이 아니라 학교 성적을 올리기 위한 심화학습을 할 수밖에 없는 상황이 됩니다.

그러나 아무리 내신시험이 어려운 학교라도 선행학습을 해야 풀 수 있는 문제는 나오지 않습니다. 심화문제의 수준이 다를 뿐이지요. 심화문제의 대부분은 개념을 정확하게 이해한 상황에서 번뜩이는 직관이 떠오르면 머리 싸매고 헤맸던 시간이 무색할 만큼 순식간에 풀립니다. "실수로 틀렸다, 다 아는데 시간이 없어 못 풀었다" 등은 모두 핑계일 뿐입니다. 일정한 시간 안에 신속하고 정확하게 풀어내는 것이 실력입니다.

고등수학, 특히 수능수학의 문제 유형은 중등 심화문제보다 두어 단계 더 위에 있습니다. 문제 하나에 다른 영역의 개념이 두서너 개 섞여 나오는데다 문제 자체가 길어지고 복잡해지거든요. 경우에 따라서는 직관력이 뛰어난 초등학생이 풀 수 있는 문제가 나오기도 합니다. 그래서 더 '기본 개념'이 중요하고, '생각하는 힘'이 필요해지는 겁니다. 바로 이 점이 중등수학 심화학습이 필요한 이유입니다.

> ### 수학 심화, 꼭 시켜야 하나? ✉
> 작성자 : 현하늘 (중3, 초6)

직업상 정말 많은 유형의 부모님과 아이들을 만나게 됩니다. 이 일도 한 17년을 하다 보니 어머님들과 이야기를 해보고 아이랑 수업 조금만 해봐도 '아~ 엄마가 애 버렸구나'라든지 '엄마가 애를 못 받쳐주는구나' 이런 거까지 보입니다. 각설하고요. 이 주제에 대한 저의 생각을 말씀드려봐요. 대다수의 엄마들은 심화 문제집에 열광합니다. 최상위, 최고수준, 에이급, 일품 등등 잠수 테스트를 경험해보니 그럴 만도 하더라고요. 몇몇 문제는 정말 까다로웠으니까요.

문제는 많은 엄마들이 내 아이가 제 학년 문제를 얼마나 잘 이해하고 수학을 즐겁게 하는지에 대해 관심이 없고, '어떤 아이는 이렇게 하던데' '우리 팀방 엄마가 이렇게 하니까' '뭔가 아이가 잘하는 거 같아서……' 혹은 '내 아이가 실수해서 못 본 거야' 생각하고 코칭페이퍼보다 높게 목표를 설정해 다음 번에 당사자 말고 아무도 모르는 수교점수를 확 올리기 위해서 수준에 맞지 않는 문제집을 하루에 1페이지라도 풀게 하려고 하지요.

저는 잠수네든 학원이든 어떤 사교육이든(여기서의 사교육은 학교교육을 뺀 나머지 모든 교육) 공교육을 중심으로 아이의 학습로드맵이 작성되어야 된다고 생각합니다. 그 로드맵 작성의 기준은 아이가 느끼는 수학이라는 과목에 대한 부담감을 어디까지 극복할 것인지와 현재 학년에 대한 충실도입니다.

지난 학년의 심화 문제를 오오오오오오답까지 풀게 하시거나 미리 중고등의 수학을 2개월에 교재 1권씩 진행하는 분들도 봤던 것 같습니다. 그때 제가 든 생각은 '왜 이렇게까지 할까? 아이가 행복할까? 과연 효율적인 학습일까?'였습니다. 물론 우리 아이가 수학이 좋아 죽을 만큼 열중하고 수학 아니면 밥도 안 먹을 정도라면 가능하지요. 하지만 대부분은 엄마가 하라는 대로, 또는 학원에서 하라는 대로 하는 게 아닐까요?

남들이 최상위를 초3~중3까지 다 풀었다고 하든 말든 내 아이만 보세요. 내 아이의 학교수학 점수가 100점이고 어쩌다가 정말 재수 없게 1개 정도 틀린다면, 가끔 가벼운 수학경시에 나가서 최우수상 이상을 받는다면 잠수수학의 4단계 이상의 교재가 맞을 거예요.

하지만 90~100점 사이의 점수에 실수를 밥 먹듯이 하는 아이에게는 3단계 이하의 문제집 2권이 심화 문제집 1권보다 훨씬 효과적입니다. 쉬운 문제를 실수를 할 수 없을 정도의 적당히 수월한 문제를 접하게 하는 것이 집중력 향상, 자존감 형성, 도전의식 고취에 도움이 됩니다. 우리 아이에게 3단계 이하 문제집을 5권이나 풀렸는데 심화를 못한다면, 그럼 인정하세요. 우리 아이는 수학적 감각이 조금 둔한가 보다 이러고요. 하루 10시간씩 피아노 연습한다고 해서 다 피아니스트가 되는 거 아니잖아요.

그리고 학교 시험 80점 이하의 친구들은 원인을 잘 보세요. 문제집이 너무 많은 건 아닌지, 아이가 자연을 관찰하고 뛰어 놀면서 배워야 하는 과정을 빼놓은 건 아닌지, 수학에 투자하는 시간이 많은데 집중도가 따르지 못하는지, 아님 최악의 경우 심리전문가의 도움을 받아야 하는 건 아닌지를요. 이 모든 건 부모가 아이를 관찰하고 고민해서 나올 수 있는 관찰 결과물이겠지요?

그리고 실수를 많이 한다고 걱정되어서 너무 많은 교재를 풀게 하면 집중도가 떨어져 오히려 실수를 더 많이 하게 만드는 원인이 됩니다. 계산 하나 틀렸으니 연산 학습지, 문장 하나 잘못 읽었으니 문장제 수학문제집, 약간 비튼 문제를 못 풀었으니 창의사고 수학학원……. 엄마들에게 이렇게 하라고 했으면 했을까요? 아니요, 못할 겁니다.

저는 잠수네 학습을 전적으로 신뢰합니다. 짧은 제 경험이지만 잠수네만큼 엄마가 아이를 관찰하고 교감하고 노력해야 하는 시스템은 없었어요. 좋은 시스템 속에서 다른 사람의 포폴과 팀방 누군가의 진행에 칭찬하고 격려하는 수준의 부러움이 아닌 내 아이와 비교하고 더 낫지 못해 조바심을 낸다면 그 시간 이후 그 엄마와 아이는 지옥에서 살게 될 겁니다.

고로 저는 소망합니다. 더딘 아이는 그 아이 나름으로, 빠른 아이는 그 아이 나름으로 인정하고 격려해주고 칭찬해주면서 같이 성장하기를요. 공부만 잘해봐야 소용없다는 거 아시잖아요? 오지도 않은 불확실한 찬란한 미래 때문에 현재의 눈부실 시간을 놓치지 말기로 해요.

선행,
언제부터 해야 하나?

"잠수네에서 제시하는 수학 로드맵을 따라도 괜찮을까?"

많은 분이 하는 질문입니다. 속마음은 잠수네 수학 로드맵의 선행 진도가 너무 느린데, 믿고 따라 해도 되겠느냐는 의미겠지요. 다음은 잠수네 회원 중 이공계 대학과 영재고/과학고에 진학한 아이들의 수학 선행 기록 일부를 갖고 온 것입니다.(잠수네 수학교실/잠수네 포트폴리오)

(가) 이공계 대학 진학

	초등수학완료	중등수학	고등수학	수능수학 준비	비고
A	초6, 2학기	초6 겨울방학 ~ 중2, 2학기	중2 겨울방학 ~ 고1 겨울방학	고2, 1학기 ~	서울대 공대 진학
B	초6, 1학기	초6 여름방학 ~ 중2, 2학기	중2 겨울방학 ~ 고2 여름방학	고2, 2학기 ~	서울대 자연계 진학
C	초5 겨울방학	초6, 1학기 ~ 중2, 2학기	중2 겨울방학 ~ 고2 여름방학	고2, 2학기 ~	SKY 의대 진학

(나) 영재학교/과고 진학

	초등수학완료	중등수학	고등수학	비고
D	초6, 2학기	초6 겨울방학 ~ 중1, 2학기	중2 겨울방학 ~ 현재 고2	영재고 진학
E	초6 여름방학	초6, 2학기 ~ 중1, 1학기	중1 여름방학 ~ 현재 고3	서울지역 과학고 진학
F	초4 겨울방학	초5, 1학기 ~ 중1, 1학기	중1 여름방학 ~ 현재 고1	영재고 진학

위의 표에서 자연계 최상위인 (가) 그룹의 공통점은 고등수학을 중학교 2학년 겨울방학에 시작한 것입니다. 중등수학 시점 역시 조금씩 다르긴 해도 초등학교 6학년에 시작한 점이 같습니다. 고등학교에서 이과 최상위가 되려면 엄청난 선행을 해야 한다는 소문과 비교하면 상당히 차이가 나는 진도입니다. 표에 안 나온 공통점도 있습니다. 세 명 전부 초등학교 6학년 때 잠수네 〈심화2〉 단계 이상의 영어 실력이었고, 한글책 읽기도 탄탄했다는 것입니다. 바로 이 점이 수학 선행을 엄청나게 하지

않았어도 수학 최상위를 유지한 이유 중 하나입니다. 영어 덕분에 수학 공부할 시간을 벌 수 있었던 것이지요. 한글 어휘력과 독해력의 기초가 튼튼한 터라 고등학교 국어와 다른 과목 공부에 탄력을 받을 수 있었고요. 더 중요한 점은 중고등학교 수학 진도를 나갈 때 개념만 죽 빼는 '빛 좋은 개살구'식 선행이 아니라, 최고 수준 심화문제까지 다져가면서 철저하게 실력을 쌓았다는 것입니다.

영재고/과학고를 목표로 한국수학올림피아드(KMO)도 같이 준비한 (나) 그룹 역시 소문만큼 선행 진도가 빠르지 않습니다. (가) 그룹처럼 영어와 한글책 수준도 상당합니다. 초등학교 때 《수학의 정석》을 떼야 한다는 말과 달리 중학교 1학년 중반 이후 고등수학을 공부했어도 원하는 학교에 진학한 것은 기본적으로 '수학머리'가 있기도 했지만, 적기에 열심히 공부했기 때문입니다. 중학교 3학년까지 영어책을 계속 본 덕분에 영재고에서 해외 자료를 자유롭게 읽을 수 있어 차별화된 연구 성과물을 낼 수 있었다는 후일담도 있습니다.

선행의 문제점부터 알고 가자

표에 나온 것보다 더 빠른 선행을 하는 아이들이 훨씬 더 많은 것이 우리나라 현실입니다. 그러나 과연 얼마나 소화할 수 있을까요? 엄청난 선행이 가능한 아이들도 일부 있을 겁니다. 그러나 과도한 선행이 독이 되는 경우는 헤아릴 수 없을 만큼 많습니다. 다음과 같은 문제가 있기 때문입니다.

첫째, 학교 수업에 집중하지 않게 됩니다.

다 안다고 착각하고 자만심에 빠지기 때문입니다. 학교에서는 '개념'을 가르칩니다. 이 시간을 소홀히 하면 이중으로 손해입니다. '개념'도 제대로 못 배우고, 학교 선생님이 하는 말씀도 놓쳐 '내신'마저 망치는 2가지 바보짓을 하는 것이지요.

둘째, 대충 넘어가는 습관이 생깁니다.

아이도 지금 배우는 것을 학교에서, 학원에서 또 배워야 한다는 사실을 잘 압니다. 나중에 또 배울 거니까 학교에서 배울 때 집중을 안 합니다. 제 학년이 되어서는 전에 배운 거니까 하고 설렁설렁 넘어갑니다. 이렇게 고등학교 3학년까지 가면 영원히 수학을 잘할 수 없습니다.

셋째, 시간이 흐르면 다 잊어먹습니다.

선행학습을 할 때는 쉬운 문제집으로 빠르게 진도를 나갑니다. 그러나 배운 것을 잊지 않으려면 심화문제를 푸는 과정을 통해 개념이 체화될 때까지 반복해야 합니다. 수학을 잘하나 못하나 다 마찬가지입니다. 문제는 보통 아이들이 선행과 심화를 같이하기에는 시간은 물론 역량이 안 된다는 겁니다. 그렇기 때문에 학원에서는 쉬운 문제집으로 진도만 빼는 것이지요.

왜 선행을 하는가?

'선행을 언제 해야 할 것인가?'라는 질문에 답하기 전에 '왜 선행을 하는가?'를 먼저 생각해보았으면 합니다. 예전에는 중학교에 가서 우위에 서기 위해, 고등학교 수학 진도가 무지무지하게 빠르게 나간다고 하니 조금이라도 먼저 진도를 빼서 반복을 많이 하는 것이 유리하다는 입장이었습니다. 과학고나 영재고를 목표로 하는 아이라면 수학경시나 입시에서 좋은 성적을 거두기 위해, 고교 입학 후 경쟁에서 뒤떨어지지 않기 위해서였습니다.

요즘은 시대의 흐름도 무시 못합니다. 이공계가 취업에 유리하다 보니 고등학교에서 자연계 지원자가 늘고 있습니다. 이공계 대학 진학에 유리한 영재고, 과학고도 인기입니다. 영재고, 과학고 입시에서 한국수학올림피아드 준비는 필수 코스처럼 여겨지다 보니 초등학교 때부터 수학 선행과 경시 준비에 매진합니다. 영재고, 과학고에 진학하지 못하고 떨어진 아이들이 일반고 등에서 수학, 과학 상위권을 차지한다는 소문에 보통 아이들도 선행을 합니다. 이러한 점들이 점점 더 선행 속도가 빨라지는 이유입니다.

그러나 초등학교 때부터 아우성인 선행학습의 근원을 따지려면 수능 기출문제를 언제부터 공부할 것인지가 기준점입니다. 수능수학을 준비하려면 최소한 고3에 올라가는 3월 전에 기본적인 진도가 끝이 나있어야 합니다. 수능 1~2등급을 생각한다면 고2 여름방학이나 2학기까지 모든 진도를 끝내고, 늦어도 고2 겨울방학부터는 수능 기출문제를 풀어

야 합니다. 고3이 되는 해 9월부터 수시원서 접수가 시작되면 학교 분
위기가 어수선해져서 수학에 집중하기 어렵기 때문입니다.

중학생의 선행학습

이 기준으로 역산을 하면 인문계 진로의 경우에는 학교 진도보다 6개
월~1년은 앞서 차근차근 공부해야 한다는 판단이 섭니다. 자연계 수
학 상위 10% 이내를 목표로 한다면 중학교에서 1년 이상 선행은 필수
라고 할 수 있습니다. 늦어도 중3 겨울방학에는 '고1 수학' 공부를 시
작해야 합니다.

문제는 자연계로 갈지 인문계로 갈지 확실히 정한 아이가 많지 않다
는 점입니다. 자연계를 선택했는데 막판에 인문계로 바꾸는 경우는 큰
문제가 안 되지만 반대로 인문계에서 자연계로 돌리는 경우는 수학, 과
학을 따라가야 하기 때문에 상황이 매우 힘들어집니다. 대입에서 인문
계보다 자연계가 훨씬 유리하다는 점도 부모를 갈등하게 하는 요소입
니다. 아이의 능력이 안 되는데 무조건 자연계로 결정하고 수학선행과
심화를 몰아붙일 수는 없으니까요.

수학은 좀 하는데 자연계인지 인문계인지 아리송하다면 대다수는 급
한 마음에 중학교 수학은 대충 하고 고등학교 수학 진도를 나가려고 하
기도 합니다. 이렇게 선행 위주로 공부하는 경우 배운 내용을 다 잊어
먹을 공산이 매우 크거니와 선행에 초점을 맞추다 보면 심화문제를 제
대로 풀어보지 않고 넘어가기 쉽습니다.

고등학교 수학학원 설명회의 단골 메뉴가 초등학교, 중학교에서 어설프게 선행학습한 아이들이 이전에 배운 것은 다 까먹고 고1 때 모두 원점에서 다시 배운다는 이야기입니다. 다 아는 내용이라며 수업시간에 집중 안 하니 손해인데다, 집중해서 공부해야 하는 시기가 고교 3년간인데 초중등 때 미리 진이 빠진 상태로 고등학교에 올라오는 것이 더 문제인 거죠.

따라서 중학교 3년 동안의 전체 로드맵을 잡는다면 학기 중에는 학교 진도에 맞춰 심화학습에 집중하고, 방학 때는 아이가 소화할 수 있는 정도와 진로 선택에 따라 선행학습을 하는 것이 기본 전략입니다. 중학교 수학 성적이 전교 3~5% 이내인데 자연계인지 인문계인지 확실치 않다면 일단 자연계로 잠정적으로 정하고 선행학습 로드맵을 짜야 합니다. 나머지 95% 아이들 중 확실하게 자연계로 가겠다고 결정하지 않았다면 중학교 때 6개월 이상 선행학습은 그다지 도움이 안 됩니다. 자기 학년을 다지는 것을 우선 목표로 삼아야 합니다.

초등학생의 선행학습

초등 고학년 때 수학학원을 알아보다 깜짝 놀라는 부모들이 많습니다. 중학교 수학 선행학습이 안 되어있으면 들어갈 학원이 마땅치 않아서입니다. 이 때문에 학원에 보내기 위해 선행을 미리 빼야 하는 어이없는 일도 종종 벌어집니다.

사실 학원 입장에서는 선행학습만큼 좋은 사업 수단이 없습니다. 부모들은 남보다 앞서 배우는 것을 반기는 분위기인데다, 내신과 직결되는 것이 아니니 당장 성적을 올려야 하는 부담감이 있는 것도 아니거든요. 개념 위주의 쉬운 내용을 가르치니 힘도 별로 안 들고요. 설사 중고등학교 때 어떤 결과가 나와도 초등학교 때 배운 학원에 책임을 묻는 학부모는 없습니다. '잘하면 학원 탓, 못하면 아이 탓'이니까요.

교육열이 높은 지역에서는 초등학교 고학년만 되어도 1~2년 선행이 기본처럼 되어있지만, 제대로 이해하지 못하는 아이들이 95%가 넘습니다. 설사 수학 성적 상위 5% 이내인 아이라도 초등학생이 혼자 중학교수학을 선행학습하기는 어렵습니다. 친구들과 경쟁도 하고 진도도 나갈 겸 학원에 보내면 하루 3~4시간 이상 수학을 해야 합니다. 그러다 보면 학원 수업과 숙제에 밀려 한글책 읽기와 영어는 뒷전이 됩니다. 부모가 가르치거나 과외를 해도 책 읽기와 영어가 밀리는 문제는 여전합니다.

이렇게 중고등학교 수학의 흐름을 훑으면서 초등수학을 내려다보면 초등학교에서 과한 선행을 해봐야 필요 없다는 것을 알 수 있습니다. 대부분의 아이는 아무리 쏟아부어도 받아들일 수 있는 역량이 한계가 있거든요. 딱 한 학기씩 예습하면서 자기 학년 심화에 신경을 쓰는 것이 장기적으로 훨씬 이득인 셈입니다.

예외적으로 1년 이상의 선행을 해서 도움이 되는 경우도 있습니다. 책 읽기를 즐기면서 잠수네 영어 〈심화2〉 단계 이상(J6~J7 단계 영어책을 편하게 읽는 수준)으로 영어가 안정되어 있고, 선행하는 학년의 최고

수준의 심화 문제집은 너끈히 풀 수 있는 수학 실력을 갖춘 자연계 성향의 아이입니다. 여기에 해당하지 않는다면 한 학기 예습을 하는 것이 시간과 효율적인 면에서 경제적입니다.

> ### 억지 선행이 아니라, '자신이 뭘 모르는지를 아는 것'이 중요합니다
> 작성자 : bemydear (초5, 초2, 4세) ··· 현재 초6, 초3, 5세

꿀빵이는 4학년 겨울방학에 초5~6 기본, 심화까지 훑었구요, 그 뒤로는 중1-1, 2-1를 봤어요. 중등은 기본개념서, 드릴서 하나씩 하고 응용 수준의 문제집을 풀었는데 중2-1의 방정식, 부등식의 활용에서 엎어졌다가 초5 여름인 이제야 좀 가닥이 잡히고 있는 것 같습니다.

수학은 선행이 얼마나 되어있고 진도를 몇 번이나 돌았는지가 중요한 게 아닌 것 같아요. 4학년까지만 해도 수학에 대한 흥미가 생기고 재밌게 공부했던 것 같은데, 5학년 봄부터 계절을 타나 했더니만 사춘기가 왔는지 또박또박 자기 주장을 하기 시작했어요. 그리고 잠수 진행에도 브레이크가 걸렸지요. 뭔가 엄마에게 억지로 끌려 수학을 한다는 생각을 했던 것 같아요. 사실 자기주도학습이라는 개념을 초등생에게 적용한다는 게 어렵잖아요. 요즘 이 개념이 너무 유행해 성인교육에 쓰이던 개념이 초등까지 내려온 것 같은데요. 어른도 하기 힘든 자기주도학습, 그걸 시키려니 정말 힘이 많이 들더라구요. 초등생은 '내가 왜 이걸 해야 하며 그 내용을 제대로 파악하고 있나, 또다시 복습해야 하나?' 하는 진단을 스스로 내리기가 힘든 시기니까요. 스스로 공부하는 연습을 하도록 도와주려고 한 건데, 울 아들은 어느 순간 수학에 대한 기술을 습득하도록 엄마가 강요하고 있다고 느꼈나 봐요.

선행을 하면서 제가 문제집을 선별하기도 하고 꿀빵이를 도와준답시고 수학개념 설명해주고 문제집을 풀라고 했었는데요. 4학년 겨울까진 잘 따라오더니 중등 들어가면서 개념이 어려워지고 진도가 잘 안 나가자 애가 힘거워했어요. 그런 부분을 잘 캐치해서 제가 좀 널널하게 풀어줬어야 했는데 그러질 못했던 것 같아요. 좋아하는 과목도 현실적으로 매일 즐거운 마음으로 공부한다는 게 쉽지 않잖아요. 선행학습을 하는 경우에는 아이의 뚜렷한 목적의식이 있어야 하고 엄마와의 애정이 충만하여 많은 대화를 해 학습시간이며 학습량을 잘 조절할 수 있어야 할 듯요.

자신이 뭘 모르는지 안다! 이것이 최상위 아이들의 일관적인 공통점이라는 것. 일종의 자기진단이 가능하다는 것이죠. 이제야 꿀빵이가 이것을 체득해가는 걸 배워야 한다는 걸 알았습니다. 앞으로는 무분별한 선행이나 심화보다 아이의 상태를 먼저 생각하면서 찬찬히 진행해야겠다 싶습니다. 자신들만의 공부방법이나 시간관리 등 자기 체질과 상황에 맞춰 스스로를 진단하여 즐겁게 수학을 할 수 있길 바랍니다.

> ## 심화가 안 된 선행은 정말 소용이 없습니다
> 작성자 : 배귀비 (고2) … 현재 대1

풀매가 고2가 되기 전까진 선행이란 특목이냐 일반고냐에 따라 다르다고 생각했었습니다. 특목을 간다면 무조건 진도를 빼야 한다고요. 그런데 지금은 '선행이란 심화 능력 되는 데까지'라고 얘기하고 싶어요.

수학이 분명 계단식이긴 하지만, 워낙 양이 많으니, 수2 하다 보면 수1까먹고…… 범위가 넓은 수능은 안 까먹기 시험이라더니. 심화를 하지 않으면 훨씬 빠르게 잊어버리게 되어요.

어떤 이들은 심화가 안 되어있어도 진도를 많이 나갈 경우, 여러 번 반복하면서 차차 심화까지 가면 된다고 생각합니다. 그런데 고1 수학은 중 1~2 때부터 충분히 연습하기 때문에 괜찮지만, 고2 중반이 넘어가면 그만큼 연습을 할 수가 없어요. 수학 말고 다른 과목도 할 것이 많고, 하나도 놓치면 안될 시험은 계속 있고, 이유는 많지만 무엇보다 수학 자체가 어려워지기 때문입니다. 제 학기가 되어서 심화를 하려면 내신 시험 전에 다 할 수가 없으니 일반고 이과에서 수학 최상위가 되려면 학교에서 진도 나가기 전에 심화가 어느 정도 되어있어야 합니다(중학교에선 방학 때 진도 나가고, 제 학기에 심화서 하는 게 가능합니다).

그나마 푸르매는 잘 안 까먹는 편입니다. 왜 그럴까 생각을 해보니 이렇습니다.

1. 처음 개념부터 혼자 이해하려고 노력하며 공부했다.
2. 선행할 땐 유형이나 공식은 최대한 배제하고 기본 개념을 적용하여 푼다.
3. 2번 방식으로 심화까지 푼다.
4. 학교 진도에 맞추어 내신 준비를 할 때 스스로 단축키를 만든다.
5. 충분히 연습한다. ^^

그 정도가 되니 시간이 지나 공식을 잊더라도 개념에서 유추해서 풀어내더군요. 이때 시간이 부족할 수 있으니, 빨리 풀 수 있는 건 빨리 끝내도록 4, 5번이 되어있어야 합니다.

다시 생각해봐도 확실한 것은 고2 시점에서 공부 방법을 바꾸는 것은 참 힘드니, 중등에서 생각하는 공부를 많이 할 것. 중등 심화가 잘된 상태로 고등 과정에 들어가는 것과 심화 없이 고등 과정에 들어가는 것은 아주 차이가 큽니다. 중등 심화를 안 하고 진도 나가면 시간 절약한 것 같지만, 고등과정에서 정체가 되어버리니, 결국은 마이너스예요. 머리도 키워주지 못하고 최악의 경우, 본인이 많이 했다거나 다 아는 것 같은 착각까지. 꼬옥 심화를 잘하시기 바랍니다.

수학을 잘하면 수학경시대회에
참가하는 게 좋을까?

초등 3~4학년이 되면 3가지 유형으로 아이들이 갈립니다. 학교 수학 수준보다 뛰어나서 두각을 보이는 아이와 80~90점을 오르내리며 엄마 마음을 애태우는 아이, 그리고 학교수학을 어려워하고 싫어하는 아이로요.

아이가 수학을 잘한다고 느껴지면 엄마의 눈높이와 욕심은 하늘을 찌릅니다. 영재교육원도 응시해야겠고, 수학경시대회도 준비해야겠다는 생각이 듭니다. 이제껏 한글책 읽기나 영어를 꾸준히 잘해왔던 아이라도 수학 쪽으로 확 쏠리게 됩니다. 학원에서 테스트를 해보면 가능성이 보이는 아이라고 부추깁니다. 또래 문화에 민감한 아이는 친구들이 경시를 한다고 하면 앞뒤 안 재고 따라 하려고 합니다. 잘하는 아이를 둔 부모일수록 고민의 골이 깊다는 사실은 겪어보지 못한 분은 상상이 안 될 거예요.

한국수학올림피아드(KMO)

먼저 수학경시의 끝판왕이라는 수학올림피아드(KMO)부터 생각해볼까요? 영재고, 과학고를 목표로 하는 경우 중등 KMO를 많이 준비합니다. 2017학년도 영재고 지원자가 1만 1909명입니다. 2016년 KMO 중등부 1차시험 전국 수상자가 888명입니다. 모집 요강에 총 응시자의 10% 내외를 시상한다고 했으므로 9000여 명이 응시했다고 볼 수 있습니다. 영재고, KMO에 중1, 중2도 응시하지만 소수이므로 모두 중3 인원이라고 가정하겠습니다.

2016년 중3 인구가 52만 6066명입니다. 2.2%인 1만 2천 명 정도가 영재고를 응시하고, 1.7%인 9000여 명이 중등 KMO를 보고, 0.16%인 888명이 상을 받은 셈입니다. 생각보다 만만치 않죠?

※ 영재고 : 영재학교인 과학고(서울, 경기, 대구, 대전, 광주), 한국과학영재학교, 과학예술영재학교(세종, 인천) … 총 789명
※ 2016년 KMO 수상자 : 금상(81명), 은상(167명), 동상(269명), 장려상(371명) … 총 888명

KMO를 준비하는 아이들을 보면 엄청난 선행진도를 나갑니다. 초등 4~5학년 때 중등수학을 끝내고, 초6에 고등수학을 마무리한 뒤 중1~2 때부터 KMO에 응시하는 것을 목표로 하는 경우가 많습니다. 그

러나 KMO 준비를 같이했어도 아이들마다 선행흡수율은 매우 다릅니다. 이 과정을 거뜬하게 소화해내는 소수의 영재도 있겠지만 대부분은 부모의 욕심과 학원 비지니스가 합심해서 만든 무리한 일정을 헉헉거리며 따라갈 뿐입니다.

아이가 영재고, 과학고를 가기 원해서, 어려운 수학 문제를 푸는 것을 좋아해 경시를 시작해보는 것은 좋습니다. 수학적 재능이 전체의 0.1% 수준으로 고등 수학경시까지 목표로 한다면 지금 수학경시 준비를 시작할 수도 있습니다. 수학에 집중적으로 시간을 투자해 영재고, 과학고에 진학하고, 수학을 특기로 대학에 입학한다는 선순환을 기대하면서요.

그러나 수학을 잘하는 아이들 간에도 차이가 큽니다. 노력해서 올라갈 수 있는 영역과 신이 내린 영역이 따로 있습니다. 일찍 경시를 시작했다고 좋은 성적을 거두는 것도 아니고, 뒤늦게 뛰어들었어도 재능이 있는 아이는 치고 나갑니다. 고로 이 길이 아니다 싶으면 미련 갖지 말고 빨리 접는 것이 현명합니다.

학원에서는 초등, 중등 때 KMO 공부를 하면 사고력과 문제해결력을 키울 수 있어 수능수학이 수월해진다고 말합니다. 거짓말입니다. 경시문제의 상당수가 중고등 교과과정을 벗어났기 때문입니다. 또한 KMO와 수능수학은 공부하는 영역에서 차이가 많이 납니다. 영재고, 과학고 아이들도 수능수학 만점을 받으려면 전력을 다해 공부해야 합니다.

외부 수학경시대회

아이가 수학에 재능이 있어 보이면 '수학경시를 한번 준비해볼까?' 하는 마음이 듭니다. 때로는 친구가 수학경시를 준비한다고 덩달아 학원에 보내는 경우도 있습니다. 처음에는 KMO까지 엄두가 안 나니 사설 경시대회부터 발을 담그기 시작합니다. 학원에서 경시를 준비할 만하다고 부추김을 받으면 본격적으로 뛰어들게 되지요.

그러나 아이의 재능을 과대평가하거나, 친구 따라, 학원의 사탕발림에 넘어가 경시준비를 시작하는 것은 좀 위험합니다. 결과도 지지부진하고 시간만 때울 가능성이 높아서입니다. 시간을 투자한 것이 아까워 1년, 2년…… 질질 끄는 경우도 많습니다. 중학교에 가서야 KMO를 준비할 만한 그릇이 안 된다는 것을 깨닫지만 흘러간 시간을 되돌릴 수는 없지요.

사실 초등 때는 외부 수학경시대회에서 상을 받아도 딱히 쓸데가 없습니다. 상 받는 데 의의를 둔다면 모를까 자칫하면 수학만 붙잡고 가다 많은 것을 놓칠 우려가 큽니다. 중고등에서는 KMO가 주력입니다. 그 외의 외부 수학경시대회는 국내입시에서 활용할 길이 거의 없습니다.

교내 수학경시대회

초등 교내 수학경시대회는 아이가 원한다면 참여하는 것이 좋습니다. 심화공부를 착실하게 한 아이라면 따로 문제집을 안 풀어도 됩니다. 대비를 하고 싶다면 서점에서 경시용이라고 붙은 문제집 1, 2권을 가볍게 풀어보는 정도면 충분합니다. 단, 결과에 너무 연연하지 말고 평소 실력이 어떤지 가늠하는 데 의미를 두는 것이 좋습니다.

수학에 자신이 있다면 중고등 교내 수학경시는 보는 것이 좋습니다. 중학교 교내 수학경시에서 수상권에 들면 영재원 지원 자격을 주는 학교가 있습니다. 영재고나 과학고 전형 시 교사추천서를 받을 때 확실한 근거 자료가 되기도 합니다. 고등학교 교내 수학경시는 대입에서 학생부에 비교과 활동으로 적을 수 있어 큰 의미가 있습니다. 학교에서 추천하는 외부 캠프에 갈 수 있는 티켓을 받을 수도 있고, 대입에서 자기소개서를 쓸 때 좋은 근거자료가 됩니다.

경시 할 애들은 정해져 있어요. 아주 극소수지요 ✉

작성자: 버터토피 (중3, 초3) … 현재 고3,초6

엄마가 경시를 시키는 건 옆집 아이가 경시를 한다는데 엄마보기에 내 자식이 그 아이보다 못할게 없어 보일 때이거나 엄마는 학창시절 수학을 아주 못했는데 자식이 엄청 잘하는 것처럼 느껴질 때, 엄마가 수학을 좀 했는데 내 자식이 슥슥 어지간한 거 잘 풀어 낼 때, 동네 학원에서 부추김을 받았을 때(절반은 들러리인 거 아시죠?), 아이가 영어나 책읽기를 싫어하고 상대적으로 수학이 나아보일 때(젤 최악의 케이스 ㅜㅜ)지요.

KMO는 버거우니까 성대경시나, 해법경시 같은 출판사 경시부터 슬쩍슬쩍 발을 담그게 되지요. 그러다보면 해법 경시는 해법 학원을 보내고, 성대랑 KMC는 하늘교육 학원을 보내게 되고……. 애가 잘 따라가지 못해도 결단력 있게 딱! 끊지도 못하고(혹시 담달엔 잘 할까봐) 이렇게 어영부영 특별한 성과 없이 시간만 때우는 경우가 허다해요. 뭐 성과가 있다해도 초등 때의 성과는 아무짝에도 쓸모없는 경우가 더 많거든요. 그 미미한 성과 땜시 다른 것들을 놓치는 경우가 훨씬 많아요. 차라리 그 시간에 영어랑 책읽기 더 시키는 게 훨~~나을 애들을 뺑뺑이 돌리는 거지요.

2부

—

초등,
중등수학
로드맵

수학 로드맵
큰 그림 그리기

수학 로드맵이
필요한 이유

1. 진로에 맞는 수학 로드맵을 짜기 위해

요즘은 대학 입시뿐 아니라 중고등 입시도 매우 복잡합니다. 이제는 학교 진도만 믿고 '충실히' 따라가는 것만으로는 불안합니다. 학교에서 내 아이를 위한 맞춤 로드맵을 고민해주지 않기 때문입니다. 그렇다고 영어, 국어 등 다른 과목에 대한 고려 없이 수학 중심의 스케줄을 제시하는 수학학원만 믿고 따라가서도 곤란합니다.

중요한 것은 '다른 아이처럼'이 아니라 '내 아이에 맞게'입니다. 수학은 어떤 진로를 선택할 것인지에 따라 방향과 깊이가 달라집니다.

2. 연령, 수준에 맞는 심화학습을 위해

선행보다 중요한 것이 심화학습입니다. 그러나 먼저 생각할 것은 아이

학년에 맞는가입니다. 초등 1, 2학년 수학은 매우 쉽습니다. 심화문제까지 안 풀어도 됩니다. 수학을 힘들어하면 교과서 중심으로, 수학을 잘하면 한글책과 영어에 더 힘을 써야 합니다. 초등 3, 4학년은 아이가 수학을 잘하고 좋아한다면 능력껏 심화학습을 시작해도 됩니다. 수학을 어려워하면 쉬운 문제를 풀면서 성취감을 느끼게 해주는 것이 우선입니다.

초등 5, 6학년도 다르지 않습니다. 초등 고학년 수학 심화가 잘 되어있으면 중등수학 진행이 원활합니다. 교과서 개념이 탄탄한지, 심화학습이 잘 되어있는지 먼저 살펴보세요.

중등수학은 선행과 심화가 같이 가야 합니다. 개념 문제집과 쉬운 유형 문제집만으로 진행하면 쉽게 잊어버리게 되니까요. 고등수학 문제는 어떤 개념을 사용해야 할지 자기 힘으로 파악이 가능해야 해결할 수 있습니다. 중학교까지 개념학습을 소홀히 하고, 중등 심화문제도 제 힘으로 풀어보지 않았다면 넘지 못할 산이 되고 맙니다.

3. 수학 선행 시점을 정확하게 짚기 위해

잠수네 영어학습은 매우 빠른 선행입니다. 초등학생이 해리포터 원서를 읽고, 중고등학생들이 자막 없이 자유롭게 영미 드라마, CNN뉴스를 봅니다. 재미있게 습득했기 때문에 대학, 사회에 나가서도 계속 유지, 발전합니다. 반면 수학 선행은 효율을 따져야 합니다. 현실적으로 중고등학교 수학 선행은 필요합니다. 그러나 수학학원의 마케팅에 끌려가거나, 주변 아이들의 선행 속도에 뒤쳐지지 않으려는 이유만으로는 절대 안 됩니다. 가장 중요한 것은 내 아이의 수준과 진로에 맞는 진행입니다.

'수학머리'가 매우 뛰어난 0.1% 영재라면 초등 4학년에 초등과정을 끝내고, 5학년에 중등수학을, 6학년에 고등학교 1, 2학년 선행과 심화를 진행할 수 있습니다. 누군가는 6학년에 중학수학을 끝내기도 하겠지요. 그러나 이런 아이들을 부러워할 필요는 없습니다. 따라 한다고 따라갈 수도 없거니와, 엄청난 선행을 했다고 고등수학과 수능수학을 잘 본다는 보장도 없습니다. 오히려 섣부른 선행을 하는 경우 중등내신조차 안 나오는 경우가 비일비재합니다. 고등학교 가서 "선행했다는데 뭘 한 거야?"란 핀잔을 받기 일쑤입니다. 선행할 때는 어려워서 대충 넘어가고, 진짜 배울 때는 아는 것 같아 건성으로 공부하기 때문입니다.

초등학생, 중학생은 아직 어린 나이입니다. 선행의 필요성도 잘 못 느낄 뿐 아니라 혼자 계획을 짜기에는 아직 어설픕니다. 잠수네 수학은 부모에게 수학을 가르치라고 하지 않습니다. 수학 심화에 집중할 때와 선행할 시점을 잘 잡은 후, 아이에 맞는 수학 로드맵을 짜고 실천할 수 있도록 도와주는 것을 목표로 합니다.

4. 제대로 된 사교육을 시키기 위해

잠수네 영어를 해본 부모들은 영어학원 커리큘럼과 교재만 봐도 제대로 하는 곳인지 판별할 수 있습니다. 수학도 마찬가지입니다. 부모가 정확하게 알고 있으면 학원에서도 조심스럽게 대합니다. 상담할 때 허튼소리를 하지 않습니다. 학원을 보내도 내 아이에게 꼭 맞는 곳을 선택할 수 있습니다. 반대로 부모가 수학에 대해 잘 모르면 아이와 맞지 않는 엉뚱한 학원에 보낼 가능성이 높아집니다. 학원 상담 시 찍소리도 못하고 듣고만 와야 합니다. 성적이 떨어져도 원인 파악이 안 되니 다른 학원을 찾는 정도가 고작입니다.

5. 2015년 개정 교육과정에 맞춘 로드맵이 필요하기 때문

2002년 이후 출생한 아이들은 고등학교 1학년부터 '2015 개정 교육과정'으로 공부하게 됩니다(2018년 고등학교 1학년부터 적용). 지금은 자연계 수학, 인문계 수학으로 나누지만 새 교육과정은 진로에 따라 수학 과목을 선택합니다. 인문계 진로인 경우 지금보다 수학 분량이 줄어듭니다. 자연계도 공부할 과목이 조금씩 달라집니다.

지금 고등 선행을 나간다면 '2009 개정 교육과정'에 따른 교과서로 공부하는 셈입니다. 자칫하면 과잉학습으로 시간을 낭비할 수 있습니다. 수학은 선행으로 달리는 순간 멈출 수 없는 자전거와 같습니다. 진도가 나갈수록 공부할 것이 많아집니다. 잊어버리지 않으려면 누적해서 반복해야 합니다. 수학 공부 시간이 점점 늘어나다 보면 영어 실력이 뚝뚝 떨어집니다. 한글책 읽을 시간은 아예 사라집니다.

미래가 확실하지 않을 때 갈 길은 선택과 집중입니다. 한글책 읽기를 소홀히 하지 않으면서 '초등 6학년까지 영어를 최대한 끌어올리고, 중등 이후 수학 선행 속도를 올린다'는 전략이 더 중요해졌습니다.

초중고 수학
제대로 알기

부모들의 수학 불안증을 다스릴 첫걸음은 초중고 교육과정을 제대로 파악하는 데 있습니다. 2017년부터 '2015 개정 교육과정'이 적용됩니다. 바뀌는 수학 교과과정을 현재와 비교해서 살펴볼까요?

'2015 개정 교육과정' 수학 교과 적용 시기

구분	2017년	2018년	2019년	2020년
초등학교	초1, 초2	초3, 초4	초5, 초6	
중학교		중1	중2	중3
고등학교		고1	고2	고3

태어난 해를 기준으로 보면 다음과 같습니다.

구분	2017년	2018년	2019년	2020년	2021년	2022년
2002년생	중3	고1	고2	고3 ★	–	–
2003년생	중2	중3	고1	고2	고3 ★	–
2004년생	중1	중2	중3	고1	고2	고3 ★
2005년생	초6	중1	중2	중3	고1	고2
2006년생	초5	초6	중1	중2	중3	고1
2007년생	초4	초5	초6	중1	중2	중3
2008년생	초3	초4	초5	초6	중1	중2
2009년생	초2	초3	초4	초5	초6	중1
2010년생	초1	초2	초3	초4	초5	초6
2011년생	7세	초1	초2	초3	초4	초5
2012년생	6세	7세	초1	초2	초3	초4
2013년생	5세	6세	7세	초1	초2	초3

☐ 2009 개정 교육과정
☐☐☐ 2015 개정 교육과정 (★ 2015 개정 교육과정 수능시험)

2009 vs 2015 개정 교육과정 '초등수학'

2009 개정 교육과정

영역	초1	초2	초3
수와 연산	[1-1] 9까지의 수 [1-1] 50까지의 수 [1-2] 100까지의 수 [1-1] 덧셈과 뺄셈(한 자리 수) [1-2] 덧셈과 뺄셈(몇십) [1-3] 덧셈과 뺄셈(10의 보수)	[2-1] 세 자리 수 [2-2] 네 자리 수 [2-1] 두 자리 수의 덧셈과 뺄셈 [2-1] 곱셈(개념) [2-2] 곱셈구구	[3-1] 덧셈과 뺄셈(여러가지 방법) [3-1] 나눗셈(개념) [3-1] 분수와 소수(개념) [3-2] 곱셈(두세 자리 수) [3-3] 나눗셈(두 자리 수) [3-1] 분수(개념, 합차)
도형	[1-1] 여러 가지 모양(입체) [1-2] 여러 가지 모양(평면)	[2-1] 여러 가지 도형	[3-1] 평면도형(직선, 각, 도형이동) [3-2] 원(반지름, 지름)
측정	[1-1] 비교하기 [1-2] 시계 보기	[2-1] 길이 재기(개념) [2-2] 길이 재기(cm, m)합차 [2-2] 시각과 시간(시, 분)	[3-1] 시간(초)과 길이(mm, km) [3-2] 들이와 무게(l, ml)
확률과 통계		[2-1] 분류하기 [2-2] 표와 그래프	[3-2] 자료의 정리
규칙성과 문제 해결	[1-2] 규칙 찾기	[2-2] 규칙 찾기	

영역	초4	초5	초6
수와 연산	[4-1] 큰 수 [4-1] 곱셈과 나눗셈(세 자리 수) [4-1] 분수의 덧셈과 뺄셈 [4-1] 혼합 계산(+ − × ÷) [4-2] 소수의 덧셈과 뺄셈	[5-1] 약수와 배수 [5-1] 약수와 통분 [5-1] 분수의 덧셈과 뺄셈 [5-2] 소수의 곱셈 [5-2] 분수의 나눗셈 [5-2] 소수의 나눗셈	[6-1] 분수의 나눗셈 [6-1] 소수의 나눗셈
도형	[4-1] 각도와 삼각형 [4-2] 수직과 평행 [4-2] 다각형	[5-1] 직육면체 [5-2] 합동과 대칭	[6-1] 각기둥과 각뿔 [6-2] 쌓기나무 [6-2] 원기둥, 원뿔, 구
측정	[4-2] 어림하기	[5-1] 다각형의 넓이 [5-2] 여러 가지 단위	[6-1] 원의 넓이 [6-1] 직육면체의 겉넓이, 부피
확률과 통계	[4-1] 막대그래프 [4-2] 꺾은선 그래프	[5-2] 자료의 표현	[6-1] 비율 그래프
규칙성과 문제 해결	[4-2] 규칙과 대응		[6-1] 비와 비율 [6-1] 비례식과 비례배분 [6-1] 정비례와 반비례 [6-1] 여러 가지 문제

2015 개정 교육과정

영역	1~2학년군	3~4학년군	5~6학년군
수와 연산	• 네 자리 이하의 수 • 두 자리 수의 덧셈과 뺄셈 • 곱셈	• 다섯 자리 이상의 수 • 세 자리 수의 덧셈과 뺄셈 • 자연수의 곱셈과 나눗셈 • 분수 / 소수 • 분수(동분모)와 소수의 덧셈과 뺄셈	• 약수와 배수 • 약수와 통분 • 분수와 소수의 관계 • 자연수의 혼합계산 • 분수(이분모)의 덧셈과 뺄셈 • 분수와 소수의 곱셈과 나눗셈
도형	• 평면도형의 모양 • 평면도형과 그 구성요소 • 입체도형의 모양	• 도형의 기초 • 원의 구성 요소 • 여러 가지 삼각형, 사각형 • 다각형 • 평면도형의 이동	• 합동, 대칭 • 직육면체, 정육면체 • 각기둥, 각뿔 • 원기둥, 원뿔, 구 • 입체도형의 공간감각
측정	• 양의 비교 • 시각과 시간 • 길이(cm, m)	• 시간, 길이(mm, km), 들이, 무게, 각도	• 원주율 • 평면도형의 둘레, 넓이 • 입체도형의 겉넓이, 부피 • 수의 범위 • 어림하기(올림, 버림, 반올림)
규칙성	• 규칙 찾기	• 규칙을 수나 식으로 나타내기	
자료와 가능성	• 분류하기 • 표 • O, X/를 이용한 그래프	• 간단한 그림그래프 • 막대그래프 • 꺾은선그래프	• 평균 • 그림그래프 • 띠그래프, 원그래프

2015 개정 교육과정 '초등수학' 주요 변화

학년	2009 개정 교육과정	2015 개정 교육과정
초등 3~4학년	자연수의 혼합계산	→ 5, 6학년군
	수의 범위, 어림하기	→ 5, 6학년군
	규칙과 대응	→ 5, 6학년군
초등 5~6학년	무게단위 톤(t)	→ 3, 4학년군
	원기둥의 겉넓이와 부피	→ 중학교
	정비례와 반비례	→ 중학교
	분수와 소수의 혼합계산	삭제
	아르(a)/헥타아르(ha)	삭제
	원주율 근삿값 다양화	추가

초등수학에서 중요한 것

1. 수와 연산

초등수학에서 가장 큰 비중을 차지하는 것은 '수와 연산' 영역입니다. 초등 1~4학년까지는 자연수의 사칙연산을 공부합니다. 자연수로 나타낼 수 없는 양을 표현하는 데 사용되는 분수, 소수는 초등 3~6학년에 걸쳐 배우게 됩니다. 많은 아이가 분수, 소수의 계산을 어려워합니다. 자연수의 사칙연산부터 탄탄하게 해주세요. 그래야 분수, 소수의 사칙연산이 수월합니다.

2. 도형

도형의 기초를 초등학교 때 모두 배웁니다. 초등학교 때 도형 감각을 길러줘야 중고등학교 도형 문제가 쉽게 다가옵니다. 평면도형과 입체도형의 개념과 성질은 중학교에서 똑같이 반복됩니다. 도형을 만져보고 체험하면서 이론을 몸으로 느끼도록 해주세요. 필요한 개념은 꼭 외워야 합니다.

3. 측정

많고 적음, 시간과 시각, 길이, 무게, 여러 가지 단위는 실생활과 밀접한 관계가 있습니다. 수학교과서에서 배우는 개념을 집에서 충분히 경험하게 해주세요. 도형의 둘레와 넓이, 겉넓이와 부피는 개념이 확실하면 한축으로 이해할 수 있습니다. 그러나 개념이 확고하지 않으면 다 따로 따로 외워야 하는 어려운 영역이 되어버립니다. 문제풀이보다 교과서의 개념을 충분히 이해하는 것이 중요합니다.

4. 규칙성

아이들이 제일 어려워하는 것이 규칙 찾기입니다. 생각하는 습관이 안 되어있으면 어렵다고 내팽겨치기 마련입니다. 교과서와 익힘책의 규칙 찾기 문제를 완전히 이해하도록 해주세요.

5. 자료와 가능성

초등과정에서 배우는 그림/막대/꺽은선/띠/원그래프는 중고등과정에서 더 이상 안 배웁니다. 그러나 이 개념은 수학뿐 아니라 사회, 과학에서도 매우 유용하게 쓰입니다. 실생활은 물론이고요. 그래프를 보고 잘 이해할 수 있으면 많은 것을 알 수 있습니다. 쉽다고 건성으로 넘어가지 말고 정확하게 알게 해주세요.

2009 vs 2015 개정 교육과정 '중등수학'

2009 개정 교육과정

영역	중1	중2	중3
	1학기		
수와 연산	소인수 분해 최대공약수, 최소공배수 정수, 유리수	분수의 소수 표현 유리수와 순환소수	제곱근의 성질 무리수와 실수 제곱근의 사칙연산
문자와 식	문자의 사용과 식의 값 일차식의 계산 방정식과 항등식 일차방정식의 활용	지수법칙 단항식, 다항식의 계산 곱셈공식과 활용 여러 가지 연립방정식 일차부등식과 연립 부등식 일차 부등식과 활용	인수분해와 활용 인수분해, 제곱근을 이용한 이차방정식의 풀이 이차방정식의 근의 공식 이차방정식의 근과 계수의 관계 이차방정식의 활용
함수	함수의 뜻과 표현 좌표와 사분면 함수의 그래프와 활용	일차함수의 뜻과 그래프 일차함수의 그래프의 성질 일차함수의 식과 활용 일차함수의 일차방정식	이차함수의 그 그래프 이차함수의 최댓값과 최솟값

영역	중1	중2	중3
	2학기		
기하	기본도형(점/선/면, 각) 평행선의 성질 기본도형의 위치관계 삼각형의 작도, 합동조건 다각형(개념)과 내각, 외각, 원, 부채꼴 다면체, 회전체 입체도형의 겉넓이와 부피	이등변삼각형의 성질 직각삼각형의 합동 삼각형의 내심과 외심 평행사변형 사각형의 성질과 관계 평행선과 넓이 닮음의 뜻과 성질 삼각형의 닮음 조건 삼각형과 평행선 평행선과 선분의 길이의 비 삼각형의 중선과 무게중심 닮은 도형의 넓이, 부피의 비	피타고라스의 정리 평면도형, 입체도형엣서 피타고라스 정리의 활용 삼각비 삼각비를 활용한 길이, 넓이 구하기 원과 직선(현, 접선) 원주각, 원과 사각형 접선과 현이 이루는 각 원에서 선분의 길이 사이의 관계 할선과 접선
확률과 통계	줄기와 잎 그림, 도수분포표 히스트그램과 도수분포 다각형 상대도수와 그래프	경우의 수 확률의 뜻과 성질 확률의 계산	대푯값과 산포도

2015 개정 교육과정

영역	중1	중2	중3
수와 연산	소인수분해 정수와 유리수	유리수와 순환소수	제곱근과 실수
문자와 식	문자의 사용과 식의 계산 일차방정식	식의 계산 일차부등식과 연립일차방정식	다항식의 곱셈과 인수분해 이차방정식
함수	좌표평면과 그래프	일차함수와그래프 일차함수와 일차방정식의 관계	이차함수와 그래프
기하	기본 도형 작도와 합동 평면도형의 성질 입체도형의 성질	삼각형과 사각형의 성질 도형의 닮음 피타고라스 정리	삼각비 원의 성질
확률과 통계	자료의 정리와 해석	확률과 그 기본 성질	대푯값과 산포도

2015 개정 교육과정 '중등수학' 주요 변화

학년	2009 개정 교육과정	2015 개정 교육과정
중1	최대공약수와 최소공배수의 활용	삭제
	도수분포표에서 자료의 평균	삭제
중2	연립일차부등식	→ 고등학교
	곱셈공식	→ 중3
중3	이차함수의 최댓값·최솟값	→ 고등학교
	원주각의 활용	삭제

중등수학에서 중요한 것

1. 수와 연산

중학교에서는 정수, 유리수, 실수로 수의 범위가 확장됩니다. 연산의 성질은 초등학교 때 배운 자연수의 연산과 동일하기 때문에 초등학교 연산 개념이 확실하지 않으면 중학교 연산이 힘들어집니다. 특히 중학교 1학년 1학기의 연산 단원은 초등 5, 6학년의 분수와 연결됩니다. 중학교 연산이 힘들면 분수 개념, 분수 연산부터 다져주세요. 그 이후 중학교 1학년 과정으로 진행해야 구멍 없이 갈 수 있습니다.

2. 문자와 식

수학의 기초가 없는 아이들은 1, 2, 3 대신 x, y같은 문자가 들어간 식을 매우 어려워합니다. 숫자를 문자로 대치한 상황을 이해하지 못하기 때문입니다. 개념을 확실하게 모르는 상태에서 문제만 푸는 것은 의미가 없습니다. 사칙연산의 개념부터 이해한 뒤 중등과정을 공부하게 해주세요. 많은 아이가 어려워하는 방정식의 활용문제는 문장을 식으로 바꿔 쓸 수 있어야 해결이 됩니다. 중학교 2학년 1학기에 처음 배우는 부등식도 개념을 철저히 해야 합니다. 고등학교에서 방정식, 함수까지 연결되기 때문입니다.

3. 함수

함수를 어려워하는 아이가 많습니다. '변화하는 양 사이의 관계'라는 함수 개념이 확실하지 않기도 하고, 용어가 생소하기 때문입니다. '2015 개정 교육과정'에서는 초등 6학년에서 배웠던 정비례, 반비례가 중학교 1학년 1학기로 넘어옵니다. 함수의 기초가 되는 영역이므로 확실히 공부하게 해주세요. 중2-1의 일차함수, 중3-1의 이차함수는 고등함수와 연결됩니다. 고등수학 문제의 대다수가 함수의 응용입니다. 함수 개념을 모르면 고등수학은 포기입니다. 함수의 기본적인 개념과 원리 이해 없이 문제풀이에 치중하지 않도록 해주세요.

4. 기하

중1-2, 중2-2, 중3-2는 주로 도형을 공부합니다. 함수는 중학교부터 고등학교까지 연결해서 공부하지만, 기하는 중등으로 끝입니다. 그러나 중학교에서 배우는 도형의 성질을 확실히 알아야 고등수학에서 어려움을 겪지 않습니다. 특히 중2-2에 배우는 삼각형의 내심, 외심, 닮음은 어려워하는 아이들이 확실하게 이해하고 가도록 해주세요. 중3-2는 고1 과정과 연계성이 제일 높습니다. 조금 시간이 걸려도 문제를 통해 개념을 정확하게 알도록 힘써야 합니다. 중학교에서 배우는 증명과정은 논리력, 사고력, 직관력을 키우기에 유용합니다. 공식을 외우려고만 하지 말고 꼭 혼자 힘으로 증명해보도록 해주세요.

2009 vs 2015 개정 교육과정 '고등수학'

2009 개정 교육과정

일반 과목					심화 과목
인문계		자연계			
고1	고2, 고3	고1	고2, 고3		
수학 I 수학 II	미적분 I 확률과 통계	수학 I 수학 II	미적분 I 미적분 II 확률과 통계 기하와 벡터		고급수학 I 고급수학 II

※ 표에는 없지만 '기초수학'이 있습니다.(수학적 지식이 부족한 학생들을 위한 중3 과정)
※ '고급수학 I', '고급수학 II'는 수학 학습 능력이 우수한 학생을 위한 심화과정입니다.

  '2009 개정 교육과정'에서 고등학교 1학년은 수학 I, 수학 II를 공부합니다. 고등학교 2, 3학년이 되면 인문계는 미적분 I, 확률과 통계를, 자연계는 미적분 I, 미적분 II, 확률과 통계, 기하와 벡터를 배웁니다. 수능수학 범위는 공식적으로는 하늘색, 연두색으로 표시한 영역입니다. 그러나 색칠하지 않은 부분(인문계는 수학 I, 자연계는 수학 I II/미적분 I)도 확실하게 공부해야 좋은 결과를 얻을 수 있습니다.

2015 개정 교육과정

보통 교과			전문 교과
고1 (공통 과목)	고2, 고3 (선택 과목)		
	일반 선택	진로 선택	
수학	수학 I 수학 II 미적분 확률과 통계	실용 수학 기하 경제 수학 수학과제 탐구	심화 수학 I 심화 수학 II 고급수학 I 고급수학 II

2015 개정 교육과정 '고등수학' 주요 변화

1. 공통과목인 '수학'을 고등학교 1학년 때 배웁니다.

2. 진로선택 과목이 신설되고, 진로에 맞춰 과목 선택을 합니다.

3. 자연계를 선택하면 꼭 배워야 했던 '기하와 벡터'가 진로선택 과목으로 바뀝니다.

진로에 따른 선택과목 예시 (출처: 교육부)

구 분	일반 선택	진로 선택
경상계열 (사회 중심)	수학 I, 확률과 통계	경제 수학
어문계열 (외국어 중심)	수학 I, 확률과 통계	–
예술계열 (예술 중심)	수학 I, 확률과 통계	–
이공계열 (수학, 과학 중심)	수학 I, 수학 II, 미적분	기하, 수학과제 탐구

고등수학에서 중요한 것

1. '2009 개정 교육과정'만 바라보고 달리면 안 됩니다

'2015 개정 교육과정'에서 고등수학의 큰 변화는 자연계·인문계 수학의 구분이 없어지고, 진로에 따라 선택과목이 다양해진다는 점입니다. 인문계 진로인 경우 수학 공부량이 줄어들 수 있습니다. 자연계 진로인 경우 수학 공부량이 늘어날 수도 있지만 진로에 따라 공부할 과목이 달라집니다. '2015 개정 교육과정'이 적용되는 2002년생부터는 고등 선행을 나갈 때 이 부분을 유의해야 합니다.

2. 중학교 3학년 심화가 고등학교 1학년 과정의 선행입니다

중3의 내용이 고1에서 좀 더 심화됩니다. 중3에서 배운 '다항식의 곱셈과 인수분해'가 고1에서는 '다항식의 연산'으로 연결됩니다. 중3의 '이차방정식'이 고1 과정에서는 '복소수와 이차방정식', '여러 가지 방정식과 부등식'으로 확장됩니다. 실제로 중3을 어설프게 공부하면 고1 수학이 벅찹니다. 반대로 고등과정과 연계된 중등 심화를 심도 있게 해두면 고등과정을 나갈 때 훨씬 수월해집니다.

3. 고등수학은 개념서를 반복해서 보는 것이 핵심입니다

초등학교, 중학교만 해도 문제집을 여러 권 푸는 것이 좋은 성적을 올리는 하나의 방법이었습니다. 공식을 외우고 대입만 해도 풀리는 문제들이 꽤 많았고요. 그러나 고등수학은 좀 다릅니다. 개념서 1권을 정해서 완전히 알 때까지 여러 번 반복하면서 기초를 확실하게 다지지 않으면 응용, 심화문제는 손을 못 댑니다. 다른 문제집을 풀 때도 반드시 개념서를 옆에 끼고 풀고 있는 문제에 어떤 개념을 활용해야 할지 고민하는 습관을 가져야 합니다.

잠수네 수학교실 데이터로 본
수학학습 현실

'잠수네 수학교실'이란?

2003년부터 진행하는 수학 학습 지원 시스템입니다. 초기에는 잠수네 회원들이 아이들의 수학 학습 진행 과정을 매월 게시판에 올리는 형식이었으나, 2011년 3월부터 진행글 쓰기와 함께 '잠수네 수학 테스트'도 추가했습니다. 아이의 수학 수준을 진단하고, 알맞은 공부법과 교재를 추천하기 위해서입니다. '잠수네 수학 테스트'는 초1부터 중3까지 볼 수 있으며, 이 테스트를 기준으로 과정을 나눕니다. 기준은 다음과 같습니다.

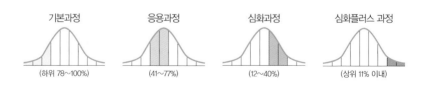

기본과정	응용과정	심화과정	심화플러스 과정
(하위 78~100%)	(41~77%)	(12~40%)	(상위 11% 이내)

잠수네 수학교실을 통해 본 수학 학습 현황

1. 학교마다 수학시험의 난이도가 다르다

처음 '잠수네 수학 테스트'를 보고 나면 깜짝 놀라는 분이 많습니다. 생전 받아보지 못한 황망한 점수가 나와서입니다. 학교시험에 비해 주관식 비중이 높고, 난이도 높은 문제가 많이 들어간 것이 주요 원인입니다(평균 50~60점으로 난이도 조절). 시험 범위에서 예습 영역이 30% 포함되어 있는 것도 이유가 되고요.

초등학교 수학시험은 잘 보는데 잠수네 테스트는 평균 점수나 그 이하가 나오는 것은 당연합니다. 전국 어느 학교도 예습 영역이 포함된 이런 시험은 보지 않거든요. 학교 시험과 다른 어려운 문제, 생각해야 하는 문제를 보고 놀란 마음에 문제를 풀겠다는 의욕이 떨어지는 것도 원인이 될 수 있습니다.

중학생이라면 조금 다릅니다. 학교시험이 어렵다면 '잠수네 수학 테스트' 점수와 학교 점수가 비슷하게 나옵니다. 시험이 쉽게 나오는 중학교라면 학교 점수보다 많이 떨어진 점수를 받을 수도 있습니다.

2. 수학 진행에 거품이 많다

잠수네에서는 수학 테스트를 볼 때마다 설문조사를 합니다. 이를 토대로 '기본', '응용', '심화', '심화플러스' 구간별 학교 수학 점수 분포를 그래프로 그려보았습니다.

과정별 학교 수학점수 분포

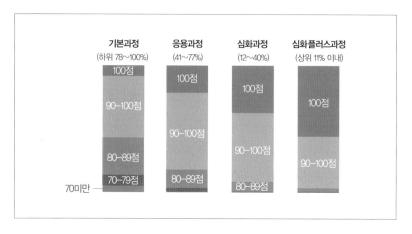

이 표를 보면 '기본과정'에서도 학교 시험 100점을 받는 아이가 있습니다. 90점 이상을 받는 비율까지 합치면 50% 이상입니다. '응용과정' 역시 90점 이상 받는 아이가 대다수입니다. 학교 성적만으로 보면 수학을 잘하는 아이들입니다. 반면 '심화과정', '심화플러스과정'에서도 학교시험 90점이 안 되는 경우(그래프의 회색 영역)가 보입니다. 학교 성적만 본다면 노력이 필요한 아이로 보일 수 있습니다.

일반적으로 학교 수학시험이 90점이 넘으면 수학을 어느 정도 한다고 여깁니다. 학교 성적 100점이면 상당히 똑똑한 아이로 인정받습니다. 학교 점수만 보면 다 영재입니다. 그러다 보니 수학에 뛰어난 아이들이 푸는 어려운 문제집을 기본, 응용과정에 있는 아이들도 똑같이 하고 있습니다. 못 푸는 문제가 수두룩한데도 인정을 안 합니다. 학원에서 설명해주면 다 알아듣는다고 안심하고 있습니다.

선행 속도를 봐도 놀랍습니다. 영재고, 과학고를 가려면 초등 4~5학년 때 중등수학을 끝내고, 6학년에 고등수학을 나가야 한다는 말이 상식처럼 회자되고 있습니다. 이 정도 속도로 진행할 수 있으려면 '잠수네 수학 테스트'에서 최소 상위 11% 이내인 '심화플러스과정'이 되어야 합니다. 영재고, 과학고에 진학한 아이들의 '잠수네 수학 테스트' 기록을 보면 대부분 심화플러스과정에 있었으니까요. 그러나 실제 선행진도를 보면 '기본과정'에 속한 4학년 아이가 중등과정을 나가고, '응용과정' 구간이 나온 6학년이 고등수학을 나가는 경우가 비일비재합니다.

거꾸로 '잠수네 수학 테스트'에서 '심화플러스'가 나오는 수학 능력이 뛰어난 아이인데도 연산학습지나 연산문제집을 뺑뺑이 돌리는 집도 있습니다. 학교 성적이 100점이 안 되고 연산실수를 많이 한다고요. 이 경우 오히려 수학을 지겨워하게 될 가능성이 높습니다.

학교 수학점수만으로 판단하지 말고 실제 실력에 맞춰 심화와 선행을 판단하세요. '잠수네 수학 테스트'는 초등학교 1학년에서 중학교 3학년까지 전국(해외 포함)에서 보는 시험입니다. 잠수네 회원이면 수학 테스트를 보고 나서, 회원이 아니라면 수학문제집 정답률을 보고 현재 수준을 판단하기 바랍니다.

3. 학년이 올라갈수록 호시탐탐 학원 보낼 생각을 한다

다음 그래프 역시 수학교실 테스트 시 하는 설문조사를 토대로 낸 자료입니다.

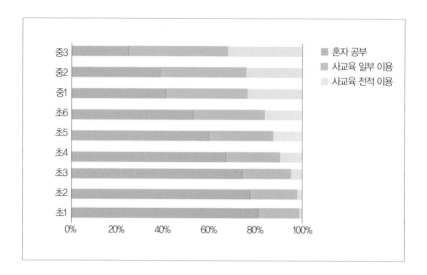

초등학교 저학년에서는 혼자 공부하는 비율이 압도적으로 많지만, 초등 고학년은 50~60%, 중고등학교로 가면 30~40%로 점점 줄어듭니다. 학원에 보내는 이유는 수학 성적을 올리기 위해, 선행을 위해서가 대부분입니다. 부모가 억지로 보내는 경우도 있지만 아이가 원하는 경우도 있지요. 그러나 학년이 올라갈수록 수학학원의 약발이 받지 않게 됩니다. 양으로 밀어붙이는 것의 한계, 아이 수준에 안 맞는 어려운 교재, 비현실적인 선행진도 때문입니다. 안 좋은 태도가 몸에 배고, 학원 중독에서 헤어나오지 못하는 점도 학원의 폐해입니다.

수학 테스트 후기를 보면 부모들의 반응이 매우 다르다는 것을 알 수 있습니다. 지금이라도 아이의 현 수준을 알게 돼서 다행이다, 시험 보느라 수고했다고 아이를 격려해주고 앞으로 좀 더 열심히 해보자는 집도 있습니다. 그동안 너무 어려운 문제를 풀게 했다고 반성하며 문제집 수준을 낮춰야겠다고 생각하는 경우도 있습니다. 시험문제가 어려운 것을 미리 파악하고 아이에게 시험점수를 알려주지 않는 분도 봤습니다.

반대의 경우도 많습니다. 그동안 공부를 안 했다, 심화문제를 안 풀어봤다, 독해력이 딸린다, 연산에서 실수가 많다, 건성으로 풀었다, 몇 문제 풀다 보니 집중력이 확 떨어졌다, 문제를 제대로 안 읽었다, 생각하기 싫어한다, 어려운 문제만 붙들고 있다, 제한 시간 안에 다 풀지 못했다 등 시험점수가 낮은 데 대한 원인 분석은 비교적 정확합니다.

하지만 분석과 달리 무조건 학원 보내서 선행과 심화를 해야 하는 게 아닌가 하고 생각하는 분이 적지 않습니다. 잠수네 테스트에서 점수를 잘 받으려면 (아이 수준과 상관 없이) 어려운 심화문제를 풀게 해야겠다는 의지를 불태우는 분도 많습니다.

무언가 앞뒤가 맞지 않습니다. 분석을 했으면 그에 맞는 대책을 세워야 할 텐데 엉뚱한 방향으로 생각합니다. 학원을 보내는 것이 해결책은 아닙니다. 학원에 보낸들 공부습관이 잡혀있지 않거나 공부할 의욕이 없으면 무의미합니다.

초등수학
로드맵

초등수학을
잘하기 위한 핵심

수학은 개념을 탄탄하게 이해하고, 자기 수준에 맞는 수학 문제를 꾸준히 풀다 보면 실력이 올라갑니다.

수학교과서가 1순위

수학교과서는 바다를 항해하는 배의 나침반입니다. 개념과 원리를 가장 친절하게 설명해주는 교재이기 때문입니다. 처음 공부할 때는 무조건 수학교과서부터 읽어야 합니다. 문제를 틀렸을 때, 도저히 안 풀리는 문제가 나올 때도 수학교과서부터 보는 습관을 들여주세요.

수학문제집은 정답률 70% 수준의 살짝 쉬운 수준으로

1. 수학문제집 정답률 70%는 제일 어려운 단계 기준

문제집을 보면 난이도가 다른 문제들이 섞여 있습니다. 문제의 난이도가 4단계로 나눠져 있다면 앞의 쉬운 두 단계는 100%라도, 뒤의 어려운 단계는 50%, 30%가 나오기도 합니다. 전체적으로 보면 70%일 수 있지만 어려운 문제 기준으로는 아이에게 어려운 문제집입니다. 문제집 정답률을 단계별, 단원별로 기록해보세요. 아이에게 적합한 문제집인지, 아이가 어느 단원을 어려워하는지 알 수 있습니다.

2. 한 번에 푸는 문제집은 최소로

동시에 여러 권의 문제집을 푸는 집이 많습니다. 단원별로 '개념 → 응용 → 심화'까지 죽 뺀다고 몇 권을 동시에 풀기도 하고, 아이가 지루해하지 않게 한다며 여러 개의 문제집으로 돌리기도 합니다. 부모가 수학문제집의 난이도를 잘 몰라 비슷비슷한 수준의 문제집을 여러 권 풀게 하는 경우도 있습니다. 이러면 수학만 하기에도 하루가 벅찹니다. 효과도 크지 않고요. 수학문제집은 한 번에 1권씩 하세요. 아이는 1권을 끝냈다는 성취감을 느낄 수 있고, 부모도 문제집별로 아이의 반응과 체감 난이도를 정확하게 알 수 있습니다.

3. 과도한 분량은 독

하루에 푸는 분량을 과하게 잡지 마세요. 문제를 해결할 생각보다 어떻게 하면 그날 분량을 빨리 끝낼까 궁리하게 됩니다. 문제를 대충 읽는 것은 당연지사, 틀려도 왜 틀렸는지 깊이 고민하지 않습니다. 문제를 많이 풀어도 오답률은 줄지 않습니다. 이런 식으로는 고등학교 때 낭패를 보게 됩니다. 수학 문제 풀 때는 그 문제에 집중해야 합니다. 아이가 한 번에 집중할 수 있는 시간이나 분량을 체크해보세요. 문제를 많이 안 풀어도 매일 집중해서 꾸준히 하면 수학 실력이 올라갑니다.

4. 비슷비슷한 문제집으로 뺑뺑이는 그만

난이도가 비슷한 문제집을 3~4권 푸는 집이 상당수 있습니다. 같은 단계 문제집을 여러 권 푸는 것은 다람쥐 쳇바퀴 돌리기처럼 앞으로 나가지 못하고 제자리걸음을 할 뿐입니다. 70% 정답률이 나오는 문제집 1권을 다 풀고 오답 확인까지 했다면, 다음 문제집은 한 단계 높은 것으로 고르세요. 단, 처음 푼 문제집이 좀 어려웠다면 그 문제집을 다시 풀거나 한 단계 아래 문제집을 푸는 것이 좋습니다.

5. 유형별로 풀지 말 것

상당수의 문제집에 유형별 문제풀이가 들어있습니다. 중고등학교처럼 초등학교도 유형 문제집이 있고요. 초등수학은 중고등에 비해 문제가 단순하고 쉽습니다. 대표 유형풀이를 보고 숫자만 바꾸면 쉽게 풀립니다. 왜 이렇게 푸는지 생각할 필요가 없습니다. 이런 방식으로 문제를 풀다 보면 실력이 늘지 않습니다. 잘 풀던 문제라도 다른 문제와 섞어 놓으면 처음 보는 것처럼 못 풉니다. 유형별로 된 문제집이라면 유형별로 하나씩만 문제를 푼 후, 다시 돌아와서 안 푼 문제만 (풀이를 안 보고) 다시 푸는 방법이 좋습니다(예: 1번, 5번, 9번······ → 2~4번, 6~8번······).

6. 오답 확인은 필요하나 과하지 않게

수학문제를 풀었다면 오답확인은 필수입니다. 단, 오답확인 방법은 아이에 맞게 적용해야 합니다. 보통은 채점할 때 틀리면 동그라미나 별표(○, ★)를 하는 정도면 됩니다. 또 틀리면 한 번 더 표시하면 되고요(◎, ★★). 많이 틀리는 아이라면 오답확인 하는 것 자체가 스트레스입니다. 똑같은 문제집을 사서 틀린 문제만 다시 푸는 것이 낫습니다. 이 밖에도 베껴쓰기, 오려서 공책에 붙이기를 할 수 있습니다. 요즘은 스마트폰으로 찍어 PDF파일로 만드는 경우도 있더군요.

시험대비

1단계) 수학교과서 개념 읽고 확인

2단계) 수학교과서, 익힘책 문제 중 어려운 문제 다시 풀기

3단계) 그동안 푼 문제집 오답 확인

4단계) 단원평가 문제 풀기

초등학교 수학시험은 일정을 미리 알려주는 학교도 있지만 예고 없이 수시로 단원평가를 보기도 합니다. 평소에 수학 공부를 꾸준히 했다면 좋은 결과를 얻을 수 있습니다.

학교시험 준비의 첫걸음은 교과서 읽기입니다. 수학교과서 개념을 다시 읽으면서 아는 내용을 확인하고 미처 몰랐던 부분이 없는지 점검한 뒤, 교과서에서 어려웠던 문제는 한 번 더 풀어봅니다. 수학교과서, 수학익힘책의 질문들이 서술형 평가문제로 나옵니다. 답이 없다고 건너뛰지 말고 생각해서 답해보는 습관을 들여주세요. 그동안 푼 문제집의 오답을 확인할 때 개념을 몰라서 틀렸다면 수학교과서 해당 부분을 읽어보아야 합니다.

단원평가 시험 수준은 학교별로 조금씩 다릅니다. 단원평가가 교과서와 익힘책 수준인 경우, 평소에 수학익힘책과 2단계 문제집을 꾸준히 제대로 풀었다면 학교시험 100점이 어렵지 않습니다. 그러나 수학익힘책의 별 1~2개 문제를 응용한 문제가 많이 나오는 학교라면 학교시험 대비도 필요합니다. 익힘책에서 어려워하는 문제가 있다면 비슷한 유형을 찾아 공부하도록 해주세요. 일반문제집만으로 부족하면 유형 문제집을 활용해보세요. 단원 평가문제집을 구입해서 더 풀어보는 것도 좋습니다.

초등수학 로드맵 진행 시 주의점 3가지

부모가 수학에 겁먹지 않고, 아이와 좋은 관계를 유지할 수 있으면 초등수학은 사교육의 도움 없이 할 수 있습니다. 아이의 수준에 맞게 계획을 짜서 성실하게 공부하면 충분히 가능합니다. 다음의 주의사항은 중간에 도저히 못하겠다고 포기하지 않기 위한 최소한의 장치입니다.

꼭 유념해주세요.

1. 욱하지 말기

일명 '버럭질' 금지입니다. 몸에 상처가 나면 아프고 제대로 움직일 수 없습니다. 마찬가지로 화를 내면 아이의 감정이 다칩니다. 초등학교 저학년이라면 겁을 먹고 웁니다. 기가 죽고 수학이 더 싫어집니다. 사춘기가 되면 사사건건 부딪치게 되고 아이와 사이만 멀어집니다. 자꾸 화를 내면 행동은 고칠 수 있을지 몰라도, 마음에 난 상처는 더 커질 뿐입니다. 부모 역시 감정을 쏟아내고 나면 후회가 물밀듯이 밀려옵니다. 화낸 사람도 마음의 상처를 입는 거예요.

상처 난 마음을 치유하는 데는 시간이 걸립니다. 그동안 화낸 적이 많았다면 오늘 아이를 꼬옥 안아주고 사랑한다고 말해주세요. 수학을 잘 못하는 아이일수록 칭찬의 힘이 큽니다. 한 문제를 잘 풀었다고 칭찬을 받으면 두 문제, 세 문제 더 풀고 싶어합니다. 칭찬받고, 해냈다는 성취감이 많아질수록 수학에 자신감이 생깁니다.

2. 수학 공부 계획, 엄마 마음대로 짜지 말 것

수학 공부 계획은 꼭 필요합니다. 계획이 없으면 실행도 없으니까요. 그러나 부모가 의욕만 앞서서 일방적으로 계획을 짜고 밀어붙이면 오래 할 수 없습니다. 조금 머리가 크면 수시로 딴짓을 하고 사춘기가 되면 왜 해야 하느냐고 대들게 됩니다. 계획은 아이와 충분히 의논하고 짜세요. 기준을 공부 시간으로 할지, 양으로 할지는 아이의 성향에 따라 다릅니다. 성실한 아이라면 시간으로, 덜렁거리거나 잔머리를 잘 굴린다면 양으로 하는 것이 더 낫습니다.

3. 미리 정한 시간(또는 분량) 이상 하지 말 것

수학 공부 계획을 아이와 의논해서 짜면 그대로 진행하는 것이 중요합니다. 공부량으로 계획을 짠 경우 평소보다 조금 빨리 끝났다고 더 하자고 하지 마세요. 부모는 욕심이 나겠지만 아이 입장에서는 짜증만 날 뿐입니다. 계획대로만 해도 수학 실력이 올라갑니다.

수학학원 안 다니고 학교 수학시험 100점 받는 방법
작성자 : 미카엘라천사 (초5)

우리 아이는 5학년이고 수학학원은 다녀본 적 없습니다. 3학년 첫 수학시험을 반도 못 맞고 와서 그때부터 같이 수학 공부를 했습니다. 노는 것을 가장 좋아하는 아이라 하루 2시간은 뛰어 놀고 와야 해서 많이 하진 못했지만 이 방법으로 지금까지 수학시험은 거의 100점을 받았고 최근 서술형 수학시험도 100점 받았습니다. 비법이라 말하기는 너무나 알려진 거라 부끄럽지만 혹시 도움이 되실까 해서 올려봅니다.

1. 수학책에 나오는 수학 개념을 물어보면 아이가 3초 이내에 술술 말할 수 있게 한다.
2. 수학익힘책의 문제를 확실하게 푼다.
3. 난이도가 낮지만 수학 개념을 확인해주는 기본 문제집을 완벽하게 푼다.

4. 난이도가 실력, 심화까지 나와있는 수학문제집을 철저하게 푼다.

저희 학교 시험문제 수준은 3번과 4번 사이에서 대부분 나와서 이 정도만 해도 학교 시험은 100점 맞습니다. 여기서 더 잘하고 싶다면 경시대회 문제지나 수학 심화전문 문제지를 풀면 됩니다. 저희는 심화문제집은 방학 때 풀려고 준비해두었습니다. 3번에서 기본문제집은 우공비 자습서(1단계 문제집), 4번에서 푸는 문제지는 우공비 쎈(3단계 문제집)을 했으나 다른 출판사의 문제집들도 난이도를 보시고 선택하시면 결과는 동일할 거라 생각합니다.

이해가 안 되는 개념은 수학사전이 도움되네요
작성자 : 뉴욕제시카 (초4, 초2)

제가 가지고 있는 건 《매우잘함 초등수학 사전》이에요.

정말 수학에도 사전이 필요하구나 하고 느낀 건 아이가 "이건 왜 이렇게 해요?"라고 물을 때 깔끔히 대답할 수 없어서예요. 제가 수학이 약해서 이론적으로 풀어서 설명하지 못하는 부분이 이제 생기는데 이 책을 보고 나서 설명이 좀 쉽게 되더라구요.

나눗셈할 때 젤 처음 느낀 수학의 벽이었는데요. 나눗셈은 2가지 의미가 있다는 걸 제가 몰랐었거든요. 나눗셈엔 '등분할 나눗셈'과 '동수누감 나눗셈' 2가지가 있다는 걸 이 책을 보고 설명해줬었네요.

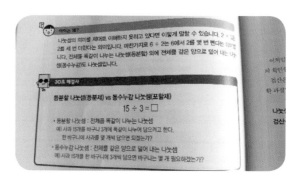

이 책이 좋은 건 다 아시겠지만 아이들에게 개념을 쉽게 설명할 수 있다는 것과 질문 형식으로 된 설명을 통해 아이가 이런걸 어려워할 수 있겠구나 하며 미리 캐치할 수 있는 게 좋아요.

수학 공부할 때 잔소리 5가지, 원인과 대책

1. 어떻게 이런 것을 틀리니!

틀린 문제 찾아내기가 수학 공부의 첫걸음입니다. 수학 문제를 푸는 것은 내가 모르는 것이 무엇인지 알기 위해서입니다. 틀린 문제가 나오면 야단칠 것이 아니라 반가워해주세요. "앗, 공부해야 할 것 발견!" 하고요.

2. 다 아는데 또 틀렸네!

아는데 틀리는 것, 일명 '실수'는 야단쳐서 해결되지 않습니다. 깜박 잊어버렸거나 집중을 안 해서, 정확하게 몰라서, 시간이 모자라서 틀린 경우 수학 실력을 더 키우는 것이 답입니다. 구멍 난 영역이 있다면 쉬운 단계부터 다시 공부해야 합니다. 너무 과한 양을 밀어붙여도 빨리 해치울 욕심에 실수가 잦아집니다. 이 경우 더 많이 풀어도 오답이 줄어들기 어렵습니다. 생각 없이 풀거나 건성으로 푸는 습관이 굳어져버리기 때문입니다. 대책은 수학 공부량 줄이기입니다. 아이가 집중할 수 있는 시간 분량을 감안해보세요.

간혹 겁을 먹거나 긴장해서 평소 잘 풀던 수학 문제를 해결 못할 수도 있습니다. 자주 화를 내는 부모라면 내 마음 다스리는 것이 먼저입니다. 부모가 수학 성적에 지나치게 연연하면 아이도 시험 때 긴장하게 됩니다. 아이가 노력한 과정을 칭찬하고 결과는 겸허하게 받아들여주세요.

3. 몇 번을 설명했는데 몰라!

설명하는 사람이 공부가 제일 많이 됩니다. 설명해도 아이 머리에 남지 않습니다. 떠든 사람만 입이 아플 뿐이죠. 틀린 문제는 시간을 두고 2회 정도 더 풀어보게 합니다. 그래도 풀지 못하면 교과서의 해당 부분을 스스로 찾아 다시 읽도록 해야 합니다. 이렇게도 못 푸는 문제는 잠시 옆으로 치우세요. 시간이 지나면 풀 수도 있고, 꼭 다 풀어야 하는 것도 아니니까요.

4. 제발 문제 좀 읽고 풀어라!

숫자만 연결해서 문제를 푸는 아이들이 많습니다. 아닌 것을 구하라는데 맞는 것을 구하고, 2가지를 고르라는데 하나만 답을 쓰기도 합니다. 이 경우 백날 문제를 읽으라고 소리쳐봐야 소용없어요. 구체적인 방법을 알려주세요. '끊어읽기'는 기본입니다. 문제에서 구하려는 것, 주어진 조건을 밑줄로 긋고, 이것을 바탕으로 식을 만들도록 해야 합니다.

5. 생각하고 풀면 어디가 덧나냐?

생각 없이 풀면 당연히 틀릴 확률이 높아집니다. 이때도 부모가 잔소리한다고 해결이 안 됩니다. 집중해서 푸는 습관, 아이의 의지, 컨디션이 모두 작용합니다. 한 문제라도 진중하게 풀 수 있는 환경을 만들어주어야 합니다. 하루 중 아이의 컨디션이 제일 좋을 때 수학 문제를 풀게 하는 것이 해법입니다. 아이 스스로 문제를 해결하면 듬뿍 칭찬을 해주세요.

초등수학 문제집
정확하게 알기

집에서 공부한다면 문제집 고르는 눈을 키우는 것은 필수입니다. 학원에 보내더라도 학원에서 푸는 문제집 수준을 알아야 아이에게 맞는지 판단할 수 있습니다.

잠수네에서는 수학문제집을 6개 영역(일반/연산/도형/서술형/사고력/유형 문제집)으로 나누고 단계를 정했습니다.

일반 문제집 ······▶ 예습, 복습할 때 주교재

일반 문제집의 단계별 난이도

1단계 수학교과서 수준	2단계 수학익힘책보다 약간 어려운 문제집	3단계 응용문제 중심, 일부 심화문제가 나오는 문제집	4단계 심화문제가 중심인 문제집
하 1단계 중	상 하 2단계 중	하 최상 중 3단계 상	중 최상 4단계 상

1단계

[1단계] EBS 초등
만점왕 수학 (EBS)

[1단계] 개념클릭
해법수학 (천재교육)

[1단계] 개념잡는
큐브수학 (동아출판)

[1단계] 기적의 초등
수학 (길벗스쿨)

[1단계] 개념+유형
교과서 개념잡기
초등수학 (비상교육)

[1단계] 1000
해법수학 (천재교육)

[1단계] 에이스
해법수학 (천재교육)

[1단계] 디딤돌
초등수학 원리
(디딤돌)

[1단계] 개념 수학
리더-기초 개념
(구: 개념 뿌리뽑기
수학/천재교육)

2단계

[2단계] 우등생
해법수학 (천재교육)

[2단계] 디딤돌
초등수학 기본
(디딤돌)

[2단계] 개념+유형
초등수학 (비상교육)

[2단계] 개념+유형
라이트 초등수학
(비상교육)

[2단계] 우공비
초등수학
(좋은책신사고)

[2단계] 동아
백점 맞는
단원평가문제집
(동아출판)

[2단계] 동아
백점 맞는 수학
(동아출판)

[2단계] 완자
초등수학 (비상교육)

[2단계] 개념원리
쌩큐 초등수학
기본서 (개념원리)

[2단계] 베스트 해법
수학 (천재교육)

3단계

[3단계] 응용 해결의
법칙 일등 수학
(구 일등 해법수학/
천재교육)

[3단계] 디딤돌
초등수학 응용
(디딤돌)

[3단계] 디딤돌
초등수학 기본+응용
(디딤돌)

[3단계] 개념+유형
파워 초등수학
(비상교육)

[3단계] 생각수학
1031 문제서
(시매쓰)

[3단계] 수학리더-
실력응용
(구: 챌린지
해법수학/천재교육)

[3단계] 포인트
왕수학 실력편
(에듀왕)

[3단계] 차이를
만드는 시간 수학
(동아출판)

4단계

[4단계] 최상위
초등수학
(디딤돌)

[4단계] 최고수준
수학 (천재교육)

[4단계] 점프 왕수학
(에듀왕)

연산 문제집 ……→ 연산 연습, 또는 연산 구멍을 메울 때

1단계: 단순 연산문제(연산 기초가 부족하거나 구멍을 메울 때)

2단계: 약간 생각해야 하는 연산문제(단순 반복 연산을 싫어할 때)

3단계: 심화된 연산문제(사고력을 요하는 연산문제를 풀고자 할 때)

1단계

[1단계] 잠수네 연산
– 초등 (잠수네
커가는 아이들)

[1단계] New 기적의
계산법 (길벗스쿨)

[1단계] 기탄수학
(기탄교육)

[1단계] 쎈연산
(좋은책신사고)

[1단계] 원리셈
(천종현수학연구소)

[1단계] 이것이
연산이다 (시매쓰)

[1단계] 바쁜 초등을
위한 빠른연산법
(이지스퍼블리싱)

2단계

[2단계] 메가 계산력
(메가북스)

[2단계] 소마셈
(소마)

[2단계] 최상위 연산
수학 (디딤돌)

[2단계] 사고력을
키우는 팩토연산
(매스티안)

[2단계] 하루 한장
쏙셈 (미래엔)

3단계

[3단계] 상위권 연산
960 (시매쓰)

문장제(서술형) 문제집 ·····➔ 서술형 문제 연습이 필요할 때

2단계: 단순한 문장제 문제(서술형 문제에 약할 때)

3단계: 살짝 어려운 문장제 문제(응용, 심화된 서술형 문제를 어려워할 때)

4단계: 심화된 문장제 문제(난이도 있는 서술형 문제 해결전략을 익히고 싶을 때)

2단계

[2단계] 기적의
수학 문장제
(길벗스쿨)

[2단계] 초등 톡!
서술형 (디딤돌)

3단계

[3단계] 문제해결의
길잡이 원리
(미래엔)

[3단계] 꼭 알아야할
수학 문장제
(에듀왕)

4단계

[4단계] 문제해결의
길잡이 심화
(미래엔)

도형 문제집 ……▸ 도형연습이 필요할 때

1단계: 기본 도형문제(도형이 약할 때)

3단계: 사고력이 필요한 도형문제(도형을 좋아하고 깊이 알고자 할 때)

1단계

3단계

[1단계] 기적의
도형 계산법
(길벗스쿨)

[1단계] 도형박사
(천재교육)

[3단계] 상위권수학
960 도형편 (시매쓰)

사고력 문제집 ……▸ 생각하는 문제를 풀고자 할 때

3단계: 기초적인 사고력 문제

4단계: 심화된 사고력 문제

[3단계] 초등
창의사고력
수학 팩토 원리
(매스티안)

[4단계] 초등
창의사고력
수학 팩토 탐구
(매스티안)

유형 문제집 ……▶ 부족한 부분을 연습할 때

2단계: 수학교과서, 익힘책보다 약간 어려운 수준

3단계: 응용문제, 중심, 일부 심화문제가 나오는 수준

2단계

[2단계] 셀파 해법
수학 (천재교육)

[2단계] 유형잡는
큐브수학 (동아출판)

[2단계] 개념원리
문제 기본서 RPM
(개념원리)

[2단계] 3000
해법수학 실력
(천재교육)

3단계

[3단계] 쎈 수학 :
초등 (좋은책신사고)

[3단계] 개념+유형
오답 잡는 문제집
(비상교육)

[3단계] 디딤돌
초등수학 문제유형
(디딤돌)

〈예습용〉 – 보통 방학 때 진행(3주 정도 소요)

반드시 수학교과서, 수익책으로 먼저 시작합니다! 개념만큼은 교과서를 따라 잡을 게 없어요.

[초등/1단계] 개념잡는 큐브수학 ★★

개념설명도 쉽게 나와 있어서 아이 혼자서도 충분히 예습용으로 풀 수 있어요. 4~5일이면 한 단원씩 나갈 수 있어 보통 3~4주면 충분히 예습으로 1권 마스터합니다. ^^ 부록으로 나와 있는 수익문제집은 놔두었다가, 학기 중에 학교 단평 볼 때 따로 풀리셔도 되구요. 저희 집에서도 수학교과서 읽고 바로 풀리니, 정답률이 보통 90% 이상은 나오더라구요.

〈복습용: 응용편〉 – 학기 중에 진행(2달 정도 소요)

[초등/3단계] 디딤돌 초등수학 응용 – 초3 1학기 진행(2015년)

개정판이라 steam 문제가 추가되어서 생각을 좀 더 해야 하는 문제가 있더라구요. 그래도 1단계 문제집 담으로 풀기엔 문제 수도 적당하고 아주 좋아요.

[초등/3단계] 일등 해법수학 ★★★ – 초3 진행(2015년)

잠수네에 아주 많이 회자되는 문제집이지요. 실제 잠수 수교테스트에서 레벨이 심화로 나왔을 때 추천 문제집으로 나오기도 했구요. 엄마 보기엔 문제 수도 적당하고, 유형 문제들이 깔끔하게 잘 나와있어요. 뒤쪽 3단계는 사고력을 요하는 심화스런 문제가 나와서 문제 푸는 데 시간이 좀 걸리긴 하나, 심화로 넘어가기 전에 연습으로도 아주 괜찮아요. 허나 저희 집 딸내미는 일등을 너무 싫어해서리;;; 3학년까지 진행하고, 다른 문제집으로 바꿨어요.

[초등/3단계] 챌린지 해법수학 – 초4 현재 진행 중

일등을 싫어해서, 같은 해법에서 나온 챌린지로 바꿔보았어요. 문제 수는 일등보다 약간 적고, 난이도도 일등보다 쉬워요. 일등에 나온 심화스런 문제 같은 게 거의 없다고 해야 하나. 아이는 쉽고 부담 없이 잘 풀어요. 허나, 챌린지 풀고 혹시 최상위로 가실 분은 좀 최상위를 버거워할 거 같네요.

[초등/유형/3단계] 쎈 수학 (초등)★ – 초4 1학기 진행(2016년)

중등에서 더 유명한지 모르고 쎈~ 쎈 하길래 덜컥 구입했네요. 실제 두께 보고 헉, 정말 문제 수가 어마어마 하더라구요. 보통 문제집에 2배 정도. 아주 유형별로 쉬운 문제부터 어려운 문제까지 모두 나왔어요. 문제가 많아서 그렇지 A step부터 C step까지 모두 오오오답까지 푼다면 준 심화까지는 커버하겠더라구요. 허나, 아이가 문제 많이 푸는 걸 즐겨 하지 않는 스타일이라면 1단원 끝내는 데 오래 걸려 지겨워할 수도…… . 저희 집은 매일 50분씩 진행해서 6일에 1단원 넘어갔네요. 솔직히 말씀드리자면 초등4까지는 추천하고 싶지는 않고요, 초등5에서 연산 많이 나오는 단원은 풀릴 만하구요. 드릴 연습도 많이 되어서 실수 잡는 데 굿~.

〈복습용: 심화편〉 – 학기 중에 풀리든가, 방학 때 복습용으로 풀림

[초등/4단계] 최상위 초등수학 ★★★

가장 맘에 드는 문제집이지요. 정말 복습용으로 더할 나위 없는 듯합니다. 전 단원을 다 알고 사고력도 어느 정도 되어야 풀 수 있는 문제들도 많고, 허나, 보통 수준의 아이라면 (저희 집 딸내미) 참으로 버거운 문제집이기도 해요. 저희 집도 두 번 시도했으나 끝까지 풀리지 못했어요. 특히 high level은 정말 손도 못 대는 경우가 많고, 하지만 초5부터는 요 수준까지는 끌어 올려야겠단 생각이 드네요. 최상위를 아주 버거워하지 않고 풀어야 잠수 수교테스트에서도 심화플러스 정도 나오지 않을까 싶어요. 전 개인적으로 잠수네 수교테스트 퍼센트를 전국 순으로 보는 편이라, 수교테스트에서 심화플러스를 목표로 하고 있거든요.

[초등/4단계] 최고수준 수학

최상위는 표지부터 싫다고 투덜대는 딸내미 때문에 이번 4-2학기는 최고수준으로 풀리려고 준비했습니다. 문제 난이도가 최상위보다 약간 더 쉽다고 해서 일단 풀려보려구요. 어떤 분들은 최고수준→최상위 이렇게 다 풀리기도 하던데, 개인적인 생각으로 5학년부터는 다 풀리는 게 좋겠단 생각이 들더라구요. 중등 선행을 나가기 위해, 6학년 수학을 빠르게 나가는 것보다는 5학년 수학부터는 생각의 깊이를 늘릴 수 있게 아이가 너무 싫어하지 않는 선에서 최대한 심화문제를 많이 풀리려고 하고 있어요.

[초등/연산/1단계]
잠수네 연산 (초등)

[초등/연산/1단계]
쎈연산

연산
잠수네 연산을 기본으로 하고 있다가, 요즘은 부족한 부분만 프린트 해서 〈10-10-10〉으로 확실히 연산 다지기 할 때 이용해요. 쎈 연산은 학기 중에 진도에 맞춰서 풀려요. 진도에 맞춰 연산이 나와있어서 좋더라구요.

[초등/연산/1단계]
New 기적의 계산법

[초등/연산/2단계]
소마셈

[초등/연산/1단계]
기탄수학

그 외
잠깐씩 옆의 연산 문제집을 해봤는데요, 연산 단계가 뒤죽박죽 섞여서 중단했었네요. 결국 방학 때 예습할 땐 잠수네 연산으로 프린트해서 풀리다가, 안 되면 학교 진도 맞춰서 쎈 연산 하고 부족한 부분은 잠수네로 다시 연산 다지기 하고……. 요런 식입니다. 제일 좋아요.

〈사전류〉

[JK8] 매우잘함 초등수학사전 ★

요 수학사전은 아이가 보는 경우보다 엄마가 아이의 수학 예습 나갈 때 미리 읽어보는 용도입니다. 아이가 어려워하는 부분을 설명해 줄 때 '어떻게 하면 개념 이해가 잘되게 설명해줄 수 있을까'라고 고민될 때 들춰보면서 참고한답니다. ^^ 허나, 앞으로는 아이가 개념이해를 어려워하면 읽어보라고 보여주려구요. 그 파트만. 혼자서 읽어보며 개념을 터득하는 게 제일 좋으니깐요. 정말 수학사전이니, 앞에서부터 차근차근 읽어나가는 게 아니라, 모르는 단어를 사전 찾듯이 수학도 개념 이해 안 되는 부분을 찾아서 가볍게 읽어보도록 하는 게 제일 좋은 사용법 입니다(초4부터가 좋을 듯).

초등수학
로드맵

연간 계획의 기준

1. 연간 수학 공부 계획

1년 수학 학습 계획은 '학기 중'과 '방학'으로 나눕니다. 학기 중에는 학교 진도에 맞춰 공부하고, 방학 동안에는 이전 학기 복습과 다음 학기 예습을 하는 것으로 잡습니다(여름방학은 기간이 짧아 7~8월을 방학으로 잡았습니다).

겨울방학 1~2월 (8주)	1학기 3~6월 (16주)	여름방학 7~8월 (8주)	2학기 9~12월 (16주)
이전 학년 복습 1학기 예습	학교 진도 맞춰 공부하기	1학기 복습 2학기 예습	학교 진도 맞춰 공부하기

2. 학년별 수학 공부 시간

학년별 수학 공부 시간은 아래 내용을 기준으로 아이의 성향이나 각 가정의 상황에 맞게 계획을 잡습니다.

[초1, 2] 매일 15~30분

[초3, 4] 매일 30분~1시간

[초5, 6] 매일 1시간 이상

내 아이에게 맞는 과정 찾기

수학은 아이들 간의 편차가 큰 과목이기 때문에 아이 수준에 맞는 계획을 짜는 것이 도움이 됩니다. 잠수네 회원이 아니라도 아이의 수준을 알 수 있도록 수학문제집의 정답률로 구분했습니다. 내 아이는 어디에 속할지 확인해보세요.

잠수네 수학 로드맵 과정 분류 (잠수네 수학 테스트, 수학문제집 정답률 기준)

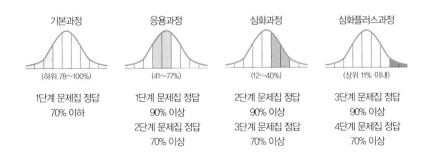

기본과정	응용과정	심화과정	심화플러스과정
(하위 78~100%)	(41~77%)	(12~40%)	(상위 11% 이내)
1단계 문제집 정답 70% 이하	1단계 문제집 정답 90% 이상 2단계 문제집 정답 70% 이상	2단계 문제집 정답 90% 이상 3단계 문제집 정답 70% 이상	3단계 문제집 정답 90% 이상 4단계 문제집 정답 70% 이상

학년별, 과정별 초등수학 로드맵

구분	연산 (초1~초6)	초1, 초2		초3, 초4		초5, 초6	
		방학	학기 중	방학	학기 중	방학	학기 중
		(15분~30분)	(15분~30분)	(30분~1시간)	(30분~1시간)	(2시간~)	(1시간~)
기본 과정	매일 15분	교과서 + 익힘책	1단계 문제집	교과서+ 익힘책+ 1단계 문제집	1단계 문제집	교과서 + 익힘책 + 1단계 문제집	1, 2단계 문제집
응용 과정	매일 10분	교과서 + 1단계 문제집	2단계 문제집	교과서 + 1단계 문제집	2단계 문제집	교과서 + 1, 2단계 문제집	3단계 문제집
심화 과정	매일 5분	교과서 + 2단계 문제집 (퍼즐)	3단계 문제집	교과서 + 2단계 문제집	3단계 문제집	교과서 + 2, 3단계 문제집	4단계 문제집
심화+ 과정	실수 잡기	교과서 + 2단계 문제집 (퍼즐)	3단계 문제집	교과서 + 2, 3단계 문제집	4단계 문제집	교과서 + 3단계 문제집	4단계 문제집 + 선행

1. 방학에는 수학교과서와 쉬운 문제집으로 예습합니다

잠수네에서는 한 학기를 앞서 공부하는 것을 예습으로 봅니다. 예습할 때는 개념 설명이 친절한 교과서부터 먼저 봅니다. 문제집은 그다음입니다. 익힘책은 학기 중에 푸는 것이 좋습니다. 방학 때 풀고 나면 학교 수업에 흥미를 잃을 수 있으니까요(기본과정은 예외).

2. 학기 중에는 수준에 맞는 심화 문제집을 풉니다

학기 중에는 방학 때 예습한 문제집 수준보다 한 단계 어려운 문제집을 풉니다(기본과정은 예외). 단, 초등 1, 2학년의 심화플러스과정은 방학과 학기 중 모두 3단계 문제집을 권합니다. 너무 어려운 문제집을 풀기보다 퍼즐을 하는 것이 사고력, 집중력을 키우는 데 도움이 되기 때문입니다.

3. 연산 연습은 수준에 따라 다르게 합니다

'연산 연습'은 매일 조금씩 하는 것이 좋습니다. 기본, 응용, 심화과정별로 시간을 조금씩 다르게 한 것은 연산이 부족하면 연습할 시간이 더 필요하고, 잘하면 굳이 긴 시간을 들일 필요가 없기 때문입니다. 심화플러스과정은 연산 연습을 뺐습니다. 실수하는 영역만 살짝 짚어주세요.

잠수네 추천 초등 수학문제집

1단계	2단계	3단계	4단계
[1단계] EBS 초등 만점왕 수학 (천재교육)	[2단계] 우등생 해법수학 (천재교육)	[3단계] 응용 해결의 법칙 일등수학 (구 일등 해법수학/ 천재교육)	[4단계] 최고수준 심화 (천재교육)
[1단계] 개념잡는 큐브수학 (동아출판)	[2단계] 디딤돌 초등 수학 기본 (디딤돌)	[3단계] 디딤돌 초등 수학 응용 (디딤돌)	[4단계] 최상위 초등수학 (디딤돌)

초등수학 진행 시 몇 가지 깨알 진행 TIP
작성자 : 헤르미온느 (초5) … 현재 중2

1. 집에서 진행하더라도, 3개월/6개월 정도 로드맵은 세워두고 진행할 것

- 중간에 시험, 행사 등으로 빠지는 날까지 대략적으로 계산에 넣어 계획 세워야 늘어지지 않음.

- 특히, 학기 중과 방학 모드는 달라야 함.

- 학기 중: 해당 학기 심화할 수 있는 난이도까지 최대한 & 학교시험 퍼펙트 하게 쳐서 자신감 up 시켜줄 것.

- 방학 중(앞뒤로 3~4주 추가): 지난 학기 복습 몰아쳐서 끝내고+다음 학기 예습(또는 다음 단계 선행) 속도감 있게 진행.

  * 기말시험 끝나면 1~2일 정도만 확실히 놀고 바로 방학 모드로 전환하고, 개학 후 첫 단평시험 보기 전 2주 정도까지 포함해서 방학 모드 기간을 최대한으로 쓸 것(그래야 뭐가 남아도 남더라구요).

2. 주간계획표 만들어서 문제집 위에 붙여주기

- 주간 계획은 아이와 상의해서 정한 뒤(요게 중요!), 계획표를 만들어 아예 문제집 앞에 떡하니 붙여주면 매번 어디? 얼만큼? 풀어야 되지 고민할 필요도 없고 1주간 스케줄도 한눈에 보여 딱 좋답니다(아이도 미루면 다음 날 부담되는 걸 알기 때문에 맞추려고 노력하게 되는 부수적 효과도. 1주간 성실히 마치면 작은 포상도 주시구요. 하다못해 초콜릿 하나, 업어주기라도 해주세요. 일찍 마치면 남은 시간은 놀게 하시고요).

  * 요렇게 하면 원래 계획 대비 80~90% 이상은 맞출 수 있답니다(아무 계획 없이 하면 아이도 엄마도 늘어져요).

3. 채점

아이가 그날의 해당 분량을 열심히 풀고 나면, 무조건 수고했다 말해주고 간식 먹으면서 쉬라 한 뒤 아이가 보지 않는 틈에 후다닥 채점해놓습니다 (그날 무조건 채점 끝낼 것. 열심히 머리 굴리며 문제 푼 아이도 있는데, 엄마가 채점이 밀리는 모습을 보여주면 안 돼요).

4. 오답 확인

1) 오답 확인 과정이 왜 필요한지 왜 중요한지 아이에게 설명해줍니다(틀렸다고 혼내거나 비난하지 말고, 틀린 문제는 너의 실력을 올려줄 좋은 문제며 아이 스스로 해결해야 할 대상으로 인식시키는 거지요. 사실 수십 수백 개의 문제를 푸는 이유는 풀면서 개념을 적용하는 힘(응용력)을 기르기 위함과 어느 부분이 약한지를 체로 걸러내는 것이기 때문에 체에 걸러진 약점을 오답확인을 하면서 보완하는 데 의미가 있습니다).

2) 오답 확인 시(또는 검산 시에는) 해당 문제를 '처음 보는 문제 대하듯이 새로운 마음으로' 문제해석부터 다시 해서 풀라고 일러줍니다('내가 왜 틀렸지? 맞은 것 같은데?'의 마인드로 문제를 보면, 기존 생각의 틀에 갇혀버려 해결이 잘 안 됩니다. 새로 풀어서 맞추고 난 뒤에, 그전에 내가 어떤 부분에서 틀렸는지를 확인시킨 후 문제 번호 옆에 쓰게 합니다. 연산실수, 문제를 대충 읽어서, 단위를 안 써서, 내가 쓴 글씨 잘못 봐서 등).

3) 적절한 분량: 오답확인이 가장 중요한 단계지만, 아이 입장에서는 가장 힘들고 하기 싫은 과정이니 아이가 지치지 않을 정도의 분량으로 내줍니다!

4) 쉬운 건 몇 페이지 쫙 풀고 바로 옆에서 정답 확인해주고 좀 어렵다 싶은

건 한 문제 단위로도 하고 그렇습니다. 아이가 오답확인 할 때 쾌감을 느껴보는 경험도 중요한 듯해요('/' → 'O' 표시로 바뀌는 것에).

5) 오답 확인 시에도 잘 못 푸는 문제는 대부분 설명해주지 않고 "다음에 한 번 더 생각해보면 풀 수 있을 거야"라고 말해주고 다음을 기약합니다(몇 문제 안 되긴 하는데 힌트를 줘서 당장 푸는 것보다 1~2주 뒤에 모아서 풀리면 대부분 풀리기 때문이에요. 스스로 해결하게 놔두는 거지요).
* 단, 개념 이해를 잘못하고 있어서 그런 경우는 즉시 바로잡습니다.

5. 문제집 1권 끝날 때마다 적절한 수준의 격려와 칭찬

울 집에선 당근을 별도로 쓰지 않는 편이긴 한데, 수학문제집 1권 끝낼 때마다 한동안 책거리 겸해서 격려금을 준 적도 있어요. 미리 준비해둔 신권 5천 원짜리로. 아님 고급 쿠키 등(중요한 건 "이거 다 풀면 줄게"가 아니라는 것! 아이가 생각지도 않았는데 횡재한 느낌을 주는 게 중요합니다). 지난 겨울방학 초반에 수학 불 당길 때 썼었고 요즘은 저도 잊어버리고 있었네요(돈을 무지 좋아하는 아그라. 주면 바로 저금하긴 하지만요)!

6. 끝없는 밀당~

1) 아이가 상태가 좋을 때는 도전적인 심화문제 투하~ 해서 골 패는 작업을 좀 하고(위로 쭉 당겨주는 작업).
2) 아이가 피곤해하거나 오답율이 높아져서 자신감이 떨어지려 할 때는 난이도 쉬운 문제집으로 다지기 들어가면서 100% 맞는 경험을 시킬 것. 그마저도 힘들 땐 연산 연습이라도 잠깐 하든지.
1), 2)를 번갈아하면서 어쨌든 끈을 놓지 않고 매일 조금이라도 계속한다는 마음가짐을!

제가 중학생 수학을 가르칩니다. 이번 달로 딱 만 10년. 사교육이죠. 잠수네 수학 공부법을 제 경험과 비교해서 정리해봤습니다.

* 수학 공부에 투자할 시간

　　잠수네 수학 콘텐츠에 보면 학년별로 수학 공부할 시간이 적혀있어요.

　　초1, 2학년: 하루 15분~30분

　　초3, 4학년: 하루 30분~1시간

　　초5, 6학년: 하루 1시간 이상

각 학년의 같은 수준의 문제집을 각각 3장씩 풀리게 하면, 초2는 10분이면 풀고 초6은 40분은 걸려요. 고학년일수록 계산 과정도 복잡하고 생각도 해야 하니 당연히 시간이 많이 걸려요. 학년이 낮으면 그렇게 많은 시간을 공부하실 필요는 없다는 거예요. 정말 하루에 3장씩. 혹은 2장씩. 주말은 쉬어도 되구요. 이렇게만 해도 충분하답니다.

* 심화를 꼭 해야 하나?

잠수네에서 말하는 대로 정답률 70% 정도인 책이 아이에게 가장 적절한 심화서입니다. 낮은 단계 교재부터 해나가시다가 여기까지겠구나 싶은 교재까지 찾으시면 좋겠어요. 수학을 못하는 학생이라면 개념서, 기본서를 충분히 다루는 게 아주 중요하구요. 수학을 좋아하고 그래도 학교 성적이 괜찮은 학생이라면 조금은 오답이 나오는 문제집을 택해서 자꾸 해결해보는 게 좋아요. 학교시험이 요즘은 많이 어려워졌다, 서술형이 많다, 문제 문장이 길어졌다 해도 초등시험은 쉽다고 할 수 있어요. 그러니 '시험 점수가 잘 나오니 이 정도만'이라고 생각하지 마시고 그보다 좀 더 어려운 문제집 찾아보세요.

* 선행은 꼭 해야 하나?

선행은 꼭 필요한 건 아니에요. 아이들이 잊어버리기도 하고, 초등학생이 답을 음수로 써놓고 뭐가 틀렸는지 모를 때도 있고. 초4, 5학년 때쯤 과학고를 보내야겠다, 영재고를 보내야겠단 생각이 드시면 스타트 준비하셔야겠지만, 중학교 보내보고 전교 탑을 하게 하고 싶으시면 고등 가서 좀 편하게 공부하고 서울대 갈 목표로 뛰면 되어요. 하루에 3장씩, 정말 그만큼씩만 풀렸는데 헬렌 오빠 5학년 끝날 무렵. 6학년 1학기가 끝나 있더라구요. '꾸준히'가 더 중요해요. 그럼 덤으로 선행도 쪼끔 되는.

* 수학 공부하는 방법

1. 교재 선정이 매우 중요해요

헬렌 오빠는 기본, 응용, 심화서 이렇게 3권을 한 학기 과정으로 택했어요. 헬렌은 원리, 기본, 응용 이렇게 3권을 풀기로 했구요. 초등 수학문제집 보시면 단계별로 수학문제집 나와있는 거 보시고 겹치는 단계의 문제집을 풀고 있는 건 아닌지 살펴보시라는 거예요. 헬렌 오빠 친구들을 보면 학원에서 한 학기에 7권의 책을 푼대요. 그중 원리책이 2권. 기본책이 2권, 드릴서가 2권. 창의력수학이 1권…… . 이러면 양만 많았지 효율은 떨어져요. 아이들이 질리기 쉽구요. 어느 학원은 처음 배우는 교재로 4, 5단계 심화서를 한다고 상담하는 학원도 있어요. 그렇게 보면 잠수네 콘텐츠는 보물상자예요.

2. 오답노트는 하셔야죠?

자주 틀리는 문제 유형이 보이실 거예요. 그런 문제는 잘라서 노트에 따로
붙여놓으시면 좋구요. 심화서는 1번 틀린 거 다시 풀려보게 하시고 그 후
나오는 틀리는 문제는 아이에게 혼자 풀어보겠냐고 물어보시고 풀어보겠
다고 하면 맡겨보시구요. 틀린 문제 중 이건 해볼 만하겠는데 싶은 건 설명
해주시고 너무 어렵다 생각드는 건 그냥 넘어가세요. 단, 문제집 버리지 마
시고 다음 학년 때 풀어보라고 하면 풀리기도 해요.

3. 아이들이 해놓은 풀이를 잘 보셔야 해요

채점하실 때 답만 보고 채점하지 마시고 풀이도 가끔 보세요. 연습장에 낙
서하듯 이리저리 풀이를 쓰고 있진 않는지(너무 잔소리하시면 아이들 싫어할
수도), 연산 기호는 있는지(남학생들은 사칙연산 기호를 잘 안 써요. 숫자들만 보
여요 ㅜㅜㅜ), 문제를 잘 파악하고 식을 세웠는지(무조건 '큰수÷작은수'라고 식
을 세워 풀기도 해요. 그러다 틀렸다고 하면 앞뒤 바꿔요)……

4. 연산은 선행용으로 생각하시면 안 돼요

개념을 익힌 후 속도 붙이는 용으로 사용하셔야 해요. 헬렌 친구는 학습
지에서 약분을 배운대요. 아이가 어려워한다고 엄마가 그러는데, 약수, 배
수 개념 없이 약분, 통분은 불가능해요. 학습지가 약수 없이 바로 약분 나
오는 거 같아요.

5. 무엇보다 중요한 건 책읽기가 되어야 한다는 거예요

스토리텔링이라고 해서 문제 길이가 길어요. 이래저래 사설이 길지만 길이
에 먼저 놀라서 별표 치는 아이들이 제법 있어요. 그리고 책 읽으면서 쌓은
얕은 지식이나마 도움이 되기도 해요. 수학 문제에 첨성대가 그려져 있거

나 짧게 나마 첨성대에 설명을 좀 하고 수학 문제가 나올 때 첨성대에 대해 들어본 아이와 그렇지 않은 아이의 반응이 다르기도 하거든요. 끊어 읽으면 문제 푸는 조건을 찾아낼 수 있는데 문제 읽을 때 그냥 끝까지 의미 없이 읽어버리기도 하고. 독서가 바탕이 되는 아이들은 다르더라구요. 설명 필요 없이 교재만으로도 터득해가고 그래요.

* 엄마들의 사소한 실수? 잘못?

1. 5학년 아이들에게 약분, 통분을 먼저 가르치지 마세요

4학년 학생이 1개월째 약수, 배수, 공약수, 공배수, 최대공약수, 최소공배수 저랑 공부하고 개학을 했어요. 친구들이 약수를 모른다……. 그런데 그 친구들은 분수를 이렇게 하던데(약분을 아직 모르니 설명이 안 돼요) 이건 뭐냐고 묻더라구요. 친구들이 너무 어려워하더라고. 수학은 교과서 단원 순서대로 해나가야만 하는 과목이에요. 절대 건너뛰고 공부할 수 있는 과목이 아닙니다.

2. 약수 찾을 때 아이들이 1, 2개씩 못 찾는다고 야단치지 마세요

"구구단에서 49는 어디 나와?"라고 물으면 구구단에 없다고 얘기하는 게 아이들이에요.

3. 단원이 곱셈이라고 틀린 문제를 보고 아이에게 "곱해!!"라고만 하지 마세요

시험 볼 땐 단원을 이리저리 섞어놓는데 아이들이 풀 수 있을까요?

4. 4학년이면 큰 수 읽기 할 거예요

네 자리씩 끊어 읽어야 하는데 돈 계산에 익숙한 엄마님들 1,000,000 이렇게 세 자리씩 끊어서 읽으라고 합니다. 이건 영어로 읽을 때 구분되는 방법이래요.

5. 기말고사 범위까지만 공부하지 마세요
마지막 단원도 아주 중요한 단원입니다. 기발고사는 범위가 따로 있는 게
아니라 그냥 책 끝까지입니다.

6. 설명을 다 해주려고 애쓰진 마세요
엄마의 설명보다 원리책 개념칸이나 예제문제가 이해하기 더 쉽게 되어있
고 개념을 잘 설명해주고 있으니 엄마가 먼저 단원 개념이 정리된 내용이
나 예제를 보시는 것도 좋아요.

초등 기본과정

초등 기본과정 기준: 1단계 문제집의 정답률 70% 이하

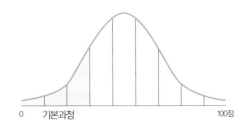

0 기본과정   100점

잠수네 수학 테스트 하위 78~100%

초등 기본과정에서 먼저 생각할 것

1단계 문제집의 정답률이 70%가 안 된다면 수학교과서와 익힘책을 완전하게 이해 못한다는 의미입니다(교과 수준을 잘 이해한다면 1단계 문제집의 정답률이 90%까지 올라갑니다). 연산도 정확하지 못하고 독해력, 사고력 모두 부족한 상황입니다. 수학에 대한 자신감도 많이 떨어져 있습니다. 수학 공부보다 다음 사항을 먼저 챙겨주세요.

1. 한글책 읽기를 점검해주세요

읽기가 안 되면 수학을 잘할 수 없습니다. 교과서를 봐도 이해가 잘 안 되고 수학문제도 이해하기 힘들기 때문입니다. 제일 급선무는 책 읽기 습관을 잡아주는 것입니다.

2. 공부 습관이 자리 잡게 해야 합니다

공부 습관이 안 들어있으면 집중해서 5분 앉아있는 것도 힘듭니다. 우선 5분이라도 가만히 앉아서 책 읽는 습관을 잡아보세요. 그다음 10분, 15분…… 야금야금 시간을 늘려갑니다. 공부 습관이 자리 잡을 때까지 최소한 6개월 이상은 아이 옆에 있어주어야 합니다.

3. 칭찬과 격려를 해주세요

공부를 잘하고 싶은 마음은 어느 아이나 다 마찬가지입니다. 그러나 생각만큼 학교 성적이 안 나오면 수학을 못한다는 패배감으로 위축되어 버립니다. 이런 아이일수록 꾸중보다 칭찬의 효과가 큽니다. 지금부터 매일 꾸준히 하면 수학을 잘할 수 있다는 격려도 필요합니다.

초등 기본과정 수학 로드맵

연산 (초1~초6)	초1, 초2		초3, 초4		초5, 초6	
	방학	학기 중	방학	학기 중	방학	학기 중
	(15분~30분)	(15분~30분)	(30분~1시간)	(30분~1시간)	(2시간~)	(1시간~)
매일 15분	교과서 + 익힘책	1단계 문제집	교과서+ 익힘책+ 1단계 문제집	1단계 문제집	교과서+ 익힘책+ 1단계 문제집	1, 2단계 문제집

1. 방학

① 지난 학기 교과서를 다시 읽어보고, 교과서와 문제집의 틀린 문제를 풀어봅니다.

② 다음 학기 예습은 수학교과서와 수학익힘책으로 공부합니다.

③ 덧셈, 뺄셈, 곱셈 〈10×10칸〉 연산으로 기초를 다진 후, 〈10-10-10〉 방식으로 연산을 연습합니다.(275쪽 참조)

※ 초등학교 5, 6학년은 학기 중보다 수학 공부 시간을 2배로 늘립니다. 그래야 부족한 수학 실력을 만회할 수 있습니다.

2. 학기 중

① 학교 수업에 자신감을 주기 위해 수업 전에 수학교과서, 수학익힘책을 한 번 더 공부합니다.

② 복습으로 수학교과서, 수학익힘책, 1단계 문제집(1권)의 틀린 문제를 반복해서 풉니다.

③ 교과 진도에 맞는 연산문제를 〈10-10-10〉 방식으로 매일 꾸준하게 풉니다.

초등 기본과정, 요것만은 꼭!

1. 수학교과서의 개념을 확실하게 이해할 때까지 소리 내서 읽습니다

수학 공부의 처음과 마지막은 교과서입니다. 수학교과서로 공부하는 습관이 안 잡혀있다면 모두 소리 내서 읽어야 합니다. 동화책처럼 대충 읽고 넘어가는 일이 없도록요. 교과서에서 구체물, 반구체물로 직접 계산하고 체험하는 과정은 빼먹지 말고 해보세요. 개념과 원리를 이해하는 데 가장 좋은 방법이니까요.

2. 연산의 빈 구멍을 찾아 메운 후 제 학년 연산을 진행합니다

수학 실력이 부족한 아이들은 먼저 연산을 다져야 합니다. 연산만 정확하고 빠르게 할 수 있어도 자신감이 붙습니다. 아래 학년 수준의 연산에서 빈 구멍이 없나 살펴보고, 정확하게 풀 때까지 연습하도록 해주세요. 꾸준히 연습하면 속도도 따라옵니다.

1단계) 자연수 연산의 기초인 〈10×10칸〉 문제 풀기

100문제를 2분 안에 정확하게 풀 수 있도록 매일 연습해보세요(덧셈 → 뺄셈 → 곱셈 순). 〈10×10칸〉 문제를 아침에 1장, 저녁에 1장씩 하면 시간이 단축됩니다(초1, 2는 1장씩만). 이렇게 기초를 다진 후 차근차근 연산문제를 풀어보세요. 오답도 줄어들고 문제 푸는 속도도 빨라집니다.

2단계) 아래 학년의 쉬운 연산부터 〈10-10-10〉 문제풀이로 차근차근 다지기

아래 학년 연산을 할 때는 당분간 연산만 챙긴다는 마음으로 매일 30분씩

연산에 집중하는 것이 좋습니다. 연산 개념을 잘 이해 못하면 아래 학년 수학교과서의 해당 부분을 찾아 읽고 이해하도록 해야 합니다. 연산 문제집은 제일 쉬운 1단계로 하세요. 남들 한다고 문제 양도 많고 어려운 2, 3단계 연산 문제집을 하면 자신감도 떨어지고 연산 연습도 안 됩니다.

3. 수학문제집은 제일 쉬운 것(1단계)으로 1권을 반복해서 풉니다

수학을 못할수록 집중 시간이 짧습니다. 다음 사항을 꼭 지켜주세요. 그래야 수학 실력이 올라갑니다.

첫째, 1단계 수학문제집 1권만 반복합니다.

수학문제집은 여러 권 할 필요 없습니다. 제일 쉬운 1단계 문제집 1권을 정해 완전히 이해할 때까지 반복합니다.

둘째, 옆에 꼭 붙어 앉아 문제 푸는 것을 지켜보세요.

아이 혼자 풀라고 하면 세월아 네월아 딴짓만 하며 시간을 허비합니다. 집중해서 문제를 푸는 태도가 자리 잡을 때까지 옆에 앉아있어 주세요.

셋째, 1문제 풀 때마다 바로 채점해주세요.

수학을 잘하는 아이는 단원별로 채점해도 됩니다. 그러나 수학을 잘 못하는 아이라면 채점 주기가 짧아야 합니다. 앞부분의 쉬운 문제를 틀리는데 뒤의 어려운 문제는 못 푸는 것이 당연하거든요. 1문제씩 채점하면서 아이가 막히는 부분이 어디인지 살펴보세요. 막히는 부분을 해결하면 그다음 문제도 풀 수 있습니다.

넷째, 오답은 바로 확인합니다.

아이가 푼 문제가 맞으면 잘했다고 듬뿍 칭찬해주고, 틀린 문제는 그 자리에서 바로 다시 풀게 하세요. 못 풀면 수학교과서의 관련 내용을 찾아보도록 합니다. 스스로 찾는 것도 공부입니다. 교과서의 어디를 봐야 할지 모르면 살짝 힌트를 주세요. 1단계 문제집이므로 교과서 설명을 읽으면 거의 풀 수 있습니다.

이렇게 혼자 힘으로 해결하는 경험이 하나둘 쌓이면 '나도 할 수 있다'는 자신감이 생깁니다. 자꾸 틀린다고 화내지 마세요. 화를 낼수록 아이는 수학을 더 싫어하게 됩니다. 틀리는 문제가 많다면 오답노트 생각은 접으세요. 같은 문제집을 몇 권 더 구입해서 틀린 문제만 골라 다시 푸는 것이 낫습니다. 아이가 수학을 싫어할까 봐 매일 수학 공부를 하는 것을 겁먹지 마세요. 지금 방치하면 나중에는 더 힘듭니다.

기본과정의 1차 목표는 1단계 문제집의 정답률이 90% 이상 될 때까지 공부하는 것입니다. 학기 중에는 교과수학에 집중하세요. 수학동화책, 수학퍼즐은 수학을 잘하게 되면 그때 접해도 늦지 않습니다. 초등 고학년이라도 심화나 선행은 잠시 접어두세요. 쉬운 문제집으로 자신감을 갖게 하는 것이 먼저입니다.

1단계 문제집 정답률이 70%가 안 되는 이유, 유형별 원인과 대책

1. 공부를 제대로 안 한 아이

수학을 못하는 가장 큰 이유는 수학 공부를 안 했기 때문입니다. 수학 공부를 더 하면 되지요. 공부하는 습관이 배어있지 않은 아이라면 습관부터 잡아야 합니다. '아무리 해도 안 돼요!' 하는 집은 교재와 방법에 문제가 있기 때문입니다. 아이 수준에 안 맞는 어려운 문제집, 설명해주고 문제를 푸는 방식으로는 실력이 올라가지 않습니다.

2. 워낙 느리게 가는 아이

타고날 때부터 학습능력이 남보다 떨어지는 아이들이 있습니다. 하나를 알려주면 둘을 까먹습니다. 이런 아이들은 학원에서도 탐탁지 않아 합니다. 설사 받아주더라도 학원 전기요금 내주러 다니는 꼴밖에는 안 됩니다. 기초가 안 잡혀있는 아이들이라 이전 과정을 이해할 때까지 복습하고 반복해야 하는 데, 내 아이 하나만 보고 맞춤으로 매일 꾸준히 시간을 들여 챙기고 관리해줄 학원이나 과외 선생님은 어디에도 없기 때문입니다. 느린 아이일수록 1:1 맞춤학습을 해야 합니다. 이런 아이들의 희망은 부모밖에는 없습니다. 처음에는 남보다 시간이 오래 걸릴 수 있습니다. 그러나 꾸준히 공부하면 중고등학교 수학은 충분히 해낼 수 있습니다. '너는 할 수 있어!'라고 격려하고 칭찬하며 매일 꾸준히 하다 보면 학년이 높아지면서 점점 나아집니다.

3. 다른 과목은 다 잘하는데 유독 수학만 못하는 아이

초등 고학년 아이들 중 다른 과목은 잘하는데 유독 수학만 죽을 쑤는 아이들이 있습니다. 마음만 먹고 시작하면 얼마든지 잘할 수 있는데 다른 과목에 비해 수학 성적이 안 나오니 수학을 포기하고 싶다는 말까지 합

니다. 수학 안 하고 대학 갈 수 없느냐는 깜찍한 발언도 불사합니다. 원인은 2가지입니다. 이전 학년의 개념이 엉망이거나 수학을 무서워하는 거죠. 아니, 2가지가 원인과 결과로 뒤엉켜있는 상태입니다. 해법은 다른 아이들과 마찬가지입니다. 똑똑한 아이들인 만큼 두려움을 걷어내고 자기 학년 수학을 따라잡는 수준까지 열심히, 꾸준히 하면 충분히 잘할 수 있습니다.

초등 응용과정

┃ 초등 응용과정 진행 포인트 – 자기 힘으로 문제 풀기

초등 응용과정 기준: 1단계 문제집 정답률 90% 이상 + 2단계 문제집 정답률 70%

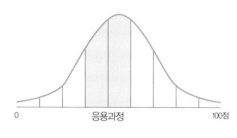

잠수네 수학 테스트 41~71%

초등 응용과정에서 먼저 생각할 것

1. 학교시험 점수만으로 판단하지 마세요

잠수네 수학 테스트 '응용과정' 구간 아이들의 82.5%가 학교 단원평가 시험에서 90~100점을 맞습니다. 학교시험 90점 이상이라도 수학문제집의 정답률로 아이 수준을 가늠해야 합니다. 교재 선택이 잘못되면 열심히 공부해도 실력이 늘지 않습니다.

2. 제 학년 수학을 탄탄하게 합니다

1단계 문제집과 2단계 문제집의 쉬운 문제는 거의 맞지만, 2단계의 제일 어려운 문제 정답률이 70%가 안 되면 3, 4단계 문제집은 아직 어렵습니다. 응용문제는 쉽게 풀어도 심화문제, 사고력문제가 어려워서입니다. 처음 푼 2단계 문제집 정답률이 90% 이상일 때 3단계 문제집을 하세요. 다른 아이들이 선행한다고 들썩여도 눈 돌리지 마세요. 제 학년 수학을 탄탄하게 하는 것이 우선입니다.

3. 혼자 힘으로 생각해서 푸는 습관을 들여주세요

아이가 풀지 못한 문제를 부모나 학원, 과외 선생님이 설명해주는 것은 도움이 안 됩니다. 심화문제를 풀어봤다는 겉멋만 들 뿐 제 실력이 안 됩니다. 시간이 조금 걸려도 혼자 해결했을 때 기억에 오래 남고 진짜 실력이 됩니다. 어려워해도 가르쳐주지 마세요. 교과서를 찾아보고 끙끙대며 생각하는 과정에서 수학 실력이 자랍니다.

초등 응용과정 수학 로드맵

연산 (초1~초6)	초1, 초2		초3, 초4		초5, 초6	
	방학	학기 중	방학	학기 중	방학	학기 중
	(15분~30분)	(15분~30분)	(30분~1시간)	(30분~1시간)	(2시간~)	(1시간~)
매일 10분	교과서 + 1단계 문제집	2단계 문제집	교과서 + 1단계 문제집	2단계 문제집	교과서 + 1, 2단계 문제집	3단계 문제집

1. 방학

① 전 학기 교과서와 문제집에서 여러 번 틀려 어려웠던 문제를 다시 풀어
봅니다.

② 연산은 예습 진도에 맞춰 매일 〈10-10-10〉 문제풀이를 합니다.

③ 학년별 진행

　　초1~초4: 다음 학기 예습으로 '수학교과서'를 읽어보고, '1단계 문제집' 풀기

　　초5~초6: 다음 학기 예습으로 '수학교과서'를 읽어보고, '1~2단계 문제집' 풀기

2. 학기 중

① 연산 실수가 많은 영역의 문제를 뽑아 〈10-10-10〉 문제풀이를 합니다.

② 자주 틀리는 문제는 유형 문제집으로 더 풀어봅니다.

③ 학년별 진행

　　초1~초4: 방학 때 풀어본 '1단계 문제집'의 오답 확인을 하고, '2단계 문제집' 풀기

　　초5~초6: 방학 때 풀어본 '1, 2단계 문제집'의 오답 확인을 하고, '3단계 문제집' 풀기

초등 응용과정, 요것만은 꼭!

1. 학년별 수학 공부 시간을 꼭 지켜주세요

수학 공부 시간이 오락가락하거나, 바쁘다고 안 하고 넘어가는 날이 많으면 수학을 잘하기 어렵습니다. 초등학교 1, 2학년은 15~30분, 초등학교 3, 4학년은 30분~1시간을 지키려고 노력해보세요. 이 정도면 방학에 수학교과서와 1단계 문제집을 충분히 풀 수 있습니다. 학기 중에도 방학 때 푼 문제집의 오답을 다시 풀면서 새로 푸는 2단계 문제집의 오답까지 끝낼 수 있습니다. 초등학교 5, 6학년은 방학에 교과서와 문제집 2권(1, 2단계)을 풀고 오답까지 하려면 매일 2시간은 공부해야 합니다. 학기 중에도 최소 1시간은 수학 공부를 할 수 있도록 해주세요.

2. 연산 연습, 방학 때는 예습 진도에 맞추고 학기 중에는 실수가 많은 영역을 연습합니다

수학교과서도 제대로 안 보고 자기 학년을 앞선 연산 선행을 하는 경우가 종종 있습니다. 원리 이해 없이 기계적으로 계산하다 보면 생각 없이 계산하는 습관이 몸에 배기 쉽습니다. 방학 때 예습할 때도 교과서의 원리를 먼저 읽고 이해한 뒤 연산 연습을 하는 것이 순서입니다. 잠수네에서 권하는 〈10-10-10〉 문제풀이로 연산 연습을 해보세요. 정확성과 속도를 같이 잡을 수 있습니다. 학기 중에는 잘하는 영역은 제외하고 자주 틀리는 연산 영역을 연습합니다.

3. 오답 확인은 필수, 어려워하는 문제 유형은 따로 모아서 풉니다

예습할 때는 수학교과서가 1순위입니다. 교과서 문제풀이와 오답 확인을 다 한 다음 1단계 문제집을 시작합니다. 학기 중에 공부할 때도 교과서를 다시 읽고, 방학 때 틀린 문제를 한 번 더 풀고 나서 다음 단계 문제집을 풉니다. 오답이 훨씬 적어집니다.

오답이 많이 나오는 단원은 교과서 개념부터 다시 공부해야 합니다. 교과서 내용을 다 안다고 대충 읽는 아이가 많으니 교과서 구석구석 모두 읽고 이해했는지 확인해보세요. 많이 틀리는 어려운 문제는 비슷한 문제를 찾아 풀게 해주세요. 유형별 문제집에서 비슷한 문제를 찾아 풀어도 좋습니다. 비슷한 유형을 푸는 것은 쉬운 것부터 차근차근 풀면서 원리를 깨치기 위해서입니다. 그러나 유형을 외워서 풀면 나중에 똑같은 문제가 나오면 또 틀립니다. 처음부터 유형 문제집으로 푸는 것은 피해주세요.

틀린 문제가 하나도 없다면 문제가 너무 쉽거나 답을 베꼈을 가능성이 높습니다(수학 문제의 답을 베끼는 아이들이 의외로 많습니다). 틀린 문제가 없으면 아이의 수준을 엉뚱하게 판단하고 어려운 문제집으로 진행하게 됩니다. 무엇을 모르는지 알 수 없으니 실력도 자라지 않습니다. 아이가 답을 베끼는 것은 부모 잘못입니다. 너무 어려운 문제집을 선택한 것은 아닌지, 풀어야 할 분량이 많은 것이 아닌지, 틀리면 화를 내거나 잔소리를 퍼부은 것이 아닌지 가슴에 손을 얹고 반성해야 합니다. 아이를 혼내지 말고 답지는 미리 떼어서 따로 관리하세요. 채점도 부모가 해야 합니다. 초등학생은 아직 어립니다. 채점을 맡기면 대충 맞다고 동그라미 치기 일쑤입니다. 고양이에게 생선을 맡긴 격이지요.

4. 응용과정이라면 사고력 문제집은 안 풀어도 됩니다

교과수학을 탄탄하게 하는 것이 먼저입니다. 3단계 문제집의 단원 마지막 문제, 3단계 서술형 문제집에 있는 문제들이 아이 수준에 맞는 사고력 문제입니다. 3~4학년은 복습 차원에서 방학 때 3단계 문제집이나 3단계 서술형 문제집을 풀어보세요. 3단계 서술형 문제집이 어려우면 한 학년 아래의 3단계 서술형 문제집을 푸는 것도 좋습니다. 5~6학년은 학기 중에 3단계 문제집을 풉니다. 3단계가 어려우면 2단계 문제집에서 쉬운 부분을 빼고 중간 부분부터 더 풀어보세요. 2단계 문제집 뒷부분 정답률이 90%가 넘어가면 3단계 문제집이 만만하게 느껴질 것입니다.

초등 심화과정

초등 심화과정 기준: 2단계 문제집 정답률 90% 이상+3단계 문제집 정답률 70%

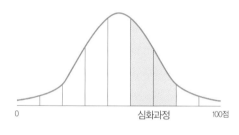

잠수네 수학 테스트 12~40%

초등 심화과정에서 먼저 생각할 것

1. 2~3단계 문제집부터 차근차근 하세요

학교에서 배우는 수학이 쉽고, 수학익힘책의 별 2개 문제도 수월하게 푼다면 수학을 꽤 잘하는 아이입니다. 수학적 감도 있고 수학을 좋아하고 자신감도 있습니다. 최고 난이도의 수학문제집과 경시문제집을 해도 되지 않을까 욕심이 생깁니다. 그러나 이런 문제집은 혼자 풀기에 시간도 많이 걸리고 심리적 부담도 큽니다. '수학머리'가 아주 뛰어난 영재가 아니라면 쉬운 문제집부터 탄탄하게 진행하는 것이 좋습니다.

2. 사고력 문제는 주말, 방학을 이용하세요

사고력 문제집에는 교과수학과 조금 다른 퀴즈 형식의 문제가 많습니다. 이런 문제 푸는 것을 좋아하고 시간 여유가 많은 초등학교 저학년이라면 주말이나 방학을 이용하세요. 시간이 빡빡하면 집중해서 풀기 어려우니까요. 단, 사고력 문제집이 필수는 아닙니다. 아이가 싫어하면 안 풀어도 됩니다. 교과수학 심화만 해도 사고력을 키우는 데 문제 없습니다.

3. 선행보다 자기학년 심화에 집중해야 합니다

초등심화가 잘 되어있으면 중등수학을 수월하게 진행할 수 있습니다. 반대로 초등 심화를 안 하고 중등 선행을 시작하면 부담이 많습니다. 선행을 생각한다면 아이가 푸는 문제집의 오답율을 꼭 확인하세요. 처음 푸는 4단계 문제집의 단원 마지막 문제 정답률이 70%가 안 된다면 선행보다 자기 학년 심화를 더 하는 것이 낫습니다.

초등 심화과정 수학 로드맵

연산 (초1~초6)	초1, 초2		초3, 초4		초5, 초6	
	방학	학기 중	방학	학기 중	방학	학기 중
	(15분~30분)	(15분~30분)	(30분~1시간)	(30분~1시간)	(2시간~)	(1시간~)
매일 5분	교과서 + 2단계 문제집 (퍼즐)	3단계 문제집	교과서 + 2단계 문제집	3단계 문제집	교과서 + 2, 3단계 문제집	4단계 문제집

1. 방학

① 지난 학기 교과서를 훑어보면서 배운 것을 확인합니다.

② 다음 학기 예습으로 '수학교과서'를 읽고 '2단계 문제집'을 풀어봅니다.

③ 1, 2단계 연산문제집으로 진도에 맞춰 〈10-10-10〉 문제풀이를 합니다.

④ 학년별 진행

　　초1~초2: 다음 학기 '2단계 문제집'을 풀고, 사고력 향상을 위해 퍼즐 추천

　　초3~초4: 다음 학기 '2단계 문제집'을 풀고, 복습으로 전 학기의 '4단계 문제집' 풀기

　　초5~초6: 다음 학기 '2, 3단계 문제집' 풀기

2. 학기 중

① 개념을 다지기 위해 '수학교과서'를 꾸준히 읽어봅니다.

② 연산은 실수가 없을 때까지 꾸준히 〈10-10-10〉 문제풀이를 합니다.

③ 학년별 진행

　　초1~초4: 방학 때 풀어본 '2단계 문제집'의 오답 확인을 하고, '3단계 문제집' 풀기

　　초5~초6: 방학 때 풀어본 '2, 3단계 문제집'의 오답 확인을 하고, '4단계 문제집' 풀기

초등 심화과정, 요것만은 꼭!

1. 겸손하게 공부해야 합니다

심화과정 수준이면 학교 수업이 쉽습니다. 공부를 별로 안 해도 수학 점수를 잘 받을 수 있습니다. 그러나 머리만 믿고 공부를 안 하거나 수학교과서를 우습게 보면 학년이 올라갈수록 힘들어집니다. 예습할 때 수학교과서 공부는 필수입니다. 연산 연습 역시 수학교과서의 연산 원리를 확실하게 이해한 후 진행합니다. 학기 중에도 방학 때 공부하면서 틀린 문제의 오답을 한 번 더 풀면서 교과서 개념 부분을 다시 읽어보세요. 한 단계 어려운 문제집을 훨씬 쉽게 풀 수 있습니다.

2. 실수를 잡아야 실력이 올라갑니다

수학을 잘하는데 학교시험에서는 꼭 1~2개씩 틀리는 아이가 많습니다. 어려운 문제는 푸는데 쉬운 문제에서 틀린다고 하면서요. 이런 경우 부모들은 나이가 들면 나아질 것이라 기대하지만 중고등학교 가서도 실수는 잘 안 고쳐집니다.

특히 연산 실수는 다시 풀면 제대로 푼다고 가볍게 넘어가면 같은 실수를 반복하게 됩니다. 수학을 잘하는 아이가 연산에서 틀리는 것은 암산하거나 빠르게 풀다 엉뚱한 답을 쓰기 때문입니다. 대책은 2가지입니다. 첫째, 틀린 유형의 연산문제를 〈10-10-10〉 문제풀이한다고 약속을 해보세요. 다 아는 문제를 또 풀지 않으려고 집중하게 됩니다. 실수를 많이 하는 영역은 연산이 정확해질 때까지 연습하게 해주세요. 둘째, 검산만 제대로 해도 학교시험에서 연산 실수가 사라집니다. 검산은 완전히 새로 문제를 푼다는 자세로 하는 것이라고 알려주세요.

문제를 엉뚱하게 읽거나 답을 옮겨 쓸 때 틀리는 것, 자기가 쓴 글씨를 못 알아봐서 엉뚱한 숫자로 계산하는 것 모두 풀이공책에 문제 푸는 습관만 잘 들여도 해결됩니다. 문제집 여백에 여기저기 끄적거려두면 틀려도 어디서 틀렸는지 알 수 없지만, 풀이공책을 보면 어디에서 문제가 있는지 확인할 수 있으니까요.

3. 4단계 심화 문제집은 학년, 아이 성향에 맞춰 풉니다

초등 1~2학년은 4단계 문제집을 풀지 않아도 됩니다. 4단계 문제집이라도 난이도가 썩 어렵지 않습니다. 1~2학년 수학이 쉬워 어려운 문제를 내기가 쉽지 않거든요. 방학 때는 집중력, 사고력을 키워주는 논리, 도형 퍼즐을 해보기를 권합니다.

초등 3~4학년의 경우 4단계 심화 문제집은 겨울방학에 복습 차원에서 하기를 권합니다. 여름방학은 짧은데다 휴가까지 감안하면 다음 학기 예습만도 빠듯하거든요. 학기 중에는 수학에 너무 많은 시간을 들이지 말고 한글책 읽기와 영어에 더 집중하는 편이 낫기도 하고요. 물론 학기 중이라도 3단계 문제집의 어려운 문제 정답률이 90%가 넘으면 4단계 문제집을 해도 괜찮습니다.

단, 4단계 문제집의 앞부분은 비교적 수월하게 넘어가지만 뒤로 갈수록 어려워집니다. 아이가 힘들어하면 한꺼번에 몰아치기보다 하루 1쪽 정도로 분량을 줄여보세요. 많은 양을 푸는 것보다 하루에 한두 문제를 골똘하게 생각하는 동안 수학 실력이 자랍니다. 반대로 4단계의 앞부분이 쉽다고 하면 쉬운 문제는 건너뛰고, 중간 난이도부터 풀어도 됩니다.

초등 5~6학년은 방학에 2, 3단계 문제집 오답까지 끝낸 후, 학기 중에는 4단계 심화 문제집을 진행합니다. 4단계 문제집을 푸는 이유는 중학교 수학을 대비하는 차원입니다. 그러나 3단계 문제집의 정답률이 90%가 안 넘으면 4단계 문제집을 진행하기 어렵습니다. 문제 푸는 속도가 너무 느리거나 아이가 너무 힘들어하면 억지로 4단계를 하지 마세요. 3단계 문제집(또는 3단계 유형 문제집)을 새로 구입해서 앞부분의 쉬운 문제는 넘어가고 뒷부분을 더 풀어보세요.

초등 심화플러스과정 기준: 3단계 문제집 정답률 90% 이상 + 4단계 문제집 정답률 70%

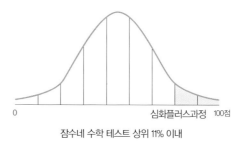

잠수네 수학 테스트 상위 11% 이내

초등 심화플러스과정에서 먼저 생각할 것

1. 선택과 집중이 필요합니다

수학을 잘하면 수학 공부가 최우선이 되는 경우가 많습니다. 그러나 수학만 하느라 책 읽기, 영어를 할 시간이 나지 않는 것이 큰 문제입니다. 역설적이지만 수학에 재능이 있는 아이일수록 수학에만 올인하지 마세요. 한글책을 다양하게 읽어야 '수학의 저변'이 넓어집니다. 초등학교 때까지 영어를 최대한 끌어올려야 '선택의 기회'가 늘어납니다. 아이의 재능이 빛을 발할 수 있도록 넓고 멀리 보세요.

2. 수학경시는 신중하게 결정하세요

경시는 한 번 발을 들이면 헤어나오기 힘든 수렁과도 같습니다. 수학경시는 아이가 정말 수학을 좋아하고 재능이 있다는 확신이 들 때, 초등학교 고학년쯤 고려해보세요. 설사 수학경시 공부를 시작했더라도 '아, 내 아이는 경시로 가서는 어렵겠구나!'라고 느끼면 중고등학교 수학을 열심히 하는 쪽으로 방향을 틀어야 나중에 후회하지 않습니다.

3. 내 아이만의 속도로 진행합니다

초4가 중등수학을 한다, 초6이 고등수학을 나간다고 겁먹지 마세요. 학원에서 아무리 선행 진도를 나간다고 한들 초등학생이 그 정도를 소화할 수 있는 경우는 거의 없습니다. 학원의 돈벌이 목적과 부모의 욕심만으로 진도를 나갈 뿐입니다. 단, 극소수 아이들은 이 스케줄이 가능할 수도 있습니다. 머리가 좋은데다 공부하는 양도 엄청나서요. 이런 아이들은 따라가면 안 됩니다. 서로 길이 다르다 생각하고 내 아이에 맞는 속도로 가는 것이 중요합니다. 초등학교 시절부터 전력질주를 하다가는 에너지가 고갈되어 중간에 주저앉기 쉽습니다.

초등 심화플러스과정의 수학 로드맵

연산 (초1~초6)	초1, 초2		초3, 초4		초5, 초6	
	방학	학기 중	방학	학기 중	방학	학기 중
	(15분~30분)	(15분~30분)	(30분~1시간)	(30분~1시간)	(2시간~)	(1시간~)
실수잡기	교과서 + 2단계 문제집 (퍼즐)	3단계 문제집	교과서 + 2, 3단계 문제집	4단계 문제집	교과서 + 3단계 문제집	4단계 문제집 + 선행

1. 방학

① 다음 학기 예습으로 '수학교과서'를 읽어보고, '3단계 문제집'을 풀어봅니다.

② 아이가 좋아하는 수학퍼즐이나 수학 관련 책을 읽습니다.

③ 학년별 진행

　　초1~초2: 다음 학기 '2단계 문제집'을 풀고, 사고력 향상을 위해 '퍼즐' 추천

　　초3~초4: 다음 학기 '2, 3단계 문제집'을 풀고, 복습으로 전 학기에 푼 '4단계 문제집' 오답 확인

　　초5~초6: 다음 학기 '3단계 문제집' 풀기

2. 학기 중

① 개념을 다지기 위해 '수학교과서'를 꾸준히 읽어봅니다.

② 연산 실수가 있는 부분만 〈10-10-10〉 문제풀이를 합니다.

③ 학년별 진행

　　초1~초2: 방학 때 풀어본 '2단계 문제집'의 오답 확인을 하고, '3단계 문제집' 풀기

　　초3~초4: 방학 때 풀어본 '2, 3단계 문제집'의 오답 확인을 하고, '4단계 문제집' 풀기

　　초5~초6: 방학 때 푼 '3단계 문제집' 오답 확인, 아이 수준에 맞는 '4단계 문제집' 풀기

초등 심화플러스과정, 요것만은 꼭!

1. 머리로 풀지 말고, 공책에 푸는 습관을 들여주세요

수학을 잘하는 아이들은 암산으로 답만 내려는 경향이 있습니다. 수학 교과서나 수학익힘책, 수학문제집의 쉬운 문제들은 머리로 생각만 해도 답이 나오니까요. 그러나 어려운 문제까지 풀이과정을 안 쓰면 실수가 많아집니다. 서술형 시험이라면 좋은 점수를 받기 어렵고요. 어려운 문제는 꼭 풀이노트를 이용하도록 해주세요.

연산이 정확하면 굳이 쉬운 연산문제집으로 '따박따박' 연산 연습을 시키지 않아도 됩니다. 그러나 연산에서 실수가 있다면 원인을 찾아야 합니다. 개념도 다 이해하고 머리로는 아는데 손은 엉뚱한 답을 쓰는 경우가 있습니다. 비슷한 실수가 반복된다면 〈10-10-10〉 문제풀이로 바로잡아야 합니다.

2. 수학퍼즐, 수학보드게임, 수학지식책으로 수학적 사고력을 확장시켜주세요

수학을 좋아하는 저학년이라면 방학 때 수학을 즐길 수 있는 환경을 만들어주세요. 수학퍼즐은 집중력, 사고력, 논리력, 도형 감각을 키우는 데 그만입니다. 수학보드게임을 하면서 위 학년에서 배우는 연산, 도형을 재미있게 접해볼 수도 있습니다. 원리를 설명하는 수학지식책을 반복해서 읽다 보면 위 학년의 선행 개념을 자연스럽게 익히게 됩니다. 심화 문제집과 다른 차원의 심도 있는 문제를 접하게 하고 싶을 때도 수학지식책이 좋습니다. 퀴즈 형식으로 된 수학지식책에는 사고력 문제집의 문제가 많이 있습니다. 이런 책을 좋아하면 방학 때 놀면서 수학적 사고력을 확장할 수 있습니다.

단, 수학지식책을 고를 때 황당한 이야기 위주의 가벼운 수학동화는 피해주세요. 수학을 싫어하는 아이들에게 흥미를 느끼게 해주는 정도일뿐 수학지식을 습득하는 데 별로 도움이 안 됩니다. 조금 어려운 책은 아이의 학년을 고려해야 합니다. 중고등학교 수학 개념을 알아야 이해가 되는 책도 많고, 중등 수학경시를 하는 아이들이 푸는 문제가 나오기도 하니까요.

3. 1년 이상 선행을 한다면 개념심화를 꼭 병행해야 합니다

방학 때 예습용으로 푸는 문제집은 거의 오답이 나오지 않겠지만 틀리는 문제가 보이면 확실하게 알고 넘어가도록 합니다. 4단계 문제집도 쉽다면 아이에게 선택권을 주세요. 더 어려운 문제집을 풀고 싶다면 구해주고, 아니라면 한글책 읽기와 영어에 더 투자합니다.

1년 이상 선행을 한다면 개념심화까지 함께 나가야 합니다. 학원에서 선행을 나갈 때는 대부분 쉬운 문제집으로 진행합니다. 선생님의 설명을 듣고 문제를 풀고요. 이러면 선행을 하나 마나입니다. 뒤돌아서면 다 잊어버립니다. 중등수학 진도를 나갈 때도 마찬가지입니다. 심화문제를 풀면서 깊이 고민해보는 시간이 없으면 빨리 진도를 빼는 것이 무의미합니다.

사실 4단계 문제집을 재미있게 푸는 아이라면 굳이 학원에 안 가도 됩니다. 혼자서도 얼마든지 초등과정을 공부할 수 있습니다. 수학교과서로 개념을 공부하고 나서 70% 정답률인 문제집으로 개념심화를 병행하며 진행하면 됩니다. 중등과정 역시 잘 이해가 안 되는 단원은 인터넷 강의의 도움을 받아 혼자서도 공부할 수 있습니다.

다만 이렇게 선행을 할 때는 왜 하는지가 중요합니다. 중고등 수학 로드맵은 어떻게 할 것인지도 염두에 두어야 합니다. 무작정 남들 따라 선행을 하려고 하지 마세요. 영재고나 과학고를 목표로 한다면 초등 고학년부터 선행을 할 수 있습니다. 한글책을 좋아하고 영어가 잠수네 기준 〈심화2〉 이상이라는 전제하에서요. 그러나 목표가 뚜렷하지 않다면 선행할 시간에 아이가 좋아하는 한글책을 읽고 영어 실력을 더 올리는 게 낫습니다.

초등 심화플러스과정의 중등수학 선행 스케줄

중등수학 선행을 언제 시작해야 할지 고민이라면, 다음 사항을 체크해
보세요.

1) 초등학교 4학년 이상이다.

2) 한글책 정독 습관이 잘 되어있다.

3) 집중듣기하지 않은 J6~J7단계 영어책을 편하게 읽는 수준이다.

4) 4단계 수학문제집의 제일 어려운 문제를 재미있게 푼다.

5) 혼자 중등 수학교과서의 개념을 읽고 이해할 수 있다.

다음은 위의 5가지가 갖춰졌다는 전제하에 만든 학년별 수학 선행 스케
줄입니다.

※ 중등선행 이후는 220쪽 〈중등수학 로드맵〉 참조

잠수네 수학 테스트 상위 11% 구간이면 수학을 매우 잘하는 아이들입
니다. 초등과정 수학이 쉬우므로 학기 중에도 제 학기 심화를 하면서 선
행을 병행할 수 있습니다. 중학교처럼 중간고사, 기말고사의 부담이 덜
하니까요.

유의할 점은 위의 그림에서 초등학교 4학년입니다. 초등학교 5학년 1학

기에 중등 선행을 나가는 것은 영재고, 과학고를 목표로 하지 않는 이상 필요가 없습니다. 영재고를 지망한다 해도 아이의 목표인지 부모의 욕심인지 가려야 합니다. 중등 선행을 꼭 하고 싶다면 초등 5, 6학년 심화를 확실하게 하고 넘어가세요.

초등 5, 6학년의 선행 스케줄은 수학에 뛰어난 아이들이 따라 해볼 만합니다. 일반고등학교 자연계 최상위를 바라보며 진행할 수도 있고 영재고, 과학고를 목표로 해도 됩니다. 문과 성향이면 전국 자립형사립고, 외고를 생각하면서 갈 수도 있습니다. 수학이 탄탄하면 고등학교에서 수학 외의 공부를 좀 더 여유 있게 할 수 있으니까요. 아이의 상황에 맞춰 유연하게 적용해보세요.

수학개념 공부 안 된 5학년 아이의 수학 극복기
작성자 : 진초 (초5, 초2)

저희 조카(5학년 여아) 이야기를 조심스레 풀어봅니다. 집안 사정으로 4개월 전부터 제가 조카를 데리고 있게 되었는데 마침 저희 딸과 같은 학년이고 해서 모든 진행(영어, 수학 등등)을 함께 해나가기로 했답니다.

조카는 야무지고 똘똘한 스타일이고, 학교에서 반장도 했었고, 수학은 유치원 때부터 연산 학습지나 싱크빅 같은 수학 학습지를 꾸준히 해왔던데다, 수학학원도 다녔고, 학기당 문제집을 2권씩 풀었다고 하더라구요(학습지 한 번 해본 적 없고 문제집은 1학기에 1권으로 끌어왔던 저희 딸에 비하면 그동안 해온 게 많아 더 나은 수준이겠거니 했습니다).

그런데! 당시 제 학기(5-1) 수학문제집(1단계 수준)을 풀어보게 하니 정답률 50% 수준! 혹시나 저희 딸이 풀고 있던 심화 문제집 보여주니 하나도 못 풀고, 또 혹시나 해서 2학년짜리 저희 아들이 푸는 문해길 들이밀었더니 역시 손도 못 대는 상황!

5-1 문제집에 나오는 용어를 가지고 "선분이 뭐니, 분수는? 소수는? 이등변삼각형은? 수직은?" 등등 용어설명을 해보라 하니 그것들이 대~강 뭔지는 알겠는데 설명은 못하겠답니다(그러니 서술형을 못 풀지요).

"너 이래 가지고 학원은 어떻게 다녔니?"
"학원에서는 선생님이 알려주는 것만 풀어서 잘 풀었었는데……. 작은엄마가 내주는 문제는 너무 어려워."

수학익힘책을 풀라고 한 뒤 지켜보니 단원마다 나오는 예제 문제를 우선 보고, 하단 연습문제는 위의 예시를 기준으로 숫자만 바꿔서 대입하면서 눈치로 수학을 풀고 있다는 걸 알았습니다. 그러다 보니 학교수업이나 숙제는 곧잘 해가는 것 같은데 결국 그 내용은 머릿속에 하나도 없는 상태였죠.

이렇듯 수학에 대한 개념이나 원리이해 없이, 수학적 고민 없이 요령으로 문제를 풀다 보니 서술형이나 심화문제는 내용을 읽고 어떻게 식을 세워야 하는지 전혀 감을 못 잡고 있었습니다. 때마침 학교에서 적성검사를 해왔길래 결과지를 보니 공간감각, 수리력, 계산력 등 수학 관련 영역의 점수가 하위 20% 정도에 해당되는 최저 수준(헉! 상위 20%도 아니고 하위 20%)! 이런 방식으로 공부하는 아이는 수학학원에 다녀도, 문제집을 10권을 풀어도 아무 도움이 안 된다는 걸 다시 한 번 깨달았구요, 저는 결심합니다! 6개월 이내에 이 아이의 수학 공부 방식을 모두 바꿔놓겠다구요!

그리고 4개월이 지난 지금!

1. 심화문제에 대한 식 세우기가 가능해졌고, 현재 4학년 심화 문제집을 정답률 80% 수준으로 풀고 있습니다.

2. 제 학년 수학(5-1)+1학기 선행(5-2)을 2단계 문제집으로 풀어나가고 있고,

3. 5학년 때까지 교과서에 나오는 수학 용어에 대해 말로 개념을 설명할 수 있는 수준이 되었습니다.

이렇게 되기까지 제가 쫌 많이 애를 괴롭히고 귀찮게 하고 눈만 마주치면 질문하고 그랬지만, 결과적으로 이제라도 수학이란 걸 풀 수 있는 기반을 만들게 되어 정말 다행입니다. 이 아이를 수학 인간으로 개조하기 위해 전 4개월 동안 아래와 같은 일을 하게 됩니다.

1. 수학교과서로 개념 공부하기
3학년부터 5학년 수학교과서를 펼쳐놓고 교과서에 나오는 용어, 개념을 다시 공부합니다. 용어와 개념에 대해서는 언제 어느 때라도 돌발 질문 시 답이 바로 나오도록 계속 훈련시켰습니다. 정삼각형이 뭔지, 수직이 뭔지, 이등변삼각형의 정의와 특징이 뭔지……. 문제에서 용어가 나올 때마다 물어보는 거죠. ^^ "2÷3=2/3이 되는 이유를 피자를 가지고 설명해봐" 요런 질문들.

2. 하루에 1시간 이상 매일 수학 공부하기
제가 직장맘이다 보니 퇴근 후밖에 시간이 안 되었는데, 밤 12시가 되더라도 하루도 빠지지 않고 하루 1시간 이상씩 수학 공부를 진행했습니다.

3. 제 학년 수학은 쉬운 걸로 반복하기

5-1학기 제 학년 수학은 수학익힘책과 1단계 문제집(큐브)으로 여러 번 반복을 했습니다.

4. 서술형, 심화문제 연습하기

2학년 문해길(문제 해결의 길잡이) 문제부터 3학년 최고수준(최고수준 수학) 등, 낮은 학년 문제집을 가지고 서술형 문제의 유형을 접하게 하고 글로 된 문제를 수학수식으로 전환하는 '식 세우기' 연습을 진행했습니다. "문제에서 구하라고 하는 게 뭐지? 그걸 알려면 뭘 이용하면 될까? 여기서 정삼각형이란 말이 나왔는데 나한테 무슨 힌트를 준 걸까?" 등등 처음에는 문제를 식으로 바꾸게 하는 질문으로 유도했습니다.

이 과정을 진행하는데 처음에는 애가 15분도 집중을 못하더라구요. 15분 지나면 몸이 뒤틀리고 집중도 못하길래 그럴 때마다 쉬고 다시 하고를 반복하되 하루 1시간은 채웠습니다. 지금은요? 자리에 앉아 2~3시간도 꼼짝 않고 문제풀기가 가능합니다.

눈만 마주치면 "정삼각형이 뭐지?" "그럼 정삼각형의 특징은 뭐지?" 물어보다 보니 이제는 "정삼각형은 세 변의 길이가 같은 삼각형인데, 삼각형은 세 변으로 된 도형이고, 그래서 정삼각형의 세 각의 크기가 같은데 내각은 60도야"라고 자기 혼자 쭉 얘기하고는 가버립니다(더 이상 질문하지 말란 거죠). 어쨌든 이제 수학의 기초공사는 다 끝났고, 앞으로 탑만 한 층씩 쌓아가면 되는 상태가 되었습니다.

이처럼 다소 늦어 보이는 5학년 아이도 단기간 내에 수학을 잘하는 아이로 만들 수 있답니다. 물론 여기에는 그런 어머님들은 안 계시지만 주변에 학원만 믿고 보내놓고 아이의 진행에 신경 쓰지 않는 분들이 많더라구요. 다시 한 번 내 아이의 상태를 꼼꼼히 체크하고 확인하고 바른 방향으로 이끌어줄 수 있도록 엄마가 관심을 가져야 한다고 생각합니다.

수학교실 평균 점수 이하에서 심화과정으로 가기까지
작성자 : 수지구스 (중1, 초2)

큰아이는 중1 여자아이이고, 작은아이는 초2 남자아이입니다. 2013년 3월에 잠수 가입하고, 잠수영어 챙긴다고 많이 헤맸던 것 같습니다. 그리고 그해 12월, 딸아이 4학년에 수학교실 가입해서 테스트를 보았습니다.

완전 멘붕이었던 기억이 납니다. 사실, 초등학교에서 그래도 나름 잘하는 아이였는데, 잠수네 수학교실 '평균 점수 이하'였습니다. 그 당시에는 이 결과를 아이보다도 엄마가 믿고 싶지 않았고, 무척 속이 상했었습니다.

잠수 시작한 지 얼마 안 되었던 터라 엄마의 의욕이 넘치고, 열정이 앞섰던 시기였지요. 아마 그 겨울방학 동안 딸아이의 실력을 끌어올리고자 엄청 다그치고, 폭풍 잔소리를 했었어요.

지금 수학교실 진행글 찬찬히 읽었는데, 얼굴이 화끈거립니다. 수학교실 코칭페이퍼를 완전 무시하고, 그래도 내 아이의 수준은 높다는 생각을 못 버리고, 쉬운 개념서 냉큼 풀리고서, 잘하는 집 아이처럼 수준 높은 문제집만 골라서 풀었네요.

〈4학년 겨울방학+5학년 1학기: 2013년 12월~2014년 6월〉
제가 잠수입문서 읽기 전까지 '아이 교육'에 얼마나 기준이 없고, 모르는 게 많았는지. 부끄럽습니다. 딸아이 학교에서 셀파 잘 푸는 아이는 공부 잘하는 아이라고 소문이 날 정도였습니다. 지금 생각하면, 헛웃음이 나오지만…… 진짜 그때는 그런 줄만 알았고, 그렇게 굳게 믿고 안심하고 있었습니다. 그래서 문제집을 정하고, 풀고, 채점을 몰아서 해줬던 것 같습니다. 그런데 지금 다시 그때로 돌아간다면, 딱 2가지만 제대로 하고 싶습니다. 하나는 '개념 부분은 꼭 엄마가 읽어주거나 그게 아니더라도 아이 곁에서 꼭 지켜본다'입니다. 두 번째는 '매일매일 아이가 풀어낸 분량을 반드시, 기필코 엄마가 채점을 해줘야 한다'입니다.

셀파 문제집은 1~4단계 유형별 문제가 있어서 좋기는 한데, 푸는 데 시간이 좀 걸리기도 했어요. 오히려 그 시간에 교과서와 개념서 문제집을 수월하게 익히는 것이 더 좋다고 생각합니다.

최상위 문제집은 수학사고를 키우면서 천천히 풀어야 내 아이의 실력이 되었을 텐데……. 급하게 양적으로 밀고 나가면서 풀었던 것 같고, 딸아이에게는 부담이었고, 어쩌면 그냥 어려운(?) 문제를 구경만 했던 게 아닌가 짐작합니다. 그렇지만 풀어보지 않은 것보다는 낫지 않았을까 스스로 위안을 삼아봅니다.

[초등/1단계] 1000
해법수학 5-1:
개념서

[초등/2단계] 동아
백점 맞는 수학 5-1:
개념서

[초등/3단계] 디딤돌
초등수학 응용 5-1:
교과서 응용서

4학년 겨울방학 때 예습으로 1000 해법수학을 진행했어요. 잠수네 코페에서 말하는 대로 교과서를 했으면 더 좋았을 텐데……. 엄마는 문제집에 집중했던 때였습니다.

5학년 학기 중에 동아백점과 디딤돌 응용을 꾸준히 풀도록 도왔고, 방문교재를 중단했습니다. 그리고 바쁜연산을 구입해서 풀도록 완전히 체계를 바꾸었던 기억이 납니다. 그리고 4-2 최상위 문제집 때도 그랬지만, 5-1 최상위 문제집은 딸아이가 많이 버거워했습니다. 그런데도 엄마는 최상위를 풀어야지 제대로 심화를 했다고 단정지었었지요. 오히려 일품이나 챌린지 정도를 풀었다면, 딸아이가 자신감을 가질 수 있는 기회가 되었을 텐데 하는 아쉬움이 남습니다.

〈5학년 여름방학+5학년 2학기+겨울방학: 2014년 7월~2015년 2월〉

[초등/1단계]
개념잡는 큐브수학
5-2: 예습서

[초등/2단계] 우등생
해법수학 5-2:
교과서 개념과 응용

[초등/2단계] 동아
백점 맞는 수학 5-2:
교과서 개념과 응용

[초등/3단계] 일등
해법수학 5-2:
심화서

5학년 여름방학에 개념큐브로 5-2 예습을 진행하고, 학기 중에 학기 중에 우등생 해법, 백점동아로 교과서 개념을 다지기를 진행했습니다. 아이는 조금 지루해 하면서도, 오히려 만만한 문제집이라서 그런지 문제를 푸는 속도가 빨라지고, 1권의 문제집을 다 풀었다는 성취감을 주는 때였습니다. 5학년1학기 교과서와 2학기 교과서 개념노트를 만들어서 정리해보았습니다. 겨울방학 중에 5-2 일등을 풀면서 오답이 거의 없어서, 딸아이가 자신감이 붙었습니다. 그러나 여전히 5-2 최상위는 시간이 걸리고, 오답도 많았고, 그래도 끝까지 밀고 나갔습니다.

5학년 겨울방학 때 6-1 우등생 해법으로 예습을 했습니다. 딸아이 주위에 친구들은 벌써 중1-1을 들어가고, 잠수네에도 시행착오의 글들이 많이 올라와서 6학년이 되는 딸아이를 두고 엄마인 제가 얼마나 걱정이 많았는지 말도 못합니다. 그래도 제 아이는 엄마인 제가 가장 잘 알 듯이 일단 5, 6학년 수학을 제대로 하고 가자고 마음 단단히 먹고 제 학년 교재를 꾸준히 풀었습니다.

〈6학년 1학기+여름방학: 2015년 3~8월〉

[초등/3단계] 일등
해법수학 5-1, 6-1:
교과서 응용, 심화

[초등/3단계] 챌린지
해법수학 6-1:
교과서 응용, 심화

[초등/4단계] 최상위
초등수학 5-2:
심화서

6학년 1학기에 5-1 일등, 6-1 일등, 5-2 최상위를 풀었습니다. 5-1, 6-1 초등수학이 중등수학과 연결된다 하니, 개념도 다지고, 자신감 생기는 문제집으로 정했습니다. 역시 5-2 최상위에서는 여전히 헤매고, 미루고, 오답도 수두룩 했지만, 그래도 오오답까지 하려고 노력하면서, 서너 문제라도 제대로 풀도록 이끌어주었습니다. 6학년 여름방학에는 6-2 동아백점으로 예습을 하고, 6-1 최상위로 심화학습을 하였습니다.

괜히 조급해진 마음에 준비도 없이 중등수학을 시작 했습니다. 중학교 교과서로 읽고, 교과서 문제를 풀기만 하는데도, 시간이 엄청나게 소요되었어요. 아이도 힘들어하고, 엄마도 지치고. 그렇게 지지부진하게 중등수학을 진행하다가 중단했습니다. 그리고 딸아이의 춘기씨 증상이 심해지고, 수학만 하면 사이가 멀어지는 일이 잦았습니다.

〈6학년 2학기+겨울방학: 2015년 9월~2016년 2월〉

[초등/3단계] 챌린지
해법수학 6-2:
교과서 응용

[초등/3단계] 일등
해법수학 6-2:
교과서 응용

9월부터 6학년 2학기 중에는 6-2 챌린지와 일등으로 교과서 다지기로 문제를 풀었습니다.

[초등/4단계] 최상위
초등수학 6-2: 심화

[중등/1단계] 완자
중등수학 1-1:
개념서

[중등/1단계]
개념+유형 중학수학
기초탄탄 라이트1-1:
교과서 개념, 유형

[중등/유형/3단계]
유형 아작 중학수학
1-1: 유형 및 응용

계속 딸아이와 중등수학으로 머리를 싸고 고민에 고민을 하고 있었던 터에 일단 6학년 2학기 9월부터 수학학원을 등록했습니다. 엄마와 수학으로 너무 많이 부딪히고, 엄마도 수학까지 끌어주기에는 능력도, 체력도 많이 부치고요. 그래서 너무 빡신 학원보다는 개념 위주로 해 주고, 적당한 선행까지 챙기는 학원을 선택했어요. 딸아이와 집에서 개념서는 꼭~ 풀자고 했고, 6학년 겨울방학까지 위의 문제집을 집에서 진행했습니다. 사실 오답이 많았습니다. 어쩌면 당연한 것 같기도 했고요. 그래도 반복과 복습을 하고, 학원에서 설명 듣고 오고, 오답도 점점 줄고, 실력도 쌓이는 게 보였어요.

[초등/4단계]
최고수준 수학 6-2:
학원에서 심화서

[중등/유형/3단계]
신사고 SSEN 쎈
중등수학 1-1:
학원에서 드릴서

수학학원에서 6-2 최고수준으로 진행하고, 바로 중등 1-1 학원개념서 진행했습니다. 그리고 바로 1-1 쎈으로 들어가더라구요. C유형은 남기고, A, B유형 먼저 풀고요. 마지막에 다시 C유형으로 심화 다지기로 마무리해주었어요. 그래서 반드시 잠수네 방식으로 꼼꼼하게 중등 개념을 짚고, 문제를 차근차근하게 풀어보는 게 꼭 필요했습니다.

여기까지가 초등 4학년 겨울방학부터 중등 입학 전까지 진행한 내용입니다. 이렇게 단계별 수학문제집을 풀면서, 잔소리도 많이 했고, 자주 화도 냈고, 하기 싫어하는 아이를 달래기도 하고, 당근도 걸고, 채근도 하고, 맛있는 간식으로 꼬시기도 하고…… 글씨 바르게 쓰라고도 엄청 이야기하고, 식도 제대로 풀어 쓰고, 오답노트 하자고도 하고…… 정말 계속 그런 시간들의 반복이었던 것 같습니다.

그래도 끝까지 포기는 안 했고, 너무 힘들 때는 좀 쉬고, 엄마가 다시 격려해주고 보듬어 용기 날 때 아이와 함께 한 걸음씩 나아갔어요. 아이와 잘 맞지 않을 때는 또 잠시 쉬고 계획 짜고 학습량을 줄이고요. 저희 집 딸아이가 수교 평균을 넘어 서기까지는 거의 1년 이상 걸린 것 같습니다. 그리고 6학년이 되면서, 그리고 중학교 입학을 앞두고, 수교 테스트 점수가 안정적으로 나왔습니다. 저희 집 나름대로 아이에 맞게 여러 방법을 시도하고, 다시 계획을 수정하고, 다시 시도하고, 시행착오의 연속이었습니다.

지금 중등이 되고 나서 여러 가지를 곰곰이 생각해보면요, 6학년 올라와서 정말 너무 걱정이 많았는데요 그래도 잠수로 수학하시는 분들이라면 걱정은 안 하셔도 됩니다. 그래도 저희 집 나름대로 꼭 지킨 것 몇 가지를 꼽아보겠습니다.

첫째, 잠수하는 아이들은 수학을 잘할 수 있는 기본기가 있습니다. 일단 책을 많이 읽고, 엉덩이 힘이 좋은 편입니다.

둘째, 꾸준히 제 학년 문제집과 심화 문제집을 다져가신다면, 중등수학도 충분히 해낼 수 있습니다.

셋째, 2~4학년까지 연산은 꾸준히 매일 챙겨서 하는 것이 좋습니다.

넷째, 5~6학년 오답이 많더라도 심화서(우리 집 아이가 생각하면서 풀 수 있는 문제집)를 풀어보면 도움이 됩니다.

다섯째, 5-1, 6-1 단원에서 중등과 연계되는 부분은 꼭 제대로 하고 넘어가면 좋습니다. 엄마는 중등 전 학년 수학 단원을 한번 확인하고, 알아두시면 훨씬 도움이 됩니다. ^^

여섯째, 아이들은 수학 문제를 잘 풀었다가도 금새 잊어버립니다. 주기적인 반복 학습은 필수라고 생각합니다.

일곱째, 잠수네로 집에서 수학을 해도, 남의 손을 빌려 학원이나 과외를 해도 아이가 어디 진도를 나가고 있고, 얼마나 문제를 풀고 있는지, 어느 정도 점수가 나오는지는 엄마가 꼭 짚고 넘어가는 것이 좋습니다.

초등과정은 엄마랑 집에서 공부했어요

작성자 : 스카이엄마 (초6) ··· 현재 중2

제가 그나마 젤 잘했다고 생각하는 건 '바로바로 채점해준 거'라는 생각이 듭니다. 문제 풀 때는 꼭 옆을 지키진 않았습니다. 쉬운 문제는 한 단원 후 딱 다 풀고 가져오라 해서 한꺼번에 채점했고 어려운 문제집은 옆에 붙어서 바로바로 채점해줬습니다. 이건 하다 보니 편해서 자연스럽게 그리 되더라구요. 아이가 풀어놓은 문제집 채점하는 거 전 참말 재밌던데요. 그 재미 미루지 마세요~. ^^

수학 좀 하는 애들은 들여다보면 몇 가지 공통점이 있더라구요. 엄마가 아이 상태를 객관적으로 잘 파악하고 있다는 것. 그래서 시기에 맞게 뭘 더하고 빼줘야 할지 제대로 판단한다는 것?

어떤 잠수네 고수님처럼 정답률 퍼센트까지는 못 내지만 엄마가 채점하면 아이가 뭘 힘들어하고 뭘 잘하는지 바로바로 보인다는 점이 좋습니다. 지금도 학원을 보내든 안 보내든 채점은 제가 하고 있습니다. 좀 더 크면 어느새 아이 손에 넘어가 있겠지요?

첨 배우는 기본개념, 응용 문제집을 통한 체화 과정+빠르고 정확한 문제 풀이 연습, 좀 더 심화된 문제에 머리 쓰며 도전하기, 저는 어느 것 하나 버릴 게 없더라구요. 물론 아이에 따라서 단계에 따라 더하고 덜하고의 차이는 분명 존재합니다. 저희 집은 개념을 쉽게 받아들이는 아이라 상대적으로 시간이 적게 걸렸고 초등 과정에서는 심화에 더 많은 시간을 투자했던 것 같습니다. 그리고 학기 중엔 책 읽고 영어하느라 바쁘니 방학을 많이 활용했었구요.

심화서를 통해 얻는 게 많다 생각해서 꼭 하고 넘어가라고 주변에 권하고는 있는데 간혹 심화 사고력문제는 잘 풀면서 연산이 부족하거나 느려서 혹은 응용이 체화되지 않아서인지 제 시간에 문제해결이 안 되는 아이들도 꽤 있더라구요.

수학은 문제를 풀 수 있다 없다로 끝나는 게 아니고 주어진 시간 안에 정확하게 풀어내야 좋은 점수를 받는 과목이라 정확성과 속도감까지 잡을 수 있도록 실력을 쌓는 게 진짜 중요할 것 같아요. 대부분 아이들의 목표는 수능이지 어려운 수학 문제를 연구하는 수학자가 될 건 아니잖아요.

그러려면 어느 정도의 수학 공부량이 뒷받침되어야 가능합니다. 그 양은 영어에서와 마찬가지로 아이마다 천차만별일 거구요. 때론 학년에 따라 선호하는 파트(대수/기하)에 따라 또 달라질 거구요. 이건 다른 사람이 가르쳐줄 수 있는 게 아니고 아이가 공부해나가면서 알게 되는 부분인 것 같아요. 신기하게 출발선에서는 무지 느리고 감이 없어 보이던 아이들도 양을 채우고 재미를 붙이면 가속이 붙어 확 달려나가기도 하더라구요. 이게 또 수학의 묘미인 것 같습니다. 그 양을 채우기까지 지쳐 나가떨어지지만 않는다면요.

결국 내 아이에게 부족한 부분(개념이든, 응용이든, 심화든)을 잘 메워나가는 것이 수학을 잘하는 지름길이 아닌가 하는 생각과 제 학년 심화가 만만해지는 걸 단기목표로 저희 집은 그렇게 공부해왔습니다. 또 하나 엄마가 아는 사람이 별로 없다 보니 같은 학년 사촌 말고는 주위에 별로 비교할 상대가 없었다는 점. 그래서 제 정신건강에 도움은 많이 된 것 같습니다.

중등수학
로드맵

중등수학을
잘하기 위한 핵심

중등수학을 잘하기 위해서는

1. 교과서의 개념을 확실하게 짚고 가야 한다: 개념 이해

중등수학 역시 교과서, 학교 프린트물이 수학 공부의 기본입니다. 학교시험을 대비해서 공부할 때는 교과서와 학교 프린트물을 먼저 풀어본 후, 문제집을 봐야 하고요. 만약 방학 중 선행을 할 때 교과서를 건너뛰거나 대충 훑어보고 문제집부터 풀고 있다면, 이는 매우 위험한 방법입니다. 심화문제로 들어가면 개념이 얼마나 탄탄한가에 따라 오답률이 확 달라집니다. 고등학교 수학으로 가면 개념 이해가 더 중요해집니다. 선행 진도에만 연연하다 제일 중요한 것을 놓치는 실수를 하지 마세요.

2. 깊이 있게 공부해야 한다: 심화문제

중학교 때는 수학을 잘했지만 고등학교에 가서 당황하는 아이가 많습니다. 중등내신 위주로, 유형문제 풀이 중심으로 공부했기 때문입니다. 학교시험 성적이 잘 나온다고 안심하다가 뒤통수를 맞는 거지요. 문제집의 유제(기본문제와 유사한 문제), 학원이나 인터넷 강의로 설명을 듣고 푼 문제는 내가 푼 문제가 아니라는 것을 아이가 알아야 합니다. 깊이(심화)의 수준은 아이마다 다르지만 개념을 응용하거나 심화한 문제를 '혼자 고민하며 푸는 시간'이 꼭 필요합니다. 극상위권이 아닌 이상 많은 양의 문제를 풀어보면서 내가 풀 수 있는 문제 수준을 계속 올리려는 노력을 해야 합니다.

3. 정확하고 빠르게 푸는 연습도 해야 한다: 유형문제

교과서의 개념을 확실히 알 때까지 다지고 응용, 심화문제도 많이 풀었는데 시험 시간이 모자라서 못 풀 수 있습니다. 한 문제라도 골똘히 생각하는 자세가 필요하지만 공부한 결과는 시험 성적으로 나오기 때문에 시간 안에 푸는 연습을 충분히 해야 합니다. 시험 대비용으로 많은 문제를 속도감 있게 푸는 연습용으로 활용하기 좋은 교재가 유형 문제집입니다. 그러나 이 유형 문제집을 예습용으로 선택하면 안 됩니다. 문제 양도 너무 많거니와 개념과 원리 이해보다 유형을 외워 문제를 풀 수 있기 때문입니다.

4. 문제집을 여러 권 푸는 것이 능사가 아니다

중등수학 학원을 보면 여러 권의 문제집을 동시에 나가는 경우가 많습니다. 극상위권이라면 여러 문제집 중 꼭 필요한 문제만 쏙쏙 뽑아서 푸는 방식이 경제적일 수 있습니다. 하지만 중상위권, 하위권 아이라면 1권이라도 알 때까지 반복해서 푸는 것이 남는 장사입니다.

5. 중등연산을 소홀히 하지 말자

학교 성적이 중하위권이라면 1학년 1학기의 정수와 유리수의 사칙연산, 문자와 식을 제대로 하는지 꼭 확인해봐야 합니다. 중등연산에서 헤매면 중등수학, 고등수학은 더 이상 진행하기 어렵습니다. 수학을 아주 잘하는 아이인데 연산에서 저도 모르게 실수한다면 방학을 이용해서 집중적으로 연산 실수를 잡아보려는 노력을 해야 합니다. 중등수학 연산 문제집, 또는 중등수학 유형 문제집에서 연산 파트만 따로 떼내 풀어보면 단기간에 연산 실수를 잡을 수 있습니다.

시험대비

1단계) 수학교과서, 학교 프린트물
2단계) 평소에 풀었던 일반 문제집 오답 확인
3단계) 어려운 부분은 유형 문제집으로 다시 풀고 오답 확인
4단계) 기출 문제집 돌리기
5단계) 기출 문제집 오답 확인과 수학교과서 개념 재확인

수학은 시험 기간이 임박해서 공부한다고 하더라도 성적이 잘 나오는 과목이 아닙니다. 평소 실력이 시험 결과로 나오지요. 그렇다고 시험 공부를 아예 안 하는 것도 시험에 대한 예의가 아닙니다. 시험 기간이라도 매일 수학 공부 1시간을 하는 것으로 계획을 짜는 것이 좋습니다. 시험 기간의 수학 공부는 시험 범위의 수학 개념과 그동안 푼 문제의 오답 확인, 약한 부분은 집중 공략, 시간 내에 검산까지 여유 있게 할 수 있도록 문제를 푸는 연습을 하는 것이 순서입니다.

학교시험은 교과서가 기본입니다. 교과서의 개념을 빈 종이에 쓸 수 있을 정도로 확실하게 다집니다. 교과서 문제는 다 알더라도 한 번 더 풀어보세요. 시간이 얼마 걸리지 않습니다. 선생님이 나눠준 프린트물이 있다면 서술형문제 등 시험에 나올 확률이 높으므로 꼭 짚어봅니다.

시험 기간에는 새로운 문제집을 풀지 않습니다. 그동안 풀었던 문제집에서 틀린 문제만 골라 다시 풀어보세요. 그 후 평소에 풀었던 유형 문제집의 어려운 단계를 다시 풉니다(예, 쎈의 B, C). 심화문제 연습인 셈입니다. 유형 문제집 오답 점검이 끝나면 기출문제집을 풀기 시작합니다. 기출문제집을 풀 때는 1회차마다 다 푼 시간을 적어보세요. 학교 시험처럼 제한 시간 내에 정확하게 푸는 연습이 될 수 있습니다. 시험 전날에는 마지막으로 기출 문제집 오답 체크를 하고 수학교과서를 다시 한 번 읽어보며 개념을 확인합니다.

중간, 기말고사를 준비하는 기간은 각자 다를 수 있습니다. 최상위를 바라보거나 특목고를 생각한다면 3주 정도는 잡는 것이 좋습니다.

시험 기간 동안 수학 공부를 매일 조금씩 하면서 다른 과목 준비도 해야 하니까요.

중등수학 로드맵 진행 시 주의점 3가지

'잠수네 중등수학 로드맵'은 혼자 수학 공부를 하려는 아이들을 위한 계획입니다. 되도록 아이 스스로 진행하도록 도와주되, 꼭 필요하다면 부모님이나 인터넷 강의, 사교육의 도움을 받아도 좋습니다. 일정이나 교재는 꼭 잠수네에서 제시한 방법대로 해야만 하는 것은 아니므로 각자 상황에 맞게 유연하게 진행해주세요. 단, 시간 문제로 사교육을 메인으로 진행하기는 어렵다는 점을 미리 말씀드립니다.

1. 혼자 공부하는 시간이 중요

'잠수네 중등수학 로드맵'은 학기 중 매일 2~3시간, 방학 때 매일 5~8시간 동안 수학을 공부한다는 전제하에 짜여진 계획입니다. 학원, 과외, 인터넷 강의 시간을 제외한 '혼자 공부하는 시간 기준'입니다. 보는 입장에 따라 저렇게 느슨하게 해서 어쩌나 싶기도 할 테고, 엄청나게 많은 양을 하는 것처럼 보일 수도 있을 겁니다.

중학생이 혼자 공부하는 시간이 하루 1시간도 안 되면 학년이 올라갈수록 성적이 뚝뚝 떨어집니다. 지금이라도 수학 공부량을 늘려야 고등학교에서 현재보다 나은 수준을 기대할 수 있습니다. 수학을 잘하는 아이들일수록 공부 시간이 많습니다. 빈익빈 부익부인 거죠. 엄두가 나지 않더라도 맘먹고 딱 한 달만 해보자고 아이와 이야기를 해보세요. 방학 때는 평소 하던 양의 2~3배 분량을 잡으세요. 하루 4시간도 좋고, 6시간도 좋아요.

'아무리 방학이라도 그렇지 하루에 8시간을 수학만 공부한다고? 우리 아이는 죽었다 깨어나도 절대 못해' 하는 생각을 하는 분이 꽤 되리라 봅니다. 8시간은 상징적인 숫자입니다. 8시간을 하겠다고 목표를 잡아도 실제 그만큼 하기는 턱도 없지요. 하지만 이렇게 목표를 잡으면 평소에 공부하던 습관이나 공부 분량을 뛰어넘을 수 있는 계기가 됩니다.

'수학 공부 그렇게 많이 안 해도 돼, 개념만 정확하게 이해하면 돼'라는 말은 공식만 대입하면 비교적 쉽게 풀리던 학력고사 때나 통하는 말이에요. 천재급 '수학머리'를 타고나든지요. 처음에는 하루 1시간을 진득하니 앉아서 공부하는 것이 힘든 아이라도 하루, 일주일, 한 달…… 이렇게 습관이 잡히면 공부할 수 있는 시간도 늘어납니다. 그럴 때까지 격려해주고 많이 칭찬해주세요.

2. 방학 때는 선행, 학기 중에는 심화

선행학습은 최대한 방학을 활용하고, 학기 중에는 내신 관리, 심화학습 위주로 진행합니다. 선행학습을 할 때는 수학교과서로 개념을 공부하고, 살짝 쉬운 문제집으로 개념을 확인합니다. 유형 문제집으로 다지기도 필요합니다. 학기 중에는 방학 동안 푼 문제의 오답을 확인합니다. 학교시험에 대비하기 위해 유형 문제집으로 다양한 문제를 풀고, 스스로 고민해서 풀 수 있는 수준의 심화 문제집으로 깊이 있는 문제까지 다뤄봅니다.

3. 아이의 진로에 따라 선행 진도가 달라진다

자연계냐 인문계 성향이냐에 따라 수학 공부의 속도와 양이 달라집니다. 인문계는 좀 여유가 있지만 자연계 상위권을 기대한다면 중학교부터 수학을 집중적으로 공부해야 고등학교 때 조금 수월합니다. 학교 수학 성적이 상위 3~5% 이내인데 자연계인지 인문계인지 확실하지 않다면 자연계로 간다고 잠정적으로 예상하고 계획을 짜야 고등학교 때 낭패를 보지 않습니다.

도움을 받을 때는 이렇게

수학을 잘하려면 학교에서 열심히 배우고, 알맞은 문제집으로 열심히 공부하면 됩니다. 하지만 학교 공부가 어렵거나, 예습이나 선행학습을 할 때 교과서만으로 이해가 안 된다면 도움을 받을 수도 있습니다. 이왕이면 단점은 최소화하고, 장점을 최대화할 수 있는 방법을 알면 좋겠죠?

1. 인터넷 강의

1) 인터넷 강의를 들을 때 반드시 부모님이 옆에 있어야 한다

인터넷 강의를 들으면서 딴 데 정신을 파는 아이가 많습니다. 아이 혼자 들으면 시간만 허비할 뿐 효과가 없습니다.

2) 개념 설명은 수학교과서를 여러 번 읽어도 이해가 안 될 때 듣는다

안 배웠다고 다른 사람의 설명을 듣는 버릇을 들이면 앞으로 학교 진

도보다 앞서 공부할 때 매번 도움을 받아야 합니다. 문제를 풀다 모르면 교과서의 개념을 다시 읽고 이해할 수 있어야 하는데, 헤매게 됩니다. 전체 강좌를 처음부터 들으면 시간 낭비가 심합니다. 교과서의 개념 설명을 읽고 이해 안 되는 부분만 듣는 것이 실력도 키우고 시간도 절약하는 길입니다.

3) 문제풀이 설명은 3번 풀어도 모르는 문제만!

문제풀이 설명을 들으면 다 안다고 착각하기 쉽습니다. 설명을 듣고 바로 문제를 푸는 것은 내 실력이 아닙니다. 혼자 힘으로 다 풀어본 후 틀린 문제 중 답을 봐도 이해가 안 되는 문제만 찍어서 설명을 듣도록 합니다.

2. 과외

1) 아이가 원해야 효과가 있다

과외를 해서 효과를 보려면 아이의 의사와 선생님 선택이 중요합니다. 과외가 도움이 되는 아이는 공부 습관과 수학의 기본이 잡혀있고, 스스로 공부하려는 마음이 있어서 누군가 살짝 도와주면 좋겠다고 이야기하는 경우입니다. 과외를 생각하기 전에 아이의 의사를 먼저 물어보세요. 하기 싫다는 아이를 억지로 시키는 것은 돈도 문제지만 아이에게 적개심만 키울 수 있습니다.

2) 좋은 과외 선생님의 조건

과외 선생님을 찾을 때는 내 아이에게 필요한 부분이 무엇인지 생각해보고, 아이의 성향을 잘 파악해서 적절하게 대처할 수 있는 선생님인지 고민을 해봐야 합니다. 좋은 선생님이란, 친절하게 설명을 잘 해주는 분이 아니라 아이 스스로 공부할 수 있게 이끌어주는 분입니다. 적당하다 싶은 선생님을 찾으면 무조건 부탁한다고 인사만 하고 나올 것이 아니라, 아이에게 정말 도움이 되는지 계속 관심을 갖고 지켜봐주세요.

3) 부모가 챙겨야 한다

좋은 과외 선생님을 찾는 것보다 중요한 것은 아이가 공부할 수 있는 환경을 만들어주는 거예요. 학교에서 배우는 수학교과서를 제대로 읽고 있는지, 문제는 다 이해했는지 확인이 필요합니다. 과외를 시작하기 전 선생님께 질문할 내용을 정리하고, 숙제는 다 했는지도 체크해야 하고요. 더불어 중등수학과 고등수학의 체계도 어느 정도는 파악하고 있어야 아이에게 과외가 진짜 도움이 되는지 판단할 수 있습니다.

3. 학원

1) 학원 1시간이면, 혼자 공부 3시간이 필요하다

학원을 보낸다면 혼자 공부하는 시간까지 염두에 두고 결정을 하세요. 공부, 즉 학습이란 배우고(學) 익힌다(習)는 의미입니다. 학원 강의를 듣는 것도 배우는 것입니다. 배우기만 하고 익히지 않으면 실력 향상은 없습니다.

2) 적기에 이용한다

학원을 생각한다면 방학 때 보내는 것이 좋습니다. 혼자 선행 진도를 나가기 힘들어할 때, 심화문제를 도저히 혼자서는 해결 못할 때 잠깐 이용하는 정도로요. 학기 중에 학원을 다니면 혼자 공부할 시간이 거의 없기 때문입니다. 영재고, 과학고를 목표로 하더라도 혼자 공부로 최대한 진도를 나간 다음, 친구들과 선의의 경쟁을 할 수 있는 학원을 찾는 것이 내면의 힘을 키우면서 시간과 돈을 절약하는 길입니다.

3) 학원 보는 눈을 키우자

일단 보내면 안 되는 학원이 지나친 선행, 과도한 숙제량, 너무 어려운 교재로 진행하는 곳입니다. 선행은 진도 나가는 것보다 얼마나 소화했는가가 중요합니다. 학기 중 선행은 시간이 없으니 쉬운 교재로 빠르게 나가 대부분은 머릿속에 남는 것이 없습니다. 숙제가 너무 많은 곳도 피하세요. 어려운 문제는 별표를 하고 넘어가거나 잘하는 아이들에게 풀어달라고 하기 쉽습니다. 어려운 교재로 진행하는 곳이면 이해도 못한 채 시간만 허비합니다. 수학 실력이 부족해서 학원을 찾는다면 학교 진도에 맞추는 곳, 숙제가 너무 많지 않은 곳, 아이 수준에 맞는 교재로 진행하는 곳을 찾는 것이 좋습니다.

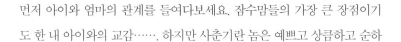

집에서 하는 수학 vs 사교육을 시키실 때
작성자 : 현하늘 (중2, 초5) … 현재 중3, 초6

먼저 아이와 엄마의 관계를 들여다보세요. 잠수맘들의 가장 큰 장점이기도 한 내 아이와의 교감…… 하지만 사춘기란 놈은 예쁘고 상큼하고 순하던 내 새끼를 아프리카 세렝게티의 한 짐승으로 만들어버리지요. 그것까지 감안하시고 난 그래도 우리 아이랑 사이는 정말 좋아 싶으시면 집에서 하는 수학이 최고입니다.

학원 보내는 금액만큼 봉투에 넣어두시고 1개월에 한차례씩 그 돈으로 누리세요. 저희는 정말 스텔라 영어 학원비를 봉투에 넣어두고 스텔라 용돈과 의복비 그리고 외식비 등등 스텔라에게 사용권한을 부여해서 씁니다. (처음에는 큰 돈이 생기니까 이래저래 쓰더니 요즘은 돈 개념이 생기는지 계획성 있게 잘 쓰네요. 대신 쓸 때는 확실하게 써요. 어제 여행에서도 강릉의 맛집 가서 스텔라가 순두부 사줬어요.)

중1 수학은 초등학교와 달리 용어가 어려워지고 생소한 것들이 많아요. 그리고 숫자 계산만 하던 초등 연산과 달리 문자가 나와서 자기도 계산해 달라고 하고요. 심지어 곱셈, 나눗셈 부호도 없어져요. 원주율도 파이로 통일해서 나오고요.

인터넷 강의는 EBS, 강남인강, 수박씨, 엠베스트 등등 지천에 깔렸어요. 보통 한 강의당 러닝 타임이 30~50분 정도 됩니다. 강의 듣고 어디가 어려웠는지, 새로 안 것은 무엇인지 꼭 물어보시고요. 그날 바로 개념노트를 여백을 많이 남겨서 쓰게 합니다. 그리고 다음 날 문제를 풉니다. 채점은 본인이 하게 하시고요. 오답처리는 바로 하지 않아요. 왜냐구요? 방금 채점하느라 답지 봤잖아요. 머릿속에 잔상이 남아서 모르는데도 답이 나오게 돼요. 오답은 대단원 단위로 해결하시면 진도 나갈 때 정체되는 느낌이 덜하실 거예요. 복습을 한 번 더 하는 효과도 있고요.

문제 풀다가 모르는 건 어떻게 하느냐하면요. 교재에는 별표, 그리고 개념노트에 모르는 문제를 적어두고 패스합니다. 이렇게 진행하면 빠르면 10일에서 아주 늦게는 3주 정도 지나면 대단원 1단원이 마무리될 거예요. 그럼 그때 써왔던 개념노트를 같이 봅니다. 공부하면서 어디가 가장 어려웠는지도 말해보고요. 몰라서 써두었던 문제도 풀어봅니다.

이렇게 해서 한 학기를 끝내시면 그다음 문제집이나 드릴서로 꼭 다시 풀어봅니다. 아주 잘하는 친구가 아니라면 심화 문제집은 자기 학년에 가서 해도 됩니다. 처음부터 애 잡지 마시고요.

이렇게 딱 한 학기 공부만 같이하세요. 이 습관이 잡히는 데 엄마의 시간과 노력이 많이 걸리지만 한번 잡히면 두고두고 아이의 학습자세에 도움이 될 거예요.

저는 학교쌤도, 학원 운영도 해보고 지금 과외쌤으로 돌아다니고 있는데요. 그래서인지 공교육, 사교육의 입장을 나름 알고 있다고 생각합니다. 만날 싸우실 거 같으면 전문가의 도움을 받으세요. 현재는 사교육 쌤이니 그 입장에서 말씀드리자면요 사교육을 시키실 때는 목표를 정하고 시키시는 것이 좋아요.

1. 수학을 과외를 하실 거면요.

몇 개월 동안 '중3-1단계 어떤 교재'를 확실하게 하고 시작하세요. 아이에게도 말씀하시고요. 그런 다음 그 단계가 끝나면 일주일 푹 쉬게 합니다. 나름 휴가지요. 아이가 휴가를 즐길 때 엄마는 사교육쌤과 또 협상을 합니다. '중3-2단계를 몇 개월간 어떤 교재'를 할 건지, 시험 대비를 해줄 건지 아니면 진도만 나갈 건지를 결정하는 거지요. 이렇게 엄마가 먼저 주도권을 쥐고 과외쌤을 대하면 쌤들은 긴장하고 목표를 채우기 위해 노력합니다. 아니면 다음 계약은 없는 거니까요.

2. 수학학원에 등록했다면 본전 뽑아야지요.

우선 3~4주 정도는 학원 수업에 적응시키세요. 학원에서 한 문제집은 다시 풀게 하시고요. 같은 교재를 하나 더 사시는 것을 추천해요. 예습, 복습을 철저히 하게 하는 거지요. 그럼 학원 선생님도 분명히 알아챌 거예요. 능력 있는 선생님들은 하루만 공부의 양이 달라져도, 해온 숙제의 질이 달라짐을 바로 알아차리거든요. 학원에서 배운 거만 철저히 하면 돼요. 아마 강의 1시간을 들었으면 혼자 3시간 끙끙거려야 할 거예요. 이거는 정말로 제 목줄을 쥐게 하는 팁이에요.

> ### 중등수학 내신점수 분석하기
> 작성자 : minttree (중1) ··· 현재 중2
>

학교 수학시험 평균이 65점 정도라는 가정하에 쓴 글입니다.

〈중등 수학시험 80점대에 대해서〉

초등과 비교하시면 안 됩니다. 중등의 80점대는 나름 공부를 열심히 해야 받을 수 있는 점수예요. 보통 이 점수대 아이들은 모르는 문제라며 틀린 문제도 시간을 아주 길게 준다면 풀어냅니다. 그리고 풀었다고 생각한 문제 중에서 뭔가 명확하지 않은, 찝찝함이 있는 문제가 분명 있었을 거예요. 추가로 계산 실수나 문제읽기 오류까지 1, 2개 문제가 있다면 80점대 초반 점수를, 그런 실수가 없었다면 80점대 후반 점수를 받아요.

〈누가 90점대, 100점을 받나?〉

엄청 어려운 문제를 하나씩 출제하는 학교를 제외하고는 대부분의 학교에서 90점대 아이들은 시험에서 모르는 문제가 없었을 거예요. 쎈 C까지 완벽히 소화해서 처음 보는 문제라도 그 레벨이라면 길지 않는 시간에 차근차근 풀어냅니다. 이런 아이들이 실수까지 없어서 운 좋게(?) 100점을 받기도 하지만 대부분은 에이급, 최상위까지 제대로 공부해 120점이 나올 정도로 준비한 아이들이 여유롭게 100점을 받아요.

〈80점대가 어떻게 90점대, 나아가 100점으로 올릴 수 있나?〉

생각보다 이 과정은 힘들어요. 90점에 도달하기 위해선 지금의 2배, 95점에 도달하기 위해선 4배 100점에 도달하기 위해서는 8배의 노력이 필요할 거예요. 단순히 공부 시간의 증가가 이렇게 되어야 한다는 의미가 아니라 집중력과 의지 부분을 포함해서 노력의 정도를 표현한 거예요. 같은 시간 공부해도 집중력에 따라 2배, 3배 노력이 될 수 있으니까요.

일단은 매 시험마다 '5점씩 올리기'를 목표로 정하세요. 그리고 이미 잘 아시는 방법으로 열공을 하는 거죠.

집에서 혼자 공부했기 때문에 이런 점수를? 그러니까 학원행? 아마 학원에 다녔으면 반대의 생각이 들지 않았을까요? 아이에게 필요한 게 무엇인지에 따라 결정하셔야겠지요. 집에서 공부할 때 개념 도입 단계부터 너무 힘들다든지, 계획한 진도가 이런저런 이유로 한없이 늘어진다든지, 마지막 2% 요령의 부족함이 크게 문제가 된다든지 하면 학원이 도움될 겁니다. 하지만 혼자서 하는 학습량의 부족이나 심화를 고심하면서 푼 시간의 부족이 문제라면 학원은 오히려 시간 낭비가 될 거예요.

단번에 큰 산을 올라설 수는 없어도 올라가려는 각고의 노력을 멈추지 않는다면 100점의 고지는 꼭 도달할 수 있어요.

중등수학 문제집
정확하게 알기

중등수학 문제집은 크게 '일반 문제집', '유형 문제집', '연산·도형 문제집'으로 나누고 단계를 정했습니다(내신용 문제집은 제외했습니다).

중등 일반 문제집 ⋯⋯▶ 예습, 복습할 때 메인

1단계: 수학교과서 수준

2단계: 수학교과서보다 약간 어려운 문제집

3단계: 응용문제 중심, 일부 심화문제가 나오는 문제집

4단계: 심화문제가 중심인 문제집

5단계: 상당한 난이도의 문제집

중등 1단계

[1단계] 개념+유형
중학수학 기초탄탄
라이트 (비상교육)

[1단계] 투탑 수학
(디딤돌)

[1단계]
숨마쿰라우데
중학수학
개념기본서
(이룸E&B)

[1단계] 완자
중등수학 (비상교육)

[1단계] 체크체크
개념수학 (천재교육)

[1단계] 개념원리
GO단수 (개념원리)

[1단계] 중학수학의
모든 것 표준편
(꿈을담는틀)

[1단계] 일등예감
중학수학 (동아출판)

[1단계] 올리드
중등수학 (미래엔)

중등 2단계

[2단계] 개념원리
중학수학 (개념원리)

[2단계] 신사고
우공비 중등수학
(좋은책신사고)

[2단계] 신사고
우공비 Q
중등수학 표준편
(좋은책신사고)

[2단계] 개념
쎈 중등수학
(좋은책신사고)

[2단계] 셀파
해법수학 (천재교육)

[2단계] 수학의
바이블 중학수학
(이투스교육)

[2단계] 자이스토리
(수경)

[2단계] 개념+유형
중등수학 실력향상
파워 (비상교육)

[2단계] DMZ 수학
(수경)

● 중등수학 로드맵   211

중등 3단계

[3단계] 에이급
원리해설 중학수학
(에이급)

[3단계] 개념+유형
중학수학 최고수준
탑 (비상교육)

[3단계] 중등 일등급
수학 (수경)

중등 4단계

[4단계] 에이급 수학
(에이급)

[4단계] 중등 최상위
수학 (디딤돌)

[4단계] 일품 중등
수학 (좋은책신사고)

[4단계] 신사고 우공비
Q 중등수학 발전편
(좋은책신사고)

[4단계]
최고득점수학
(비상교육)

[4단계] 블랙라벨
중학수학 (진학사/
블랙박스)

[4단계] 최고수준
해법수학 (천재교육)

[4단계] 하이레벨
중학수학 (하이레벨)

중등 5단계

[5단계] 수학의 신
중등수학 (블랙박스)

중등 유형 문제집 ·····→ 시험 대비용 문제풀이

1단계: 수학교과서 수준

2단계: 수학교과서보다 약간 어려운 수준

3단계: 응용문제 중심, 일부 심화문제가 나오는 수준

중등 유형 1단계

[1단계] 개념원리
문제 기본서 RPM
(개념원리)

[1단계] 엠베스트
민정범의 유형학습
중 수학 (메가북스)

중등 유형 2단계

[2단계] 라이트
쎈 중등수학
(좋은책신사고)

[2단계] 다문항
2000 (천재교육)

[2단계] 풍산자
필수유형 중학수학
(지학사)

[2단계] 숨마쿰라우데
중학수학 실전문제집
(이룸E&B)

[2단계] 유형 아작
중등수학 (비상교육)

중등 유형 3단계

[3단계] 신사고
SSEN 쎈 중등 수학
(좋은책신사고)

[3단계] 최상위수학
라이트:
문제유형바이블
(디딤돌)

중등 연산 도형 1단계

[1단계] 잠수네 연산
– 중등 (잠수네
커가는 아이들)

[1단계] 기적의 중학
연산 (길벗스쿨)

[1단계] 기적의 중학
도형(길벗스쿨)

[1단계] 체크체크
더블클릭 수학
(천재교육)

[1단계] 수력충전
(수경)

[1단계] 바쁜 중등을
위한 빠른 중학연산
(이지스에듀)

[1단계] 바쁜 중등을
위한 빠른 중학도형
(이지스에듀)

진행해본 중등 문제집에 대한 소감

작성자 : 가을마루 (중1) … 현재 중2

1. 개념 문제집

[중등/1단계] 개념+유형 중학수학 기초탄탄 라이트(개플라)

중1-1, 1-2, 2-1 진행 결과 말 그대로 기초 문제집인 듯합니다. 교과서 개념을 읽고 예제를 푼 후에 이 개플라를 풀면 '쉬운 문제집인 것 같다' 이런 마음이 들게 하죠. 한데 교과서 뒷부분 문제해결문제는 개플라 서술형을 소화한 뒤에야 풀게 되었다는 사실이요. 작은 글씨는 이제야 적응 중이구요.

[중등/2단계] 개념원리 중학수학
뒷부분 3단계만 빼면 교과서-개플라-개념원리 이런 시스템으로 가면 금상첨화인 듯한데 너무 질질 끈다 하시려나요? 개념정리가 예뻐서 하다못해 개념노트 정리로라도 베껴 쓰게 하고픈 문제집입니다. 결국 저희 집은《개념원리》도 집어넣었습니다. 여유도 없이 늦은 진행에 말입니다.

[중등/2단계] 자이스토리
기하 부분이 더할 나위 없대서 시작해봤다가 문제 수가 유형 문제집 맞먹게 많아 책장에 다시 들어갔습니다. 내신 준비용으로 써보든가……. 해설집이 참 친절해요. 유명 대학에 진학한 선배들이 눈높이에 맞추어 설명을 해주어 신선했어요.

2. 유형 문제집

[중등/유형/1단계] 개념원리 문제 기본서 RPM
유형 문제집으로는 만만하게 개념탑재용으로 더할 나위 없는 듯해요. 그

래서 사랑하고픈, 나름 자신감을 갖게 해주는 그런 문제집이지 싶습니다.

[중등/유형/2단계] 문제은행 3000제 꿀꺽 수학
비슷한 문제이나 획 나가지지 않는 그래서 더 지겹다고 아우성이던 문제집이였지요. 그래도 기어이 풀게 했습니다. 결과는 부쩍 오른 기말고사 점수로 보답해줬구요.

[중등/유형/3단계] 유형 아작 중학수학
중간고사와 기말 대비용으로 풀었는데 나름 머리 굴리며 풀었으니 유형 문제집치고는 매력 있었어요.

[중등/유형/3단계] 신사고 SSEN 쎈 중등수학
애증의 쎈. 안 풀고 넘어갈 수 없는 문제집이죠? 쎈 5회 풀면 심화가 만만해질 거라고, 내신은 걱정 없다고, 개념과 응용은 되는 거라고……. 수많은 애기들이 회자되어 안 풀고 넘어갈 수가 없죠. 2회로 멈췄지만 뭐 후회는 안 할랍니다. 어느 세월에…….

3. 심화 문제집
저희 집 진행 체감 순서입니다.

[중등/4단계] 최고득점수학
중1-1은 진행하지 않고 중2-1로 일품 전에 넣었는데 크게 힘들어하지 않

고 정답률 괜찮은 게 옆의 힌트도 한몫한 듯하긴 해요. 그래도 머리 굴리는 연습으론 괜찮았고 나름 성취감도 있었지요.

[중등/4단계] 일품 중등수학
쎈 C와 동급이라지만 '한 걸음만 더'가 힘든 아이들은 느긋하게 기다려주든가 차라리 쎈 한 바퀴 더 돌고 나서 풀렸든가 했으면 속도나 정답률이 더 나을 뻔했어요. 덜 지치구요.

[중등/4단계] 최상위 수학
중1-1만 진행했는데 사실 만만치 않은 문제집이었어요. 선행이 1~2년 정도 나간 후에 나간다면 더 괜찮다 했을 문제집으로 잠재적 결론을 내렸습니다.

[중등/4단계] 에이급 수학
2학년 1학기 최고득점과 일품 진행 중이어서일까요? C, B단계는 실수만 빼면 괜찮았구요. A단계 체감도도 급상승 느낌은 아니랍니다. 아이가 좀 더 자란 것일 수도 있고 1학년 과정이 완성도가 본인 생각에도 못 미쳤다 싶은 마음도 컸을 겁니다. 많이 기다린 후 들이밀어본 효과도 있는 듯해요. 잠수네 짱짱하신 분들도 많고 리뷰 남겨주신 분들 보면 잘하는 친구들이 많은지라 오히려 기운 빠질 때가 더 많았어요. 그들의 진행이 우리를 산으로 가게 하는구나~. 한데 꼭 해봐야 알게 되는 불편한 진실. 결국 아이에 맞는 문제집과 순서를 찾아가려면 시행착오는 거쳐봐야 한다는 거지요. 저희들은 오답 보면서 촘촘히 나가자로 마음먹으니 조금은 마음 편안해지더군요. 노력은 어디 가지 않을 거예요. 그렇죠?

중등수학
로드맵

연간 계획의 기준

1. 연간 수학 공부 계획

선행학습은 방학 때를 최대한 활용하고, 학기 중에는 내신관리, 심화학습 위주로 진행합니다.

4월	5월	6월	7월	8월	9월	10월	11월	12월	1월	2월	3월
1학기 (12주)				여름방학 (8주)		2학기 (12주)			겨울방학 (14~15주)		

[1학기] 12주, 4월 초~기말시험 직전
[여름방학] 8주, 기말시험 직후~9월 중순
[2학기] 12주, 9월 중순~기말시험 직전
[겨울방학] 14~15주, 기말시험 직후~다음 해 3월 말까지

2. 수학 학습 시간

학기 중에는 매일 2~3시간, 방학 때는 매일 5~8시간 학습합니다.

내 아이에게 맞는 과정 찾기

다음은 잠수네 수학교실 중등 회원들의 과정별 학교시험 점수 분포입니다.(최근 5년간 총 20회 설문 분석)

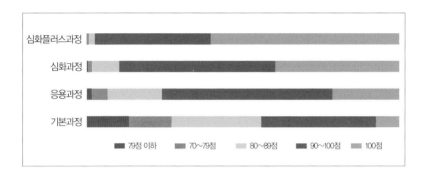

위의 그래프를 보면 학교시험 100점이라도 다 같은 수준이 아니라는 것이 확연히 드러납니다. 중학교 학교 성적만으로 객관적인 수학 실력을 판단하기 어렵습니다. 따라서 초등처럼 중등도 '잠수네 수학 테스트'와 '수학문제집의 정답률'로 각 과정을 구분합니다.

잠수네 수학 로드맵 과정 분류 (잠수네 수학 테스트, 수학문제집 정답률 기준)

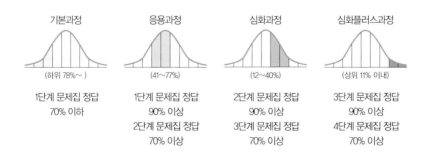

학년별, 과정별 중등수학 로드맵

선행 진도

구 분	초6	중1		중2		중3	
	겨울방학	여름방학	겨울방학	여름방학	겨울방학	여름방학	겨울방학
기본 과정	중1-1	중1-2	중2-1	중2-2	중3-1	중3-2	수학1
응용 과정	중1-1	중1-2	중2-1	중2-2	중3-1	중3-2	수학1 수학2
심화 과정	중1-1 중2-1	중1-2	중2-1 중3-1	중2-2	중3-1 중3-2	수학1	수학1 수학2
심화+ 과정	중1-1 중2-1	중1-2 중2-2	중3-1 중3-2	수학1	수학1 수학2	수학2	수학1, 2 미적분

※ 고등수학은 '2009 개정 교육과정'을 기준으로 했습니다.

위의 표는 초등학교 6학년 겨울방학을 기점으로 고등학교 진학 이후 까지 내다보면서 중학교 3년간의 수학 로드맵을 잡아본 것입니다. 선 행 진도는 방학을 기준으로 했습니다. 학기 중에는 내신 준비와 심화학 습을 하고, 방학 때는 선행을 하는 것이 보다 현실적이기 때문입니다. 단, 겨울방학이 여름방학보다 훨씬 긴 관계로 진행 과정도 2배 분량으 로 잡았습니다.

2단계 수학문제집 정답률이 70%가 안 되는 '기본과정', '응용과정'에 서는 한 학기 예습을 진행합니다. 3단계 수학문제집 정답률이 70%가 넘는 '심화과정'은 고등학교 입학 전에 고등수학 1학년 과정까지 마칠 수 있도록 선행학습을 진행합니다. 4단계 수학문제집 정답률이 70%

이상인 '심화플러스과정'은 고등학교 진학 전 미적분까지 공부하는 것을 목표로 합니다.

'기본과정', '응용과정'에서 선행학습을 제외한 것은 자기 학년의 수학도 제대로 못한 상태에서 나가는 선행학습은 의미가 없기 때문입니다. 내 아이는 '수학머리'가 뛰어나지 않으니까 남보다 빨리 선행을 해야 따라잡을 수 있지 않을까 하는 생각은 잘못된 판단입니다. 기초가 탄탄하지 않은 채 제 학년을 뛰어넘는 선행학습을 한다고 구멍 난 기초가 메워지지 않습니다. 선행하는 내용을 제대로 이해하기도 매우 어렵습니다. 개념과 원리에 대한 확실한 이해가 되어야 고등학교의 수학문제를 풀 수 있기 때문입니다. 학원이나 주위 엄마들의 말에 솔깃해하지 마세요. 진도 빼는 데 급급했다가는 고등학교에 가서 기초실력 부족으로 무너집니다. 중학교 시험 성적이 잘 나오는 아이라도 어떻게 공부했는지가 중요합니다. 유형학습을 해서 좋은 성적을 받았다면 고등학교 수학에서는 같은 방법이 통하지 않습니다.

'심화과정', '심화플러스과정'은 아이가 해낼 수 있는 수준까지 선행학습을 할 필요가 있습니다. 고등학교에서 상위권을 목표로 한다면 고등학교 입학 전까지 아무리 못해도 고등학교 1학년 과정 수학 진도를 나가야 합니다. 물론 심화문제도 다 풀면서요. 그래야 고등학교 2학년 겨울방학부터 수능 준비에 들어갈 수 있습니다. 고등학교 자연계 최상위권을 바라본다면 미적분까지 고등학교 입학 전에 마무리하기를 권합니다. 고등학교 자연계는 공부해야 할 수학 공부량이 워낙 많기 때문입니다.

예습과 심화

방학 때 예습교재, 학기 중 심화교재 단계는 다음과 같습니다.

구분	방학 (예습 or 선행)	학기중 (심화)
기본과정	교과서 1단계 문제집 1단계 유형 문제집	1단계 문제집 1단계 유형 문제집
응용과정	교과서 1, 2단계 문제집 1단계 유형 문제집	3단계 문제집 2단계 or 3단계 유형 문제집(쎈 A, B)
심화과정	(선행) 교과서 1, 2단계 문제집에서 1개 선택 2단계 or 3단계 유형 문제집(쎈 A, B)	3,4단계 문제집 3단계 유형 문제집(쎈 C)
심화+과정	(선행) 교과서 1, 2단계 문제집에서 1개 선택 4단계 문제집 3단계 유형 문제집(쎈 B, C) … 선택사항	4단계 문제집

1. 방학에는 예습 또는 선행을 나갑니다

'기본과정', '응용과정'은 방학 때 한 학기 예습을 합니다. 첫 번째 볼 것은 교과서입니다. 그리고 교과서에서 익힌 개념이 어떻게 문제로 나오는지 문제집으로 확인합니다. 유형 문제집은 그다음입니다. 유형문제를 풀면서 문제집만으로 이해가 안 되는 개념을 익혀나갑니다.

'심화과정', '심화플러스과정' 역시 선행 나갈 때 기본은 교과서입니다. 선행용 문제집을 풀 때는 많은 양의 문제를 풀기보다 한 문제라도 꼼꼼하게 풀면서 교과서의 개념과 원리가 문제에 어떻게 녹아있는지 확인하는 데 중점을 둡니다. 문제집 오답을 마치면 유형 문제집으로 개념을 좀 더 다집니다. 유형 문제집의 난이도는 아이 수준에 맞춰 선택합니다.

2. 학기 중에는 제 학기 심화 문제집과 유형 문제집을 풉니다

학기 중에는 교과서를 다시 한 번 읽으면서 한 단계 위의 문제집을 풉니다(단, '기본과정'은 1단계 문제집으로 반복). 방학 때 푼 문제집에서 어려운 문제를 다시 풀어보는 것도 좋습니다. 내신 대비를 위해 그동안 문제들의 오답을 한번 정리하고, 유형 문제집으로 속도와 정확성을 다집니다.

잠수네 추천 중등 수학문제집

단계별 문제집

1단계	2단계	3단계	4단계 (● 난이도 표시)	
개념+유형 중학수학 기초탄탄 라이트 (비상교육)	개념원리 중학수학 (개념원리)	에이급 원리해설 중학수학 (에이급)	일품 중등 수학 (좋은책신사고) ●	최고득점수학 (비상교육) ● ●
완자 중등수학 (비상교육)	개념+유형 중등수학 실력향상 파워 (비상교육)	개념+유형 중학수학 최고수준 탑 (비상교육)	최상위 수학 (디딤돌) ● ● ●	에이급 수학 (에이급) ● ● ● ●

유형 문제집

1단계	2단계	3단계	
개념원리 문제 기본서 RPM (개념원리)	유형 아작 중등수학 (비상교육)	신사고 SSEN 쎈 중등 수학 (좋은책신사고)	최상위수학 라이트: 문제유형 바이블 (천재교육)

중3 마무리 시점, 잠수네 수학로드맵에 끄덕끄덕

작성자: 치우 (중3, 초6) … 현재 고1, 중1

현재, 비니는 운동 외에는 다니는 학원은 없고, 영어는 집듣과 흘듣은 꾸준히 하고 있고, 수학은 엄마를 옆에 앉혀놓고 열공 중이에요.

1. 수학

잠수 수학로드맵을 보면 선행 속도가 그렇게 빠르지 않아요. 그리고 대부분의 잠수님들은 그 로드맵에 불안감을 느끼고 계셔요(물론 저도 그랬고요). 그런데 중등 3년을 마무리할 즈음에는 그 로드맵에 끄덕거리고 있어요. 조금 진도가 느리더라도, 기본-응용-심화를 착실히 다져가며 선행하는 것이 참 중요해요. 이때 심화서는 아이마다 다를 수 있어요. 3단계가 심화서가 될 수도 있고, 4단계 문제집이 심화서가 될 수 있어요. 정답률이 70% 이하라면 그 문제집은 접으시고 아래 단계 문제를 여러 번 반복하는 것이 훨씬 효율적일 수 있다고 생각해요. 수학에서 가장 중요한 것은 자신감이에요. 아이에게 맞지 않은 문제집으로 혼내며 기죽이지 마시고, 한 학기에 단계씩 하나씩 높인다는 생각으로 같은 문제집을 반복하시기를 권해드려요.

2. 사춘기

정말 아이들이 많이 변해요. 정도의 차이는 있지만, 이넘이 내 아들인가 싶을 때가 많다니까요. 공부보다는 부모와의 관계에 초점을 두시고 아이들과 많은 시간을 보내면서 소통이 되는 관계라면, 그 시기를 조금은 수월하게 보낼 수 있다는 점 꼭 기억하시고 초등 마지막 여름방학 때 아이와 추억 만들기를 시도해보세요. ^^

중등 기본과정

중등 기본과정 기준: 1단계 문제집의 정답률 70% 이하

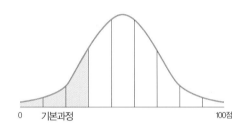

잠수네 수학 테스트 하위 78~100%

중등 기본과정에서 먼저 생각할 것

1. 매일 공부하는 습관을 들여주세요

지금 수학 성적이 안 좋은 것은 그동안 공부를 안 했기 때문입니다. 지금부터 매일 꾸준히 공부하기만 해도 노력하는 만큼 성과가 나타납니다. 중등수학 공부 목표 시간인 학기 중 2시간, 방학 5시간 이상을 처음부터 하라면 아이들이 뒤로 넘어갑니다. 첫술에 배부를 수는 없어요. 하루 30분씩만 매일 공부하기로 약속하고 아이가 스스로 알아서 할 때까지 옆에 같이 있어주세요. 엉덩이를 붙이고 집중하는 습관이 정착되면

그때부터 조금씩 시간을 늘려갑니다. 학기 중이라도 주말에는 공부 시간을 2배로 잡습니다.

2. 스스로 하겠다는 의지와 자신감을 갖게 해주세요

수학을 잘하려면 공부하는 시간과 몰입이라는 2가지가 필수 조건입니다. 문제는 몰입인데요. 아이가 공부하겠다는 의지가 있어야 가능합니다. 사춘기의 절정인 시기라 크게 기대하기 어렵다면 대안으로 생각할 수 있는 것이 대화입니다. 공부를 왜 해야 하는지 이야기를 나눠보세요. 수학 때문에 위축된 자신감을 회복하려면 꾸준한 칭찬과 격려는 필수입니다. 고등학교에 진학하면 아이는 부모 손을 더 떠나게 됩니다. 지금이 부모가 도와줄 수 있는 마지막이라 생각하고 최선을 다해 헌신적으로 노력해주세요. 부모의 정성에 아이도 감동하는 날이 옵니다.

3. 반복만이 살 길입니다

매일 수학 공부를 하겠다고 마음을 먹었다면 이제는 방법과 교재 선택이 중요합니다. 1단계 문제집의 정답률이 70% 이하면 수학의 기초가 부족한 상태입니다. 기초를 다지는 제일 좋은 방법이 반복입니다. 영화를 보면 여러 명과 싸울 때 '한 놈만 패는' 전략이 먹힙니다. 수학도 마찬가지입니다. 수학교과서와 1단계 문제집 1권을 알 때까지 반복하는 것이 핵심입니다. 수학을 못하는 아이일수록 학원에 보내면 안 됩니다. 선행은 꿈도 꾸지 마세요. 이전 과정에서 빈 구멍이 있으면 메우고, 제 학년 수학을 탄탄하게 하는 것이 급선무입니다.

중등 기본과정 수학 로드맵

1. 방학: 개념 위주 문제풀이(예습)

① 수학교과서

② 1단계 문제집에서 1개 선택

③ 1단계 유형 문제집에서 1개 선택(너무 어려운 문제는 제외)

2. 학기 중: 내신 대비 수준 문제 해결

① 교과서+학교 수업 프린트물

② 방학 중 한 문제집의 오답노트 다시 풀기

③ 1단계 유형 문제집 100% 맞을 때까지 반복

중등 기본과정, 요것만은 꼭!

1. 이전 과정의 연산에서 구멍 난 부분을 메워주세요

중학교 수학에서 제일 큰 고비가 1학년 1학기 대수 영역(수와 연산, 문자와 식)입니다. 용어도 생소하고 문자가 등장하면서 숫자 계산만 하던 초등수학에 비해 체감 난이도가 확 올라갑니다. 이 부분을 어려워하고 많이 틀리면 초등연산을 꼭 확인해주세요. 중학교 2, 3학년이라도 계산식에서 오답이 많으면 초등학교와 중학교 1, 2학년 과정을 다시 짚어봐야 합니다.

일단 분수 계산이 잘되는지 확인해보세요. 분수를 많이 틀리면 나눗셈을, 나눗셈도 정확하지 않으면 곱셈을 다시 공부해야 합니다. 특히 중등수학과 직접 연결되는 자연수의 혼합계산(초4), 분수의 사칙연산(초4~6), 약수와 배수(초5), 최대공약수와 공배수(초 5)는 꼭 챙겨야 합니다. 이때도 연산문제만 기계적으로 반복해서 풀면 하나 마나입니다. 교과서의 연산 개념과 원리를 꼭 읽고 이해하도록 해주세요. 집중해서 연습하면 초등학교 6학년 과정까지 단기간에 해낼 수 있습니다.

2. 수학교과서의 개념과 문제를 알 때까지 반복합니다

수학 공부의 기본은 학교 수업에 집중하고, 수학교과서의 개념을 완전히 이해하는 것입니다. 학교 수업만으로 이해가 잘 안 되면 인터넷 강의 중 개념을 쉽게 설명하는 강좌를 찾아 다시 들어보세요. 또한 수학교과서의 개념은 공책에 베껴 쓰도록 해주세요. 중요한 내용을 정리하지 못하면 다 베껴도 됩니다. 계속해서 적다 보면 정리하는 요령이 생깁니다. 수학교과서의 용어가 처음에는 '외계어'처럼 느껴지지만 자꾸 쓰다 보면 익숙해집니다. 수학 개념도 처음에는 잘 이해가 안 되겠지만 쓰다 보면 조금씩 의미를 알게 됩니다.

수학교과서의 문제는 반드시 집에서 제 힘으로 풀어보는 시간이 있어야 합니다. 수학교과서에 나오는 모든 문제는 알 때까지 최대한 반복해서 풉니다. 문제집은 그다음이에요. 문제를 풀다 막히면 교과서와 개념노트부터 들춰보는 것은 필수.

3. 제일 쉬운 문제집으로 완전히 다 풀 때까지 1권만 풉니다

1단계 문제집을 1권만 풀라는 것은 개념 다지기와 자신감 확보 차원에서입니다. 처음에는 잘 안 풀리더라도 한 문제를 몇 번이라도 보게 해주세요. 자꾸 보다 보면 어떤 개념을 이용해야 하는지 서서히 눈이 뜨입니다. 학원에 보내 막히는 문제를 선생님이 해결해주면 좋을 것 같지만 전혀 도움이 안 됩니다. 오늘 안 풀리면 다음 날 다시 시도해보세요. 혼자 끙끙대다 보면 한 문제씩 풀리기 시작합니다. 애매하게 알던 것을 확실하게 알게 됩니다.

아이가 도전의식을 갖고 수학을 공부하려면 칭찬거리를 찾아야 해요. 가슴에서 열불이 나고 칭찬할 것이 있어야지 칭찬하기 싫지만 기다려주세요. 부모가 수학을 몰라도 됩니다. 옆에서 지켜보면서 고민하던 문제를 하나씩 해결할 때마다 '물개박수'만 쳐주세요(기다려주는 선생님이 최고의 선생님입니다). 학교 수학시험에서 평균이 안 되는 아이라도 수학교과서와 1단계 문제집 1권만 제대로 푼다면 학교 내신이 눈에 띄게 올라갑니다.

　1단계 문제집을 오답까지 완전히 했다면 다른 1단계 문제집을 풀어봅니다. 이 문제집의 정답률이 90%가 넘어가면 응용과정으로 넘어가도 됩니다.

중등 응용과정

중등 응용과정 기준: 1단계 문제집 정답률 90% 이상 + 2단계 문제집 정답률 70%

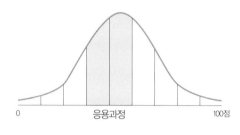

잠수네 수학 테스트 41~71%

중등 응용과정에서 먼저 생각할 것

1. 학교 성적이 좋다고 수학 실력이 있는 것은 아닙니다

중학교 수학시험은 학교별로 차이가 있습니다. 1단계 문제집(또는 수학 교과서) 수준으로 쉽게 나오는 학교가 있는가 하면 어렵게 나오는 학교는 '쎈'의 C단계까지 완벽하게 풀어야 100점이 나옵니다. 학교 성적만 보고 수학을 잘한다고 믿어서는 안 된다는 증거지요. 더구나 시험 보기 한 달 전부터 학원에서 뽑아준 예상문제와 기출문제를 반복해서 나온 점수라면 학원을 중단하는 순간 성적이 뚝뚝 떨어집니다. 이런 식으로 공부했다면 고등학교 가서는 좋은 성적을 거두기가 매우 어렵습니다. 거품 낀 성적 말고, 혼자 힘으로 푼 문제집 정답률을 기준으로 공부 계획을 잡도록 해주세요.

2. 수준에 맞는 문제집 선정이 중요합니다

수학은 철저하게 혼자 하는 공부입니다. 선생님의 설명을 듣고 푼 문제, 문제집 귀퉁이의 힌트를 보고 푼 문제는 나중에 혼자 못 풉니다. 유형을 외워서 푼 문제는 조금만 바뀌어도 틀립니다. 수준에 맞는 문제집을 푸는 것이 그래서 중요합니다. 너무 어려우면 풀 엄두를 못 내고, 너무 쉬우면 생각할 필요가 없으니까요. 만만한데 잘 풀리지 않는 한 문제를 고민하는 것이 쉬운 문제 수십 개를 푸는 것보다 낫습니다.

3. 아직 선행은 이릅니다

중등수학 학원의 선행 진도를 보면 최소 1년에서 3년까지 앞서 나가고 있습니다. 학기 중에 세 학기(1-2, 2-1, 2-2)를 동시에 나가고 개념, 유형 문제집과 3, 4단계 심화 문제집까지 다룹니다. 곰곰이 생각해보세요. 2단계 문제집 정답률이 70%인데 이게 가능할까요? 지금은 선행이 무의미합니다. 1층이 튼튼해야 안전하게 2층, 3층으로 탑을 올릴 수 있습니다. 선행은 3단계 문제집을 혼자 70% 이상 풀 수 있을 때 시작하세요.

중등 응용과정 수학 로드맵

1. 방학: 개념 위주 문제풀이(예습)

① 수학교과서

② 1단계 문제집에서 1개 선택

③ 2단계 문제집에서 1개 선택

④ 1단계 유형 문제집에서 1개 선택

2. 학기 중: 내신 대비 + 응용문제 해결

① 교과서 + 학교 수업 프린트물

② 방학 중 한 문제집의 오답노트 다시 풀기

③ 3단계 문제집 1개 선택

④ 시험 대비로 2단계 유형 문제집 or 3단계 유형 문제집(쎈 A, B) 1개 선택

중등 응용과정, 요것만은 꼭!

1. 수학교과서의 개념을 설명할 수 있을 정도까지 공부합니다

수학교과서가 수학 공부의 최고 안내서입니다. 문제집을 풀기 전에는 수학교과서부터 먼저 봐야 합니다. 수학교과서를 공부할 때 중요한 것은 수학 용어, 기호, 정의를 정확하게 아는 것입니다. 교과서의 개념 부분, 그림, 공식 유도 과정, 증명을 노트에 또박또박 옮겨 적고, 이 내용을 완전히 이해하고 외우도록 해야 합니다. 교과서의 개념을 말로 설명할 수 있을 때까지요.

2. 개념 → 유형 연습 → 심화문제 순으로 진행합니다

교과서 수준은 어느 정도 이해하더라도 조금만 문제 유형을 바꾸면 어려워하고, 심화문제는 손을 대지 못하는 아이가 많습니다. 응용문제를 틀리는 것은 많은 문제를 풀어보지 않아서입니다. 심화문제를 풀지 못하는 것은 개념을 깊이 이해하지 못한데다 혼자서 끝까지 고민해본 경험이 없어서지요. 쉬운 문제를 단순 계산 실수로 어이없게 틀린다면 아래 학년 연산의 어느 부분에서인가 오류가 있기 때문입니다. 문제집의 빈 여백에 끄적거리며 푼다면 실수가 잦아집니다. 꼭 공책에 문제 푸는 습관을 들여주세요.

방학 때는 수학교과서와 1단계 문제집으로 개념을 다지고 2단계 문제집으로 응용문제까지 다뤄봅니다. 유형 문제집은 연산 실수가 있거나 문제 푸는 속도가 너무 느린 경우 도움이 됩니다. 이때 홀수 번호만 먼저 풀고 짝수 번호를 나중에 풀어보세요. 유형을 외워 푸는 문제를 해결할 수 있습니다.

학기 중에는 3단계 심화 문제집과 유형 문제집으로 내신 준비를 합니다. 만약 심화문제를 풀 때 선생님의 설명이 필요하거나 답지를 봐야 이해가 된다면 아직 3단계 문제집을 풀기는 이릅니다. 2단계 문제집의 정답률이 90%가 넘을 때까지 응용문제를 반복해서 푸는 것이 낫습니다. 어려운 문제를 풀 때는 충분히 고민하는 시간을 갖도록 해주세요.

중학교 시험은 시간 내에 푸는 것도 중요합니다. 내신 대비용으로는 2단계 유형 문제집을 풀어보세요. 학교시험이 어렵다면 3단계 유형 문제집에서 제일 어려운 단계는 빼고 나머지를 먼저 푼 다음(예, 쎈에서 A, B만 풀기) 오답까지 해결한 뒤, 어려운 단계(쎈 C)를 해도 됩니다.

3. 공부 시간을 늘려야 합니다

수학을 상당히 잘하고 좋아하는 아이들도 수학을 제대로 하기 위해 하루에 서너 시간씩 수학 공부를 합니다. 방학에는 아침부터 저녁까지 수학만 잡고 있기도 합니다. 수학 실력이 아직 부족하다면 당연히 공부 시간을 더 늘려야 합니다. 방학 때 퍼붓는 시간이 있어야 실력이 쌓이는 게 보이고 공부하는 맛을 알게 됩니다. 스스로 공부하는 습관이 안 되어있다면 매일 꾸준히 공부할 수 있게 진행을 체크하면서 도와주세요.

3단계 문제집의 정답률이 90% 이상이 되면 '심화과정' 스케줄로 진행합니다.

중등수학이 탄탄해야 고등수학을 잘할 수 있다

고등수학에서 제일 큰 비중을 차지하는 것이 함수입니다. 고등수학에서 함수는 방정식, 부등식과 연결됩니다. 함수의 그래프는 도형과 결합합니다. 함수를 제대로 모르면 고등수학은 끝입니다. 고등 선행을 언제 나가나 고민하기 전에 중1~중3의 1학기 영역을 제대로 아는지 확인하는 것이 먼저입니다. 선생님의 설명이나 답지를 보고 이해한 경우 제대로 아는 것이 아닙니다. 개념이해를 위한 응용, 심화문제를 제 힘으로 풀 수 있어야 합니다.

중학교 도형도 고등수학에서 중요합니다. 고등수학의 도형 영역을 잘 하려면 중학교 교과서의 도형 증명을 많이 해봐야 합니다. 시험에 안 나온다고, 귀찮다고 증명을 건너뛰면 고등수학의 도형문제를 헤매게 됩니다. 중등 도형을 혼자 증명할 수 있게 해주세요. 고등수학의 도형 영역이 만만해집니다.

중등 심화과정

중등 심화과정 기준: 2단계 문제집 정답률 90% 이상 + 3단계 문제집 정답률 70%

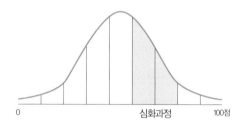

잠수네 수학 테스트 12~40%

중등 심화과정에서 먼저 생각할 것

1. 유형문제 풀이로는 한계가 있습니다

어려운 문제집은 잘 푸는데 시험에서는 쉬운 문제를 틀리는 아이가 많습니다. 평소에 공부하는 방법에 문제가 있어서입니다. 문제집을 풀때 앞의 문제부터 꼼꼼하게 풀다 보면 뒤의 문제도 자연스럽게 풀립니다. 유형별로 문제를 풀면 깊이 생각하지 않아도 기계적으로 풀 수 있습니다. 그러나 이런 방식은 어느 순간 한계에 부딪힙니다. 생각이 필요한 문제를 풀 때는 이전에 풀었던 기억이나 공식을 머리에서 싹 지우고 매번 완전히 새로운 문제처럼 접근해야 개념이 내 것이 됩니다. 유형 문제집도 내신 대비용으로 필요하나 주 교재가 되어서는 안 됩니다.

2. 양과 질, 2가지를 잡고 가세요

80점에서 90점이 되는 것보다 90점에서 95점, 100점이 되는 것이 훨씬 어렵습니다. 120점, 150점의 실력을 갖춰야 100점이 나올 수 있으니까요. 현 수준에서 최상위권으로 올라가려면 지금까지보다 더 많은 시간을 투자하고 노력하는 마음자세가 필요합니다. 최소한 학기 중 2시간, 방학에는 5시간 이상 혼자 수학을 공부하는 시간이 있어야 합니다. 학기 중이라도 주말은 평일의 2배를 잡고요. 이때 안 풀리면 금새 해답을 보고, 모르는 문제가 있을 때 학원이나 과외 선생님에게 설명을 듣고 넘어가면 오래 공부하는 것 같아도 제자리걸음만 하게 됩니다. 아는 문제는 백날 풀어야 소용 없습니다. 무엇을 모르는지 정확하게 파악해서 그 부분을 집중 공략하는 것이 질적 성장을 가져옵니다.

3. 과도한 선행은 지양합니다

선행을 얼마나 했는가보다 자기만의 공부 방법을 익히는 게 중요합니다. 개념을 깊이 있게 고민하는 시간이 없으면 어디에 구멍이 있는지 모른 채 계속 불안하게 진행하게 됩니다. 중등 심화과정을 탄탄하게 하지 않고 고등수학 선행을 서두르면 고1 과정을 나가는 데 애를 먹습니다. 중1~3 수학이 고1 수학의 기초이기 때문입니다. 중3 겨울방학까지 고1 수학 심화과정을 나가는 정도면 충분합니다.

중등 심화과정 수학 로드맵

1. 방학: 개념 + 응용문제 풀이(예습 or 선행학습)

① 수학교과서

② 1, 2단계 문제집에서 1개 선택

③ 2단계 유형 문제집, 3단계 유형 문제집(쎈 A, B) 중 1개 선택

2. 학기 중: 내신 대비 + 심화문제 해결

① 교과서 + 학교 수업 프린트물

② 방학 때 푼 문제집에서 오답, 유형 문제집의 심화문제 다시 풀기

③ 수학 수준에 따라 3단계 또는 4단계 문제집 1개 선택

④ 3단계 유형 문제집의 심화문제 풀기(쎈 C)

중등 심화과정, 요것만은 꼭!

1. 개념을 소홀히 하지 않습니다

고등수학은 문제를 해결하는 데 필요한 개념을 뽑아 적용할 수 있어야 합니다. 이는 머릿속에 개념이 잘 정리되어 있어야 가능한 일입니다. 중등수학 개념도 마찬가지입니다. 개념을 바탕으로 심화문제를 풀어나 갈 수 있습니다. 중등수학의 개념은 낯설어서 어렵게 느낄 뿐, 그리 어렵지 않습니다. 인터넷 강의나 학원을 이용하더라도 스스로 개념을 공부하고 필요하면 외우면서 이해하려고 애쓰는 시간이 꼭 필요합니다.

2. 심화문제는 최대한 깊이 고민합니다

개념을 정확하게 이해했다면 문제에 어떤 개념이 적용되었는지 고민하고 씨름해야 합니다. 이때 선생님이나 인터넷 강의, 학원의 설명을 듣고 푼다면 더 이상 심화문제가 아니라 유형문제 풀이에 불과합니다. 답지를 보는 것도 일시적으로 알았다는 느낌을 주긴 하겠지만 근본적인 처방은 아닙니다. 선생님의 설명이나 답지는 내가 고민해서 푼 문제 방식과 비교하는 용도로 활용하는 것이 바람직합니다.

학기 중 심화공부는 교과서를 기본으로 방학 때 푼 문제집의 오답과 유형 문제집의 심화문제만 골라 먼저 풉니다. 그 뒤 아이 수준에 맞는 3단계, 또는 4단계 심화 문제집을 시작합니다. 학교 시험이 어렵게 나온다면 쎈 C단계는 물론 최상위, 에이급의 제일 어려운 문제까지 풀어봐야 합니다. 학교 시험이 그리 어렵지 않거나 4단계 문제집을 너무 어려워하면 억지로 풀라고 하지 마세요. 방학 때나 시험 끝나고 여유 있을 때 풀어도 됩니다.

3. 선행은 방학 때만 진행합니다

선행을 나갈 때는 전체 일정을 생각해봐야 합니다. 일단 1년에 4번의 시험(1, 2학기 중간/기말고사) 준비 기간에는 선행을 못 나갑니다. 학기 중 공부 시간도 생각해보세요. 학교 갔다 오면 수학 공부로 2시간 빼는 것이 빠듯합니다. 숙제나 수행평가가 있으면 그마저도 확 줄어듭니다. 선행 나갈 때는 개념과 심화가 같이 가야 뒤돌아서면 잊어먹지 않습니다. 학기 중에 선행심화까지 챙기면서 제 학년 심화까지 잡기란 쉽지 않습니다. 다른 것을 모두 제치고 수학만 해도 될까 말까입니다.

선행은 여름방학과 겨울방학이 다릅니다. 여름방학은 기간도 짧고 날도 더운데다 여름휴가까지 겹쳐 실제 공부할 수 있는 시간이 많지 않습니다. 다음 학기 예습을 탄탄하게 하는 것을 목표로 잡으세요. 겨울방학은 최대한 선행을 나갑니다. 선행할 때는 수학교과서와 아이가 좋아하는 개념 문제집(1, 2단계)부터 시작합니다. 교과서와 개념문제집 오답을 다 하면 3단계 문제집을 풀어보세요. 선행한 개념을 다지기 위해 유형문제집으로 다양한 문제를 풀어보는 과정도 필요합니다.

4단계 문제집 정답률이 70% 이상이 되고, 고등학교에서 자연계 진로를 목표로 하면 '심화플러스과정' 스케줄로 진행합니다.

최상위가 되기 위한 노하우

1. 틀린 문제의 원인을 파악해야 시간이 절약된다
틀린 문제를 무작정 반복해서 푸는 것은 비효율적입니다. 틀린 문제의 유형별로 원인 분석을 해서 스스로 고쳐보려고 노력하다 보면 오답이 줄어들고 공부 시간도 많이 단축됩니다.

2. 문제를 풀 때 난이도 표시를 반드시 한다
맞은 문제라도 푸는데 시간이 많이 걸렸다면 따로 표시해두는 것이 좋습니다. 시험은 시간싸움입니다. 풀 수 있어도 시간이 모자라면 못 풉니다. 문제집을 복습할 때 맞은 문제라도 시간이 많이 걸렸다면 다시 풀어야 합니다. 쉽게 풀 수 있으면 난이도 표시를 바꿔주세요.

3. 어려운 문제를 깊이 고민하는 시간이 필요하다
최상위가 되려면 난이도 있는 문제를 시간 내에 풀 수 있어야 합니다. 빠르고 정확하게 풀려면 많은 문제를 푸는 것도 중요하지만, 어려운 문제를 충분한 시간을 두고 깊이 있게 생각하는 시간이 꼭 필요합니다.

중등 심화플러스과정

중등 심화과정 기준: 3단계 문제집 정답률 90% 이상 + 4단계 문제집 정답률 70%

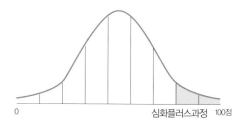

심화플러스과정   100점

잠수네 수학 테스트 상위 11% 이내

중등 심화플러스과정에서 먼저 생각할 것

1. 한글책과 영어가 기본으로 가야 합니다

수학이 아무리 중요해도 영어와 책 읽기가 기본으로 같이 굴러가야 합니다. 잠수네 영어를 했다면 휴식 시간에 영어 드라마나 뉴스, 다큐멘터리를 짬짬이 보게 해주세요. 한글책 읽기는 나중에 고등학교 가면 제일 후회하는 부분입니다. 양질의 책을 꾸준히 읽도록 해주세요.

2. 고등선행할 때도 깊이 있는 공부가 중요합니다

중학교 수학은 어려운 문제라도 1~2개의 개념을 적용하면 풀립니다.

그에 비해 고등학교 수학, 특히 수능수학은 여러 개의 개념이 섞여서 다 아는 내용인데도 완전히 새로운 느낌이 듭니다. 중등은 물론 고등 선행학습을 진행할 때도 심화문제까지 풀어야 하는 이유는 개념에 대해 깊이 고민하는 습관을 들여야 고등학교에서도 최상위권을 유지할 수 있기 때문입니다.

3. 수학경시는 꼭 필요한 아이만 합니다

수학을 잘하면 영재고, 과학고, 특목고 진학을 염두에 두게 마련입니다. 하지만 아이의 진로가 확실치 않은데 단순히 수학을 잘한다고 수학경시에 뛰어드는 것은 잘못된 방향입니다. 중고등학교 수학경시는 '정수, 대수, 기하, 조합' 영역에서 출제됩니다. 이 중 절반은 중고등학교 교과 과정을 벗어난 문제들입니다. 정수와 대수는 중고등학교 과정과 비교적 겹치지만 기하와 조합은 상당히 벗어나고 있습니다. 막연히 수능수학에 도움이 될까 하는 생각으로 경시에 뛰어든다면 반은 맞고, 반은 틀린 상황이 되는 거예요. 만약 KMO를 생각한다면 아이가 정말 수학을 좋아하고 즐기는지, 영어나 한글책 등의 기본기가 탄탄한지, 고등학교까지 KMO를 준비할지 염두에 두어야 합니다.

중등 심화플러스과정 수학 로드맵

1. 방학: 개념 + 심화문제 풀이(선행학습)

① 수학교과서

② 1, 2단계 문제집에서 1개 선택

③ 4단계 문제집에서 1개 선택

④ 3단계 유형 문제집(쎈 B, C) … 선택사항

2. 학기 중: 내신 대비 + 심화문제 해결

① 교과서 + 학교 수업 프린트물

② 방학 때 푼 문제집에서 오답, 심화문제 다시 풀기

③ 4단계 문제집에서 1개 선택

중등 심화플러스과정, 요것만은 꼭!

1. 현행 심화를 다지면서 선행을 진행합니다

심화플러스 구간에 있다면 학기 중 선행과 심화를 병행하는 것이 가능
합니다. 그러나 수학을 좀 한다고 교과서나 학교 수업을 소홀히 하면 안

됩니다. 자만하지 않는 겸손한 자세가 중요합니다. 고등학교 과정을 나가기 전에 중등 심화과정을 탄탄히 했는지 꼭 확인해주세요.

2. 심화의 깊이, 선행 진도는 진로에 따라 달라집니다

인문계를 가고자 하거나, 확실한 자연계 성향인 아이는 수학 계획을 짜기가 비교적 쉽습니다. 하지만 인문계·자연계 어느 쪽인지 잘 모르면 수학 진도를 어떻게 해야 할지 애매한데요, 이 경우는 자연계라고 잠정적으로 정하고 계획을 세우는 것이 바람직합니다. 수학만 두고 볼 때 고등학교 가서 인문계 진로로 가겠다면 전혀 문제가 없지만, 자연계로 결정하고 최상위권을 생각한다면 수학 진도를 중학교 때 꽤 나가두어야 고등학교 2학년 이후 진도에 쫓기지 않기 때문입니다.

　일반고, 자립형사립고 자연계 최상위를 목표로 한다면 4단계 문제집인 '최상위수학', '에이급수학'을 푸는 정도면 됩니다. 영재고, 과학고를 목표로 하면 5단계 문제집인 '수학의 신'까지 해보는 것도 좋습니다.

3. 고등수학 선행 시 개념을 더 확실하게 잡고 가야 합니다

고등수학을 선행할 때 유형별 문제를 잘 푸는 것으로 만족하면 안 됩니다. 문제를 보면서 어떤 개념을 응용해서 풀어야 할지 알아야 제대로 답을 구할 수 있습니다. 문제를 풀 때마다 어떤 개념을 이용한 것인지 정리하는 습관을 들여주세요. 개념이 확실하게 머리에 남게 됩니다.

한국수학올림피아드(KMO)를 준비하는 경우라면

영재고, 과학고가 목표인 경우 KMO 준비가 필수 코스처럼 여겨지는 추세입니다. KMO를 준비하는 가장 큰 이유는 합격생의 상당수가 KMO 수상자라는 것이겠지요. 입시에 수상 기록의 반영되는가, 아닌가와 상관없이 깊이 있게 심화공부를 하는 기회다, 아이가 목표를 세워 노력하는 자세도 중요하다고 여기기도 하고요.

반면 반론도 만만치 않습니다. KMO 공부를 해도 수능수학 공부는 따로 해야 한다는 측면, 장려상을 받는 정도면 KMO 공부에 매달리는 시간이 아깝다는 입장도 있습니다. 그릇이 아닌데 억지로 훈련해서 도전할 만한 시험은 아니라는 의미입니다. 꼭 할 만한 아이들만 해야지요.

학원에서는 KMO를 경험 삼아 준비하면 좋다는 말도 합니다. 그러나 초등학교 때부터 준비하는 아이는 많아도 실제 중등 KMO 결과를 보면 응시 인원의 10%까지 주는 장려상도 받기 어렵습니다. 2차 응시 대상인 금, 은, 동상 수상 인원이 2016년에 517명으로 전체 응시자의 5% 선입니다. 나머지 95%는 들러리입니다. 말로는 그동안 쌓은 실력이 어디 가지 않는다고 하지만 힘이 빠지는 것도 사실입니다. 반대로 중등 때 결정하고 뛰어들었어도 1차 시험을 통과하고 2차 시험에서도 수상권에 들어가는 뛰어난 아이들도 있습니다.

KMO 준비에 앞서 '아이가 진정으로 원하는가, 준비하는 힘든 과정을 즐길 수 있는가, KMO 준비와 학교 공부를 병행할 수 있는가'를 먼저 살펴보세요. 시작을 했더라도 아니다 싶으면 중지하는 것도 괜찮습니다. KMO 수상을 하고 영재고등학교에 진학하든, KMO를 안 하고 일반고등학교에 가든 자연계 극상위권은 대학 가서 다 만납니다.

수학적 감이 없는 아이들이라면 이렇게

작성자 : 릴리72 (중2, 초6) ⋯ 현재 중3, 중1

1. 엄마가 끼고 일대일로 같이한다

요거이 참 쉽지 않아요. 힘도 들지요. 하지만 이것만큼 효과적인 게 또 없어서 무릎 시리고 엉덩이 아파도 앉아있게 되지요. 수학을 잘 못하셨던 어무이들, 일단 책상머리에 같이 앉아보세요. 아이들 개념 볼 때 같이 보고 문제 풀 때 답지 펴놓고 같이 읽다 보면 답지 안 보고도 풀 수 있어요. 엄마가 그 정도 되면 아이들도 당근 실력이 올라있을 거구요. 직장맘이어서 도저히 시간 안 되시면 학원이나 과외를 보내시더라도 진도 체크와 오답 알 때까지 반복 풀리는 거 정도는 해주셔야 한다고 봐요. 안 그럼 어느 날 뒷목 잡는 일 생긴다는.

2. 느린 아이들은 짧게 반복시켜야 해요

빠른 아이들처럼 문제집 1권 다 끝내고 반복하겠다 하면 3단원 풀 때 이미 1단원은 안드로메다로 가출해버리고 없어요. 엉엉. 전날 오답은 매일 풀어가면서 1단원을 마치면 같은 수준의 다른 책을 더 풀든지 그 책을 처음부터 전부 다시 풀든지 해주세요. 저는 후자를 추천합니다. 더 효과적이에요. 그럼 확실히 속도와 정확도가 눈에 띄게 좋아집니다. 1번 반복으로 성에 안 차다 싶으면 한 번 더 반복해주는 거예요. 진도는 조금 느리더라도 그렇게 하는 게 효과적이에요. 개념 문제집은 문제가 많지 않아 반복해도 별 효과 없구요. 보통 개념 문제집과 유형 문제집 1권을 같이 진행하는데 그 유형 문제집을 다시 푸는 거예요. 그리고 나서 새 문제집 줘보세요. 아주 신이 나서 풀 겁니다. 신기해하면서요. 몇 번 더 반복하느냐는 엄마의 판단이겠지만 보통 1번 정도 같은 책을 풀고 나면 다음 단원으로 넘어갈 수 있지 싶어요. 그렇게 책 1권을 마치면 새 책을 하는 건데 같은 수준으로 더 할지 단계를 올릴지는 잠수네 콘텐츠의 정답률을 따르면 되겠더라구요. 80%.

3. 느린 아이들은 개념 및 응용단계에선 모르는 문제를 너 혼자 해결해라 하면 아니되어요

이 아이들은 개념 이해도가 낮아요. 개념을 달달 외웠어도 응용이 잘 안 돼요. 이것도 엄마가 일대일로 같이하시면 파악이 돼요. 아~ 이 문제는 얘가 도저히 못 풀겠다. 감이 와요. 울 골드는 1학년 때 일차방정식의 활용에서 정말 애먹었어요 쎈을 전체적으로 여러 번 풀기도 했고 오답은 정말 10번 가까이 푼 거 같아요. 어떤 건 끝끝내 틀리더라구요. 처음 일차방정식 활용했을 땐 정말 한 문제도 스스로 풀지 못했어요. 엄청 시간이 걸렸죠. 한 문제 한 문제 같이 생각해보는 거죠. 구하고자 하는 것이 뭐지? 뭘 x로 놓으면 될까? 이런 식으로요. 시간은 걸리지만 서술형으로 풀면 머릿속에 정리가 돼서 오래 남아요. 그렇게 공을 들였더니 2학년 과정의 방정식이 좀 수월하더라구요.

4. 그럼 연산은 어떡하지?

연산도 안 되는데 시간은 없고. 저도 참 고민이 많았어요. 하지만 제가 선택한 건 연산 문제집 푸는 시간에 문제를 하나 더 풀겠다였구요. 문제집을 많이 푸니까 저절로 연산이 연습이 되어서 점점 속도가 나더라구요. 처음엔 힘들어요. 하지만 연산문제를 연습한다 한들 처음부터 잘되겠어요? 똑같잖아요. 어차피 문제풀이 과정에서 연산 다 나오는 거니까.

5. 이렇게 하려면 정말 길게 보셔야 해요. 인내심을 가져야 해요

우리 아이만 봐야 해요. "다른 집 아들 수1 하더라. 미적분 하더라." 이런 말은 살포시 흘러 듣기.

6. 느린 아이들에게 가장 필요한 것, 자신감 되겠어요

아이들 어렸을 때 저 버럭버럭 많이 했어요. 수학문제집 하나를 한 학기에 봐주면서 것도 다 못 끝냈구요. 그리 안 시켜놓고 수학 못한다고 버럭버럭. 답답하다고 버럭버럭. 이제는 절대 안 그래요. 항상 공부 시작 전에 "열심히 즐겁게 해보자" 이야기하고 악수 나누고 공부 끝나면 토닥이며 애썼다고 말해주어요. 아들도 "엄마 애쓰셨어요" 하구요. 정말 이 한마디의 힘을 느껴요. 애썼다고 그 수고로움을 인정해주는 거. 남보다 몇 시간 덜했어도 우리 아이 자체로는 애쓴 거 맞으니까요. 자신은 나름 힘들었거든요.

저라면 교과서풀이에 공을 가장 많이 들이겠어요
작성자 : minttree (중1) ··· 현재 중2

제가 만난 수학점수가 아주 심각한 상황이었던 중2~3 아이들 중에는 6개월 정도의 각고의 노력으로 원래 점수보다 50~60점을 올리는 부류와 나름 한다고 했지만 위와 같은 큰 향상은 어려운 부류가 있었어요. 이 두 부류 아이들의 가장 큰 차이점은 글씨와 연산(속도 포함)이었어요. 수학이 바닥인 경우라도 깔끔한 필체를 가진, 연산이 빠르진 않아도 보통은 되면서 오답이 적은 아이들은 철저한 개념공부와 드릴을 통해 비교적 짧은 기간에 노력의 결과가 나타나요.

하지만 아래 문제점 중 1~2가지만 있어도 습관을 고쳐나간다는 게 쉽지 않았어요.

(1) 글씨가 괴발개발이어서 스스로 쓴 숫자도 잘못 읽을 때가 종종 있는 상태(세로샘에서 줄을 맞춰 풀지 않는 경우도 포함)
(2) 연산이 비교적 정확하지만 지나치게 느린 경우
(3) 연산을 빠르게 풀지만 오답이 속출하는데 '천천히 그러나 정확하게'를 요구해도 이미 나쁜 습관이 몸에 배어 변화가 어려운 경우
(4) 수학이 뛰어나지도 않은데, 연필로 써서 푸는 것이 귀찮아서 풀이 과정을 대충 생략하며 암산으로 해결하려는 경우

여기에 해당되는 아이들은 매일 조금이 아니라 일주일 분량을 단번에 왕창 푼다든가, 부족하다는 이유로 질리도록 많은 양을 시킨다든가 하면 오히려 독이 됩니다. 오답이 넘치는데 위 단계 책을 푼다는 것도 시간 낭비입니다. 지금은 무조건 긴 시간 수학 공부나 연산 또는 문제량을 마구 늘리는 것보다 하나라도 제대로 푸는 자세를 익히는 것에 중점을 둬야 해요. 그다음 차차 문제량과 문제집 레벨을 올려가는 게 맞겠죠.

저라면 교과서풀이에 공을 가장 많이 들일 것 같아요. '모든 문제집을 몽땅 노트에 풀이'는 아직 아이에게 무리일 거고 우선은 교과서만이라도 노트에 깔끔하게 풀도록 할 것 같아요. 오답이 나오면 오답풀이하고, 정답률이 80% 미만이라면 시간 차이를 일주일 정도 두고 전체 반복풀이를 시킬 거예요.

중단원 기준으로 끊어서 교과서 진행 후엔 개념 문제집 & RPM 풀이를 '빠르게 보다 정확하게' 하도록 한 뒤, 역시 오답 처리를 24시간 내 확실하게 합니다. 초도풀이에서 정답률이 70%(이상적으로는 80%)가 넘으면 오답풀

이 후, B단계를 풀 수 있을 거예요.

교과서는 학교 진도보다 적어도 2주 이상 빠르게, 문제집은 적어도 1, 2주 빠르게, 학교 프린트물은 평소에 학교 진도에 맞춰 진행하세요.

그리고 아이 스스로 문제를 인식하고 고치려는 의지가 꼭 필요해요. 그러니 대화를 먼저 나눠보시는 것이 순서입니다. 어떤 훌륭한 과외쌤도 의지가 없는 아이를 이끌어간다는 것은 결코 쉬운 일이 아니랍니다.

> **큰아이를 경험하며 생각하게 된 중등 선행 순서와 효율적인 수학 공부법**
> 작성자 : 고운맘 (중1, 초3) ⋯ 현재 대2, 고1

선행 순서를 잡으실 때, 다양한 방법이 있거든요.

1. 1-1에 이어 1-2, 2-1⋯⋯ 이렇게 학기 순서대로 가는 방법:
시간 여유가 많지 않을 때 권하고 싶어요.

2. 1-1, 2-1, 3-1를 죽 이어 끝내고, 1-2, 2-2, 3-2로 대수, 기하 따로 죽 뽑는 방법:
특별한 목적이 있어서 선행을 일찍 시작한 경우 혹은 수학에 시간을 아주 많이 투자할 경우가 아니라면 개인적으로 많이 추천할 만한 방법은 아니에요.

3. 1-1, 2-1를 나간 후에 1-2, 2-2를 나가고, 그다음에 3-1, 3-2를 나가는 방법:
1년 정도 여유 있게 선행을 시작한 경우라면 추천하고 싶어요.

대략 이렇게 나눠볼 수 있어요. 물론 중학 과정을 입학 전에 끝낸다는 얘기가 아니라 이런 순서로 방향을 잡고 중학 입학 후에도 꾸준히 진행한다는 거죠. 저희는 세 번째 방법으로 진행할 생각이었는데 중간에 약간 변경이 생겨서 1-2까지 한 뒤에 3-1를 진행 중이고, 여름방학부터 8-나 이후를 생각하고 있어요.

저희 아이 경우에 좋았다 싶은 것은 1-1, 2-1를 이어서 한 뒤에 1-1의 심화로 들어간 거였어요. 1-1를 쎈의 C 스텝까지만 하고 8-가를 이어서 또 그 정도 수준까지만 심화를 했구요. 중학 입학 시기와 맞아떨어져서 겨울방학부터 1-1 에이급, 최상위로 심화를 하고 있어요. 쎈 C나 하이레벨 정도의 수준으로 선행을 하되, 무조건 계속 진도가 나가는 것은 구멍이 너무 많은 것 같아요. 까맣게 잊어버리기도 하구요. 그래서 1-1, 2-1(이 두 학기가 집합 빼고는 단원들이 서로 밀접하게 연결이 되거든요. 3-1는 많이 달라지구요)를 진행한 뒤에는 다음 진도를 나가기 전이나 혹은 다음 진도와 병행해서 1-1의 심화를 꼭 넣고 진행하시는 것이 좋아요.

그리고 저희 아이 경우, 과외나 학원 없이 인강 도움 조금씩 받아가며 거의 혼자 진행한 것인데, 처음엔 많이 힘들고 진도도 무척 느렸어요. 그런데 지난 겨울방학부터 어느 순간 갑자기 눈에 띄게 편안해지더니 가속도가 붙는 것이 느껴집니다.

주변 친구들 중에서 과외로 엄청나게 많은 양의 문제를 푼 아이들이 있는데요, 개념서만도 3권 정도, 드릴 문제집 2권, 심화 문제집 3~4권, 짧은 기간에 어마어마하게 퍼붓더군요. 제 생각이지만 시험 결과도 그렇고 수학 실력이 붙는다는 면에서 봤을 때, 무조건 많은 양의 문제집이 해결책은 아니라는 생각이 들었어요.

보통 아이들의 경우(극소수의 어디서나 잘할 아주아주 뛰어난 아이들이나 정말 도저히 수학은 안 된다는 느린 아이들 빼고) 제가 생각하는 효율적인 수학 공부 방법은요

첫째, 가능한 혼자 깨달을 수 있는 시간을 갖는다
맨 땅에 헤딩하듯 100% 독학하라는 것이 아니고, 아이마다 각자의 능력 내에서 최소한의 흐름 잡는 정도의 도움은 받되, 자기 것으로 소화하고 혼자 응용해가는 과정을 가져야 한다고 생각해요. 처음엔 무척 느릴 수 있지만 어느 순간 힘을 받기 시작하면, 과외나 학원의 도움을 의지해서 쉽게 진도 나간 경우보다 속도가 더 나는 것 같아요.

둘째, 아이에게 잘 맞는 수준의 문제집을 선택하고, 같은 문제집의 반복도 필요하다
기본적인 개념서, 아이에게 적절한 수준과 양의 드릴을 한 다음에는 그 시점에서 아이에게 필요한 수준의 문제집을 잘 선택하는 것도 중요한 것 같아요. 아이가 약간 어려워할 만한 문제들이 포함되어 있는 수준의 심화 문제집을 선택해서 이것을 2번 정도 반복해서 풀려보세요. 그렇다고 모든 문제집을 반복해서 풀릴 필요는 없구요. 주변에 많은 문제집을 풀었는데도 시험 결과가 잘 안 나온 친구들 보면, 너무 쉬운 문제집을 쓸데없이 많이 푼 게 아닌가 싶은 부분도 있구요, 무조건 많이 푼다고 실수를 안 하는 것도 아니더군요. 실수가 아주 문제될 정도로 많은 것이 아니라면, 제 생각은 당장 시험에서 1개 정도 틀리는 것은 눈감아주고, 수학 내공을 올릴 수 있는 살짝 loading이 될 만한 문제들 적당량을 꼼꼼하게 풀리는 게 길게 봐서 낫지 않나 싶어요. 너무 어려운 문제는 말구요. 아이가 성취감을 느낄 만한 선에서.

셋째, 다지는 과정과 앞으로 빼주는 과정을 적절히 운용한다

저희 아이 경우엔 초5 때 경시 수준의 심화까지 하는 것이 그다지 큰 도움은 안 되었다고 봐요. 초5 과정이 중1 과정과 연계가 된다고 해서 심화를 많이들 하시지요? 저희는 해법 올림피아드를 했었는데, 심화도 무리해서 하는 것은 다 잊어버리더군요. 그럴 땐 차라리 좀 쉽게 앞으로 나가는 것도 괜찮은 것 같아요. 전 초등 심화에 진을 빼기보다는 적당히 앞으로 나가면서 아이가 받아들일 만한 때가 되었을 때 닥쳐서 밀어주는 것이 낫다고 생각하는 쪽이거든요. 초등 때엔 심화보다는 기본에 충실한 정도, 중등 닥쳐서 심화에 힘을 써도 충분한 것 같아요. 5학년에 심화 문제집을 잘 못 풀었다고 중등에서도 그런 건 아니에요. 수학 머리 트이는 시점이 아이들마다 다른 것 같아요. 저희 아이는 원래 수학 머리가 없는 편은 아닌 거 같은데도 늘 아쉬운 점이 많았는데 요즘 들어 머리가 트이는 것 같다는 느낌이 들거든요. 중학 진도도 1-1만 파고드는 것보다는 1-1, 2-1 맛을 본 후에 좀 넓게 위에서 보는 느낌으로 1-1를 다시 깊이 있게 하는 방법도 있다는 것을 알아두시고요.

넷째, 조금씩 조금씩 더 어려운 심화 문제에 도전해본다

어디까지 할 건지는 아이에 따라 다르겠지만요, 아이의 능력 내에서 최대한 어려운 문제를 조금이라도 풀어보는 것은 필요한 것 같아요. 서두를 일은 아니구요. 쉽고 만만한 문제만 풀어서는 수학적 능력을 높이는 데 한계가 있구요, 무조건 어려운 문제만 풀어서는 이것도 저것도 아닌, 남는 게 없을 수도 있구요. 기본에 충실하되 조금씩 아이의 능력을 끌어올려주는 것이 가장 이상적인 것 같아요. 아이가 심화에 감을 잡으면 다양한 유형의 심화문제를 풀려보는 것도 도움이 많이 되는 듯해요.

집에서 진행한 개인적인 경험과 생각들이라도 필요하신 분들 계실 것 같아서 올려봅니다.

3부

영역별
수학
핵심 잡기

연산

꼼꼼 가이드

연산이
왜 중요할까?

초등부터 중등까지 연산의 흐름

보통 '연산'이라고 하면 초등에서는 자연수, 분수, 소수의 '사칙연산'을 말합니다. 중등 영역에서는 좀 더 범위를 넓혀서 정수, 유리수, 무리수의 사칙연산과 문자와 식, 인수분해까지를 포함할 수 있겠지요. 이것을 기준으로 초등, 중등수학에서 느끼는 '수와 연산' 영역의 체감 비율을 그래프로 그려봤습니다.

초1~중3 '수와 연산' 영역 비중

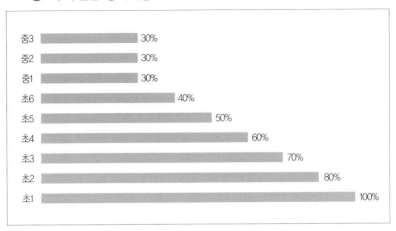

이 그래프를 보면 초등수학에서 연산 영역이 차지하는 비중이 상당하다는 것을 알 수 있습니다. 초등 1~4학년까지는 '수와 연산'을 배우고 익히는 데 수학 공부의 60% 이상이 투자됩니다. 초등 5~6학년도 40~50% 선입니다. 이 말은 수와 연산 영역을 잘 다져두면 초등학교 수학은 비교적 안심할 수 있다는 의미이기도 합니다.

특히 초등 5, 6학년은 초등연산의 고비입니다. 소수와 분수 등 새로운 연산 영역을 공부하기도 하지만 도형의 넓이, 단위, 부피, 겉넓이 등은 초등 4학년까지 배운 연산 실력이 뒷받침되어야 실수 없이 답을 낼 수 있습니다. 초등 4학년만큼 연산에 비중이 높지는 않아도 이때 소수와 분수의 연산을 제대로 해두지 않으면 중학교에서 돌이킬 수 없는 '수포자'가 될 가능성이 매우 높아집니다.

초등학생뿐 아니라 중학생도 연산 연습이 필요한 경우가 있습니다. 중학교에서 수학을 포기하는 이유 중 첫 번째가 연산의 기초가 안 되어 있어서입니다. 초등학교 때 배운 자연수, 분수, 소수의 사칙연산이 정확하고 빠르게 되어있지 않은 아이는 중학교 1학년 1학기 정수와 유리수의 계산에서 무너지고 맙니다. 반대로 심화문제 등 어려운 문제를 술술 다 푸는 아이가 식은 제대로 다 써놓고 연산에서 순간의 실수로 어이없게 틀리는 경우도 왕왕 봅니다. 둘 다 연산 훈련이 필요한 케이스지요.

연산은 1) 식이 나타내는 규칙을 익히고 2) 식의 규칙대로 계산할 수 있으면 다 끝납니다. 어찌 보면 규칙만 딱딱 지키면 매우 간단한 것이 연산입니다. 이렇게 간단한 연산을 아이들이 힘들어하거나 실수하는 이유는 규칙을 정확하게 이해하지 못했거나 완전히 내 것으로 사용하는 데 미숙하기 때문입니다.

연산 영역을 학년별로 자세히 알아볼까요? (2009 개정 교육과정 기준)

자연수의 사칙연산 (초1~초4)

구분	개념	자연수 연산연습
초1	덧셈과 뺄셈 개념	간단한 덧셈과 뺄셈
초2	곱셈 개념	두 자리 수의 덧셈과 뺄셈 곱셈구구
초3	나눗셈 개념	세 자리 수의 덧셈과 뺄셈 두 자리 수의 곱셈 세 자리 수의 곱셈
초4		세 자리 수의 곱셈과 나눗셈 자연수의 혼합 계산

분수, 소수의 사칙연산 (초3~초6)

구분	개념	분수와 소수 연산연습
초3	분수 개념 소수 개념	분수의 합과 차
초4		분수의 덧셈과 뺄셈 (분모가 같음) 소수의 덧셈과 뺄셈
초5	약수와 배수 약분과 통분	분수의 덧셈과 뺄셈 (분모가 다름) 분수의 곱셈과 나눗셈 소수의 곱셈과 나눗셈
초6		분수의 나눗셈 소수의 나눗셈

정수, 유리수, 실수의 사칙연산 (중1~중3)

구분	개념	계산 연습
중1	정수, 유리수 개념 일차 방정식의 개념	정수, 유리수의 사칙연산 일차식 방정식과 항등식
중2	분수의 소수 표현 순환소수 개념	지수법칙 단항식의 계산 곱셈공식 연립방정식
중3	제곱근 개념과 성질 무리수와 실수 개념	제곱근의 사칙연산 인수분해 이차방정식

※ '수와 연산' 영역은 아니지만 연산 연습이 필요한 단원도 표에 넣었습니다.

　　많은 분들이 연산이라면 계산 연습이 전부라고 생각합니다. 그러나 핵심은 연산 개념과 원리에 있습니다. 덧셈, 뺄셈, 곱셈, 나눗셈은 자리 수와 상관없이 각각의 계산 원리는 동일합니다. 개념과 원리만 잘 이해하면 자리 수가 커져도 계산에 어려움이 없습니다.

만약 개념 없이 계산만 열심히 한다면 일이 커집니다. 자리 수가 커질 때마다 모두 다른 계산이라고 생각하게 됩니다. 두 자리 수 계산을 잘해도 세 자리 수 계산은 안 배웠다며 못한다는 아이가 많은 것이 이 때문입니다. 곱셈 연습을 하면 덧셈 계산을 어떻게 하는지 까먹고, 나눗셈 연습을 하면 뺄셈 계산 방법을 잊어버리는 거지요. 교과서에서는 연산 개념 설명에 많은 지면을 할애하고 있습니다. 연산 연습에만 치중하지 말고 개념도 탄탄하게 익히도록 해주세요.

연산은 아이에 따라 다르게!

연산 능력은 아이에 따라, 시기에 따라 정말 많이 다릅니다. 연산 연습을 하나도 안 해도 정확하고 빠르게 연산이 되는 아이가 있고, 초등학교 내내 연산 연습을 꾸준히 해야 하는 아이도 있습니다. 초등학교 저학년에서는 연산 때문에 헤매던 아이가 한 해, 한 해 성장하면서 연산을 척척 해내기도 합니다. 3, 4학년까지만 해도 연산을 잘하던 아이라도 5학년에서 분수, 소수의 연산을 헤매는 경우도 부지기수입니다. 당연히 아이의 성향과 수준에 맞게 연산 연습을 해야 최소한의 노력으로 최대한의 효과를 거둘 수 있겠죠?

문제는 우리 아이가 연산 연습을 꾸준히 해야 할 아이인지 아닌지, 지금 연산 연습을 할 필요가 있다면 어떻게 시작해야 하는지, 어느 정도나 하면 좋은지 잘 판단이 안 선다는 점입니다. 매일 잔소리해가며 신경 쓰고 싶지도 않고요. 그러다 보니 선생님이 방문해서 관리해주는 연산학습지로 관심이 가는 거겠지요.

연산에 대해 너무 걱정하지 마세요. 연산은 아이의 자질과 능력에 맞게 적당한 분량을 매일 꾸준히 하면 해결됩니다. 느린 아이라면 쉬운 단계를 반복해서 풀면서 성취감을 갖게 해주세요. "다른 아이들은 저만큼 하는데 너는 이것도 못해? 왜 틀렸어?"라며 구박하기 시작하면 아이의 머리는 하얗게 비어버립니다. 보통 아이라면 자기 학년의 기본 연산을 정확하게 할 때까지 반복해서 연습할 필요가 있습니다. 수학적인 감이 뛰어난 아이라면 실수하는 부분만 고치도록 해야 해요. 빤한 연산 연습을 반복해서 시키면 지겨워할 가능성이 높습니다.

연산은 도구일 뿐입니다. 연산이 중요한 영역이기는 하나 다는 아닙니다. 저학년에서는 연산이 대부분이지만 고학년으로 올라갈수록 연산의 기초 위에 새로운 개념을 차곡차곡 쌓아가게 됩니다. 수학을 잘하려면 연산 능력의 기초 위에 한글 문장을 읽고 이해하는 능력(독해력), 이리저리 머리를 굴려 끝까지 생각하는 능력(사고력, 집중력)이 뒷받침되어야 한다는 점을 잊지 말았으면 합니다.

연산 선행학습 No!
과잉학습 No!

먼저 용어부터 정리해볼까요?

연산 선행학습: 한 학기 이상 앞서 연산문제를 푸는 것

연산 과잉학습: 개인차 고려 없이 과한 양의 연산문제를 푸는 것

연산은 죽죽 선행해도 된다고 하는 분이 많습니다. 연산 선행을 해두면 수학 공부가 편해진다고 생각해서요. 다른 집 7살 아이가 두 자리 수 덧셈과 뺄셈을 하고, 초등 5학년이 중등 연산을 선행한다며 불안해하기도 합니다.

많은 문제를 반복해서 풀어야 연산 능력이 올라간다고 여기는 분도 많습니다. 연산학습지는 기본이고 연산문제집도 단계별로 다 풀어야

직성이 풀립니다. 잘하는 영역의 연산이라도 다진다는 차원에서 과도한 양을 풀게 하는 경우도 있고요. 현 수학 교육과정에서 빠진 '네 자리 수 덧셈과 뺄셈', '네 자리 수의 곱셈' 등 필요 없는 연산까지 하느라 아이를 잡기도 합니다.

과한 진도, 과한 분량의 연산학습은 역효과를 내기 쉽습니다. 어떤 문제가 있는지 살펴볼까요?

1. 생각하지 않으려고 합니다

기계적으로, 습관적으로 문제를 푸는 습관이 들면 생각을 안 하는 태도가 몸에 뱁니다. 서술형 문제가 나오면 제대로 읽지도 않고 숫자만 끼워 맞추는 일이 점점 많아집니다. 빠르게 푸는 게 능사가 아닙니다. 정확하게 풀면 속도는 따라옵니다.

2. 연산 실수가 많아집니다

많은 분량을 풀게 하면 집중력이 떨어지는 것은 당연지사입니다. 처음 풀 때는 틀리는데 다시 풀면 다 맞는 일이 반복됩니다. 문제를 맞게 풀어놓고 연산 실수로 틀리는 일도 잦아집니다. 연산 연습을 꾸준히 하는데도 틀리는 문제가 많다면 방법이 잘못된 겁니다. 제일 고치기 힘든 것이 연산 실수입니다. 연산 실수는 스스로 고치려는 마음이 없으면 쉽게 해결되지 않습니다. 하루에 할 분량이 너무 많은 것이 아닌지, 학교 진도와 동떨어진 연산을 하고 있는 것은 아닌지 살펴보세요.

3. 개념을 소홀히 하게 됩니다

제 학년을 무시하고 진도만 뺄 경우 수학교과서의 개념을 대충 하고 넘어가게 됩니다. 가장 쉽다고 생각하는 덧셈도 개념이 정확하지 않으면 서술형 문제를 식으로 바꾸는 데 애를 먹습니다. 초등연산의 최고봉인 분수의 나눗셈을 할 때 역수를 곱하는 이유를 모른다면 초등학교 3학년에 나오는 나눗셈 개념을 건성으로 알고 갔기 때문입니다. 이러면 나중에 중등수학에서 분수가 들어간 문자식을 이해 못하는 것은 당연합니다.

4. 이전 과정을 잊어버립니다

연산 개념을 잊어버린다! 어른들은 상상을 못합니다. 그러나 아이들은 매번 잊어버립니다. 뺄셈을 하다 덧셈을 잊어먹고, 곱셈하면서 덧셈과 뺄셈이 헷갈립니다. 연산의 원리 이해 없이 기계적으로 문제만 풀었기 때문입니다. 이때 혀를 차며 까먹은 연산문제를 다시 풀게 하는 것은 해결책이 아닙니다. 머리로 생각하기보다 직접 해보는 것이 더 기억에 남습니다. 교과서의 해당 개념을 다시 읽으며 구체물로 일일이 조작을 해보면서 완전히 이해하도록 해주세요.

5. 수학이 지겨워집니다

연산 연습은 꼭 필요합니다. 그러나 같은 일을 반복하는 것처럼 지겨운 것이 없습니다. 끝없이 연산문제를 풀게 하는 것도 마찬가지입니다. 연산이 수학의 전부가 아닙니다. 본 게임인 고등수학을 시작도 안 했는데 전초전도 안 되는 초등연산에서 공부할 맛을 잃으면 갈 길이 막막해집니다.

√ **핵심포인트**

1. 연산연습은 교과 진도에 맞춰서 합니다.
2. 연산은 아이의 성향과 수준에 맞춰 꼭 필요한 만큼만 합니다.
3. 연산의 빈 구멍을 찾아 메웁니다.

연산 공부는
이렇게

연산 연습 전에 할 일

1. 교과서의 연산 개념과 원리를 익힙니다

연산문제를 술술 풀어도 개념은 잘 모르는 아이가 많습니다. 연산 개념의 중요성을 잘 모르는 부모도 많고요. 개념을 잘 모르면 단순 연산문제뿐 아니라 서술형 문제도 풀기 어려워집니다. 수학교과서를 보면 개념과 원리를 설명하는 데 많은 지면을 할애하고 있습니다. 덧셈, 뺄셈, 곱셈, 나눗셈 모두 '구체물 → 반구체물 → 수식'의 순으로 개념을 익히게 합니다. 연산문제를 풀기 전에 교과서를 읽고 활동 내용을 꼭 해보시기 바랍니다.

연산 개념을 익히는 데 도움이 되는 수학교구

명칭	설명	워크북
수모형	1개, 10개, 100개짜리 '수모형'이 여러 개 들어있어 십진법을 이해하거나 수의 크기를 비교할 때 활용하기 좋습니다. 덧셈과 뺄셈의 원리도 수모형을 활용하면 쉽게 이해됩니다. 초등 저학년까지 잘 활용할 수 있는 교구이므로 하나쯤 구입해두면 좋습니다.	
수막대(Cuisenaire color rods)	길이가 다른 막대로 수학개념, 원리를 직접 만져보며 이해하도록 만든 교구입니다. 수 세기, 수 감각 기르기, 연산 등 기초연산 개념은 물론 분수, 확률, 비율에 대한 탐구활동을 할 수 있습니다.	
분수막대	분수, 소수 개념과 연산을 익히는 데 도움이 되는 교구입니다. 눈으로 보며 분수를 확인할 수 있어 손에 안 잡히는 분수 이해에 도움이 됩니다.	

※워크북은 조이매스 제품입니다.

2. 수 감각을 키워주세요

수와 연산은 세트입니다. 수 감각이 좋으면 연산도 쉽게 할 수 있습니다. 교과서도 수 감각을 중요시합니다. 가르기와 모으기는 덧셈의 기초입니다. 거꾸로 세기가 익숙하면 뺄셈이 편해집니다. 묶어 세기, 뛰어 세기를 해보면 곱셈구구 개념이 금방 이해됩니다. 교과서뿐 아니라 실생활에서도 수 감각을 키울 수 있습니다. '피자를 4명의 식구가 나눠먹으면 몇 조각씩 먹는 것일까? 강아지 2마리는 다리가 몇 개일까? 과자 20개 중 7개를 먹으면 몇 개가 남을까?' 등 실생활에서 수 감각을 키우면 연산문제뿐 아니라 서술형문제를 이해하는 데 많은 도움이 됩니다. 수학보드게임도 좋습니다. '로보77', '루미큐브', '다빈치코드' 같은 보드게임은 숫자 계산으로 머리에 쥐가 날 정도지만 아이들이 열광합니다. 저절로 수 감각을 키우면서 게임 한 판에 수십 개의 연산문제를 푸는 효과가 있습니다.

수 감각, 연산 능력을 키워주는 보드게임 (난이도●)

할리갈리
(Halli Galli) ●

꼬꼬미노
(Heckmeck) ●

셈셈피자가게 ●

슬리핑퀸즈
(Sleeping Queens) ●

바나나스플릿
(Banana Split Card
Game) ●

가우스엑스
(Gauss X) ●

자석달팽이우주여행
(Snail Space) ●

부루마블
(Blue Marble) ●

로보77
(Lobo 77) ●

렉시오
(Lectio) ●

메이크텐
(Make 10&20) ●

매스다이스
(MathDice) ●

매지믹서
(Magimixer) ● ●

루미큐브
(Rummikub) ● ●

다빈치코드 (Da
Vinci Code) ● ●

머긴스
(Muggins) ● ●

파라오코드
(Pharaoh
Code) ● ● ●

연산 연습방법

1. 〈10−10−10〉 문제풀이

1) 왜 하나요?

연산을 딱 필요한 만큼만, 잘할 때까지 반복하기 위해서입니다. 학습의 효과는 '동기부여'가 될 때 최고가 됩니다. 예측할 수 있을 때 신뢰가 생기고요. 집중해서 잘 풀면 문제 양을 줄이고, 틀리면 반복하되 최대 문제 수를 정해두면 아이들이 지겨워하지 않습니다. 뿐만 아니라 연산 연습에 시간을 많이 안 들이고 집중력도 좋아집니다.

2) 언제 하나요?

① 학교 진도에 맞춰 연산 연습할 때

② 연산 실수가 종종 있을 때

③ 구멍 난 연산 영역을 집중적으로 연습할 때

3) 어떻게 하나요?

규칙1) 10문제를 풀어서 다 맞으면 하루 연산 끝!

10문제를 다 맞으면 그날의 연산은 끝내기로 아이와 약속을 합니다. 하나라도 틀리면 10문제를 더 풀고, 또 틀리면 다시 10문제를 풀기로 하고요(10문제씩 3번, 하루 최대 30문제). 이러면 처음 푸는 10문제를 다 맞추려고 최대한 집중하게 됩니다.

규칙2) 10문제씩 3일간 연이어 다 맞으면 다음 단계로 Go!

연달아 3일간 10문제를 다 맞추면 다음 유형으로 넘어갑니다. 잘하는 연산문제를 반복할 필요가 없으니까요. 나중에 연산 실수가 있으면 다시 〈10-10-10〉으로 반복 연습하면 됩니다. 그러나 매일 30개씩 문제를 풀어도 계속 틀린다면 기본연산과 개념이 흔들리고 있다고 봐야 합니다.

4) 주의점은?

아이 혼자 풀라고 하면 세월아 네월아 시간만 보내기 쉽습니다. 아이가 문제를 풀 때 반드시 옆에 있으세요. 채점도 그 자리에서 바로 해주세요. 5~10분이면 하루 연산을 끝낼 수 있습니다.

2. 〈10×10칸〉 문제풀이

1) 왜 하나요?

연산 개념을 충분히 공부했는데도 연산문제를 많이 틀리거나 속도가 너무 느리다면 기초가 부족해서입니다. 연산은 하나로 연결되어 있습니다. 덧셈, 뺄셈, 곱셈의 기초 연산이 허약하면 자리 수가 하나씩 늘어날 때마다 매번 다른 문제로 보이고 번번이 틀리게 됩니다. 반면 기초 연산 100문제를 정확하고 신속하게 풀게 되면 자리 수가 많은 연산도 겁이 안 나고 수학에 자신감이 생깁니다.

2) 언제 하나요?

① 제 학년 연산문제를 많이 틀릴 때
② 제 학년 연산문제를 푸는 속도가 너무 느릴 때

3) 어떻게 하나요?

가로 10칸, 세로 10칸으로 된 표로 시간을 재면서 100문제를 푸는 것입니다. 양이 많아 보여도 같은 숫자를 위치만 바꿔 풀기 때문에 생각보다 어렵지 않습니다. 연산을 지겨워하는 아이라도 시간을 단축하는 재미에 집중해서 신나게 하다 보면, 자기도 모르는 새 정확성과 속도가 붙습니다.

규칙1) 매일 〈10×10칸〉 문제를 1~2장 풉니다

〈10×10칸〉 문제풀이는 1~2달 정도 매일 해서 단기간에 끝내는 것이 바람직합니다. 초등 1, 2학년은 매일 1장(100문제) 정도 하면 되지만, 초등 3학년 이상은 연산이 많이 부족한 상태이므로 아침, 저녁 1장씩 하루 2장은 풀도록 해주세요. 단, 〈10×10칸〉 문제풀이는 하루 2장(200문제)이 최대치입니다. 틀린다고 자꾸 더 하면 집중력도 떨어지고 아이도 힘들어해서 꾸준히 하기 어렵습니다.

규칙2) 100문제 푸는 데 걸리는 시간을 계속 기록합니다

처음에는 100문제를 다 맞추기 어렵습니다. 푸는 데 시간도 많이 걸리고요. 그러나 매일 1~2장(100~200문제)씩 하다 보면 어느 순간 정확하게 풀게 되고 푸는 속도도 점점 빨라집니다. 매일 시간을 기록해주세요. 그래프로 표시하면 변화가 한눈에 들어와 동기부여가 확실하게 됩니다. 틀리지 않고 2분 안에 100문제를 풀면 중단합니다.

규칙3) 덧셈 → 뺄셈 → 곱셈 순으로 합니다

연산에서 자꾸 틀리면 무조건 〈덧셈 10×10칸〉부터 시작하세요. 덧셈이 잘되어야 뺄셈과 곱셈이 편안해집니다. 〈덧셈 10×10칸〉을 2분 안에 정확하게 풀면 〈뺄셈 10×10칸〉도 마찬가지로 진행합니다. 구구단을 외울 수 있어도 "8 곱하기 6은?" 하고 물었을 때 금방 답이 안 나오면 〈곱셈 10×10칸〉을 2분 안에 정확하게 풀 때까지 연습하세요. 두세 자리 곱셈 계산이 금방 됩니다. 나눗셈을 힘들어하면 덧셈, 뺄셈, 곱셈을 다시 체크해보세요. 나눗셈을

정확하고 빠르게 할 수 있습니다.

• 〈10X10칸〉 문제 예시

1. 가로10칸, 세로 10칸 줄을 그으세요.

2. 덧셈과 곱셈은 0~9까지 수를 무작위로 씁니다.

3. 뺄셈은 왼쪽 칸은 0~9까지 수를, 위칸은 11~19까지 수를 무작위로 씁
   니다.

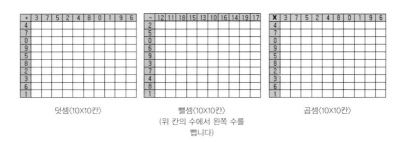

덧셈〈10X10칸〉   뺄셈〈10X10칸〉   곱셈〈10X10칸〉
                       (위 칸의 수에서 왼쪽 수를
                       뺍니다)

※ 잠수네 회원은 '잠수네 연산' 프로그램의 〈10×10칸〉 덧셈, 뺄셈, 곱셈 메뉴를 이
   용하세요.

┌───┐
│ 〈10×10칸〉 계산, 투자한 시간 대비 효과가 짱이에요!   │
│ 작성자 : 소중한맘 (중2)   │
└───┘

초등 3학년 연산을 들어가기 전에 〈10×10칸〉 연산이 신속, 정확하게 잘
된다면 나머지 연산 연습도 훨씬 쉽게 진행돼요. 그러니 연산이 힘들다면
꼭 〈10×10칸〉 계산 먼저 확실히 다지면 좋겠어요.

① 〈10×10칸〉 계산의 좋은 점

- 100칸이니까 연산을 100문제 푸는 셈인데요, 구몬이나 기탄 학습지로 100문제 푸는 것보다 훨씬 쉽게 느낀답니다.
- 시간을 재는 거라 연산을 지겨워하는 아들내미들도 기록 단축하는 재미로 그냥 합니다.
- 100문제 다 풀어봐야 몇 분 안 걸리니까 푸는 시간만큼은 무지 집중합니다.
- 구구단을 어설프게 외우던 아이들이 신속, 정확하게 구구단을 외울 수 있게 됩니다.
- 자기도 모르는 사이에 연산 속도와 정확도가 많이 향상되지요.

② 〈10×10칸〉 계산의 종류(중요한 순서)

- 〈10×10칸〉 덧셈 → 〈10×10칸〉 곱셈(구구단) → 〈10×10칸〉 뺄셈(생략해도 됨)

③ 〈10×10칸〉 덧셈

- 〈10×10칸〉 덧셈을 2분 안에 할 수 있을 때까지 매일 반복합니다.
- 왜 2분인가? 100칸이잖아요. 문제 1칸을 1초씩 걸려서 해결한다 해도 100초(1분 40초)가 걸리죠. 2분 이내에 연산을 오답 없이 해냈으면 계속 할 필요는 없어요. 2분 이내에 척척 잘 해내면 기록을 더 단축시키려고 욕심 낼 필요도 없어요(글씨 미워져요).
- 〈10×10칸〉 덧셈 기록이 5일 연속으로 2분 이내에 들었으면 그만하셔도 됩니다.

④ 〈10×10칸〉 곱셈(구구단)

- 구구단 벌써 외웠는데 왜 또 하냐구요? 어린 아이들은 외우기도 빨리 외
  우고 까먹기도 빨리 까먹지요. 확인 차원에서 〈10×10칸〉 곱셈으로 들
  어가봅시다.

- 구구단을 확실히 외운 친구는 〈10×10칸〉 덧셈보다 시간이 덜 걸립니다.

- 어른들이 하는 구구단 게임(구구~단 하고 7×6 하면 42 하고 바로 말해야
  하는 게임) 할 때처럼 답이 바로바로 나와야 진정으로 구구단을 외운 것
  이지요.

- 덧셈처럼 5번 연속으로 기록이 2분 이내에 들었으면 그만하셔도 됩니다.

- 3학년에서 나올 두 자리 수의 곱셈, 나눗셈 기초가 확실히 다져집니다.

이 사진은 우리 반 아이들의 〈10×10칸〉 곱셈 결과를 꾸준히 기록해놓은
자료예요.

3학년 1학기에 두 자리 수 곱하기 한 자리 수 곱셈이 나오고, 3학년 2학기 수학 1단원이 두 자리 수 곱하기 두 자리 수 곱셈이 나오는데, 아이들이 어찌나 어려워하는지 이거 지도하느라 수학 시간 다 할애하고, 아침 시간에 연산 돌리고 엄청 바빴어요.

3학년 1학기에 곱셈 나오기 전에 구구단을 자유자재로 신속하게 외울 수 있도록 아침 시간에 시간 날 때마다 〈10×10칸〉 곱셈을 계속 진행했어요. 교실 텔레비전 화면에 커다랗게 타이머 프로그램을 틀어놓고 "준비 시작!" 과 함께 풀기 시작해서, 다 끝나면 자기 시간을 학습지에 기록하는 방식이에요. 남 의식하기 좋아하는 아이들은 두리번거리느라 자기 본래의 실력을 발휘하지 못하기도 하는데요, 저는 꾸준히 "남이 얼마나 빠른지 두리번거리면 기록만 더 느려진다"고 강조하지요. 그러면 처음에 몇 번 두리번거리던 아이들도 몰두하여 열심히 풉니다.

10번 정도만 실시해도, 첫날에 비해 기록이 엄청나게 좋아진 것을 발견할 수 있지요? 딱 10번만 했는데도, 많이 발전했다는 것을 구체적인 기록을 보여주면서 알려줍니다. "다른 사람의 기록과 비교하지 말고, 어제의 나와 비교해서 점점 발전하자"고 하지요.

처음에 10분 이상이었던 아이가 6분대로 들어서고, 처음에 6분 29초였던 아이가 3분 30초로 발전하는 것 보이시지요? 3학년 우리 반 아이들 중 계산이 빠른 친구들은 첫날부터 2분 정도에 했구요, 느린 친구들은 7~8분에 하는 친구들도 있었어요. 결국은 대부분 2~5분 사이에 합니다.

우리 집에서 쓰고 있는 수학 막교구를 소개합니다

작성자 : 만점엄마된다 (초3, 초1)

우리 집에서 쓰고 있는 수학 막교구를 소개하려고 해요. 유명 교구들은 다들 아실 테니 그냥 대강 손 닿는 대로 쓴 것들…….

큰애는 저학년일수록 영어, 독서에 힘써야 한다는 말을 신봉한 나머지 수학을 등한시했어요. 연산만 챙겼지요. 사실은 잠수네 책에 보면 그 기준이 단원평가 100점이랍니다. 전 당연히 100점 맞을 거라 생각했기 때문에 수학은 안 시켰었거든요. 여기는 시골학교에 시험도 쉽게 나오는데도 불구하고 그게 안 되더라구요. 2학년 여름방학 전에 처음 학교에서 기말고사를 보았는데, 4쪽 중에 1쪽 풀고 왔다는 말을 듣고 충격받아서 공부를 시작했었지요. 처음에는 소리 버럭버럭 질러가면서 "이걸 왜 몰라!" 하다가, 이리저리 어떻게든 해보고자 했던 몇 안 되는 방법들을 풀어보려고 해요.

1. 달걀판

잠수네 가입하고 얼마 안 되었을 때 달걀판으로 덧셈뺄셈을 한다는 말을 보고 이거다 싶었지요. 큰애 때는 여기다 빈 커피캡슐을 놓고 보드게임 말

움직이듯 했는데 깜찍이는 절 닮아 뭐든 귀찮아해서 그냥 손가락으로 합니다.

예를 들어 8+4면 8이 적인 숫자에서 하나 둘 셋 넷 해서 4칸 가는 식으로……. 그러면 짜잔! 밑에 12라는 숫자가 보이지요! 그럼 '8+4는 12구나'를 알 수 있답니다. 물론 익숙해지면 암산해야지요. 그전까지는 요렇게. 수블록이 더 좋을 텐데 깜찍이가 님 귀찮아해요. 제가 늘어놓을 테니 세 기만 하라고 해도 싫다고 해서 요걸로 합니다. 1줄에 5씩 있어서 5의 보수 익히는 데도 좋고 10 넘어가는 연산하기도 좋아요. 3년 되었더니 마구 헐었네요.

2. 문방구표 숫자카드

문제집을 풀다 보면 '2, 3, 4로 만들 수 있는 가장 큰 수는 무엇입니까'부터 시작해서 더해라 빼라 각종 문제가 나옵니다. 처음에는 포스트잇을 1장씩 떼서 하다가 성질 나서 문방구 가서 물어보았더니 단돈 천 원에 0~9까지 1장씩 들어있는 카드가 있더라구요. 그래서 그런 문제 나올 때마다 숫자 하나씩 찾아서 줍니다.

참 그리고 2학년 때 구구단 외우잖아요. 구구단을 외자 게임도 있고 앱게임도 있고 방법은 많죠. 핸폰이나 컴터를 손에 쥐어주기는 싫고 구구단게임을 하자니 맨날 묻는 것만 묻게 되더라구요. 그래서 2학년 겨울방학 때요 카드를 5개 세트 사서 뒤집어놓고 2개씩 뽑아 구구단게임을 했답니다. 나중에 2단, 3단, 5단 요런 건 만만하니까 제가 1, 2장만 남기고 치웠어요. 여하간 요렇게 활용도 됩니다.

3. 모노폴리나 부루마블 돈

큰애가 그렇게 하라고 한 적도 없는데 무조건 앞자리부터 계산을 해요. 구몬선생님은 참 좋아하시더라구요. 전 싫은데.

그래서 그런지 받아올림, 받아내림 개념을 어려워하더라구요. 계산은 해놓고 받아올림 받아내림 칸에는 모르겠다고 뻗대고 있다는…….

그래서 처음엔 은행놀이처럼 돈으로 계산했답니다. 234-139 할 때 4에서 9를 뺄 수 없으니 10원짜리 돈을 1장 주며 "은행장님, 1원짜리로 돈 바꿔주세요" 하면 제가 "네, 10원짜리 하나 받아서 1원짜리 10개로 내려드립니다. 받아내림입니다"라고 해드렸었죠. 근데 엄마가 귀찮아서, 정리하기가 힘들어서 1달인가 하고 관두었답니다. 요새는 수블록으로 해요.

연산 구멍
해결하기

덧셈과 뺄셈 문제를 어려워해요

1. 덧셈, 뺄셈의 학년별 흐름

자연수의 덧셈과 뺄셈은 초등학교 1학년 때 기본 개념을 익히고, 초등 2~3학년까지 두 자리, 세 자리 수의 연산 연습을 합니다. 연산의 자리 수가 늘어나면 어렵다고 느끼는 아이들이 많지만 사실 초등 1학년 때 배우는 기본 개념을 확실히 다지면 자리 수가 아무리 늘어나도 결국은 똑같은 계산입니다.

2. 덧셈, 뺄셈의 기본개념

초등 1학년 때 배우는 덧셈과 뺄셈의 기초 개념은 '수 세기', '모으기와 가르기', '10의 보수'입니다. '수 세기'는 앞으로 세기, 거꾸로 세기, 뛰어 세기, 세 종류가 있습니다. 앞으로 세기는 덧셈의 기초, 거꾸로 세기는 뺄셈의 기초, 뛰어 세기는 곱셈과 나눗셈의 기초입니다. '모으기와 가르기'는 덧셈과 뺄셈의 기본 개념이기도 하지만 수 감각과 수의 상호관계를 이해하는 첫걸음입니다. '모으기와 가르기'로 수 감각이 유연해지면 상당수 아이들이 어려워하는 '여러 가지 방법으로 덧셈과 뺄셈식 만들기'를 쉽게 해낼 수 있습니다. '10의 보수' 역시 제대로 이해하지 못하면 올림 있는 덧셈과 내림 있는 뺄셈을 잘하기 어렵습니다. 처음에는 '5의 보수'부터 하고, 차차 '10의 보수'를 익히도록 해주세요.

1학년에서 덧셈, 뺄셈을 어려워하는 아이

1) '두 수로 가르기'를 어려워하면 '더해서 □ 되는 수 찾기'를 해주세요. '10의 보수'를 자유롭게 떠올릴 수 있어야 받아올림/내림 있는 덧셈, 뺄셈이 쉽게 됩니다. 10의 보수가 구구단처럼 바로 튀어나올 수 있을 때까지 연습합니다.

2) '받아올림/내림 있는 한 자리 수의 덧셈, 뺄셈'을 어려워하면 〈10×10칸〉 덧셈, 뺄셈 문제를 풀어보세요. 아무리 숫자 감각이 느린 아이라도 매일 2장씩 꾸준히 하면 두 달이면 덧셈, 뺄셈에 자신감을 갖게 됩니다.

2학년 이상에서 덧셈과 뺄셈을 많이 틀리는 아이

교과서의 덧셈, 뺄셈 개념을 공부한 뒤 〈덧셈10×10칸〉으로 기초연산을 연습합니다. 〈덧셈10×10칸〉을 2분 안에 계산하게 되면 〈뺄셈

10×10칸)을 합니다. '받아올림 있는 한 자리 수의 덧셈'과 '받아내림 있는 20 미만 수의 뺄셈'이 빠르고 정확하게 될 때까지 반복하는 것이 어설프게 자리 수가 많은 덧셈과 뺄셈에 매달리는 것보다 확실한 길입니다.

곱셈 문제를 자주 틀려요

학년별 흐름

곱셈은 초등 2학년 때 개념과 구구단을 배우고, 초 3~4학년까지 두 자리, 세 자리 수의 곱셈 연습을 합니다. 덧셈처럼 기본 개념을 확실히 이해하면 학년이 올라가면서 자리 수만 늘어날 뿐 결국은 같은 원리입니다.

기본 개념

곱셈은 '같은 수의 더하기'입니다. 초등 2학년 수학교과서를 보면 처음에는 2개, 3개, 4개씩 '묶어 세어보기'를 하고 나서 이것을 덧셈식으로 써보고, '몇 배'인지 확인하는 활동을 합니다. 그런 후 여러 번 더한 덧셈식과 몇 배인지를 간단하게 표현하기 위해 곱셈식이 등장한다는 것을 배웁니다.

1) 구구단 외우는 순서

곱셈의 기본 개념을 충분히 이해했다면 '구구단' 외우기는 초등 2학년 교과서의 흐름대로 하면 됩니다. '2단→5단→3단→4단'을 먼저 완전히 외우고 나서, '6단 → 7단 → 8단 → 9단' 순으로 진행하고, 마지막으로 1단과 0단 곱셈구구를 이해하도록 합니다.

2) 곱셈 개념의 확장

아이들이 분수나 소수의 곱셈, 문자식의 곱셈을 어려워하는 근본적인 이유는 곱셈에 대한 기본 개념이 확실하게 다져지지 않기 때문입니다. 3×5는 3을 5번 더한 것(3+3+3+3+3)이라는 개념을 이해하고 있으면 분수의 곱셈에서 $\frac{1}{2} \times 5$도 $\frac{1}{2}$을 5번 더한 것이라는 것을 쉽게 파악할 수 있습니다. 소수의 곱셈에서도 0.1×5는 0.1을 5번 더한 것이라고 이해합니다. $\triangle \times 5$ 역시 $\triangle$을 5번 더한 것이고, 중학교에서 배우는 문자식 $a \times 5$도 a를 5번 더한 것이 되지요.

3) 혼합식에서 곱셈 개념의 중요성

$2+3 \times 4$와 같이 덧셈과 곱셈이 섞인 혼합식을 볼까요? 대부분의 아이들이 왜 3×4를 먼저 계산해야 하는지도 이해 못한 상태에서 그냥 계산합니다. 그러나 3×4가 3+3+3+3를 간략하게 나타낸 것이라는 것을 이해하고 있으면 앞에서부터 2와 3을 더할 수 없다는 것을 쉽게 알 수 있습니다.

2학년에서 곱셈이 어려운 아이

아무리 구구단을 외우려고 몇 달을 애써도 돌아서면 까먹는 아이들이 있습니다. 어찌어찌 순서대로 구구단을 외웠어도 구구단 범위 내에서 곱셈 문제를 내면 답을 찾지 못합니다. 이런 아이들은 먼저 사탕, 과자,

아이스크림, 초콜릿 등 아이들에게 친숙한 구체물로 곱셈 개념을 익히도록 해주세요. 달걀 10개들이 빈 달걀 판에 새알 초콜릿을 2개씩, 3개씩 담아보거나, 사탕을 같은 개수로 묶어 세어보면서 덧셈을 간략하게 만든 것이 곱셈이라는 것을 이해하도록요.

그다음 〈곱셈10×10칸〉을 합니다. 구구단의 곱셈을 100칸 속에 흩뿌려두었기 때문에 구구단을 완전히 내 것으로 만드는 훈련을 단기간에 할 수 있습니다. 곱셈이 어려우면 그다음 단계인 나눗셈으로 영원히 넘어갈 수 없습니다. 덧셈과 뺄셈처럼 〈곱셈10×10칸〉을 매일 2장씩 두 달만 하면 곱셈의 첫 번째 고비를 넘습니다.

3학년 이상에서 곱셈을 자주 틀리는 아이

우선 구구단을 정확하게 외우고 있는지 확인해주세요. 초등 4학년은 물론 초등 5, 6학년, 중학생이라도 구구단을 완전하게 못 외울 수 있습니다. 그다음 〈곱셈10×10칸〉을 합니다. 2분 안에 100문제를 풀 수 있으면 초등 3학년의 곱셈 계산을 시작합니다. 이때는 〈10-10-10〉 문제풀이로 진행하면 연산 단계별로 어디에서 많이 틀리는지 파악이 됩니다. 틀리는 부분은 그 단계를 반복하세요.

나눗셈이 안 돼요

1. 나눗셈의 학년별 흐름

나눗셈은 초등 3학년 때 기본 개념을 익히고, 초등 4학년에서 집중적으로 두 자리 수, 세 자리 수의 나눗셈 연습을 합니다. 초등 1학년에 덧셈과 뺄셈을, 초등학교 2학년에 곱셈을 배운 후 초등 3학년에 올라와서야 나눗셈을 배우는 것은 덧셈, 뺄셈, 곱셈을 완전히 이해해야 나눗셈을 익힐 수 있기 때문입니다.

2. 나눗셈의 기본 개념

곱셈이 '같은 수의 더하기'라면 나눗셈은 '같은 수의 빼기'입니다. 초등학교 3학년 교과서에서는 '똑같이 묶어 덜어내기'로 표현합니다. 또한 '똑같게 나누기' 개념의 나눗셈 개념도 더불어 배웁니다. '똑같이 묶어 덜어내기'만으로는 나눗셈 개념을 다 설명하기 어렵기 때문입니다.

$6 \div 2$를 두 개념이 들어간 문제로 각각 바꾸어보겠습니다.

(똑같이 묶어 덜어내기) 과자 6개를 2개씩 접시에 담는다면 접시는 몇 개가 필요할까?

(똑같게 나누기) 과자 6개를 2명이 똑같이 나누어 먹는다면 몇 개씩 먹을 수 있을까?

사실 초등 3학년이 '똑같이 묶어 덜어내기'와 '똑같게 나누기' 개념을 구분해서 이해하기는 많이 힘듭니다. 나중에 5학년에서 분수의 나눗셈을 배울 때 이 개념이 왜 필요한지 설명해주면 좋겠습니다.

나눗셈을 어려워하는 아이

교과서의 문제를 과자나 초콜릿, 빵, 블록 등 구체물로 직접 덜어내거나 나누어보면서 나눗셈 개념을 익히는 과정이 꼭 필요합니다. 9÷3 은 '9에는 3이 몇 개나 들었는가(또는 3을 몇 번 뺄 수 있는가)?'라는 의미 라는 것을 이해해야 35÷7을 봐도 '35에 7이 몇 개나 들었는가?'를 생 각할 수 있고, 180÷15란 식을 보며 '180에 15가 몇 개 들었을까?'를 생각할 수 있습니다.

1단계) '구구단' 암기를 확인한 뒤, 〈곱셈10×10칸〉을 정확하고 빠르게 할 때까지 연습해주세요. 이렇게만 해도 '구구단 범위 내의 나눗셈'은 눈 감고 도 할 수 있습니다.

2단계) '올림 있는 (두 자리 수)×(한 자리 수)'의 곱셈도 연습합니다. 두 자 리 수의 곱셈이 제대로 되어야 두 자리 수, 세 자리 수의 나눗셈이 가능하 니까요.

3단계) 뺄셈이 헷갈려도 나눗셈은 어렵습니다. 〈뺄셈10×10칸〉으로 '받아 내림 있는 20 미만 수의 뺄셈'을 정확하고 빠르게 할 때까지 도와주세요.

자리 수가 많은 나눗셈의 세로셈을 헷갈려서 헤맨다면 '(두 자리 수)÷(한 자리 수)의 나눗셈' 문제를 풀면서 세로셈의 원리를 완전하게 익히는 것이 좋습니다. 암산이 가능한 아이라도 나눗셈식의 자리 수가 많아지면 결국은 세로셈으로 해야 합니다. 규칙은 가장 쉬운 단계에서 정확하게 이해할 수 있도록 해주세요.

나눗셈 실수 잡기

덧셈, 뺄셈, 곱셈을 그다지 힘들어하지 않고 해내던 아이라도 '(세 자리 수)÷(두 자리 수)의 나눗셈'에서는 좌절을 맛보는 경우가 많습니다. 식 쓰는 것을 귀찮아하고, 머릿속으로 계산하던 것이 한계에 부딪히기 때문입니다. 해법은 별거 없어요. 공책에 손으로 쓰면서 정답이 나올 때까지 연습하는 방법밖에는요.

분수 계산을 어려워해요

1. 분수의 학년별 흐름

분수는 초등 3~6학년의 4년간 다음과 같은 순서로 배웁니다.

〈초3〉 분수 개념, 단위분수 → 분수의 크기 비교

〈초4〉 진분수, 대분수, 가분수의 개념 → 분수의 덧셈과 뺄셈

〈초5〉 배수, 약수, 약분과 통분 개념 → 분수의 곱셈과 나눗셈

〈초6〉 분수의 나눗셈

초등 5학년 때 배우는 약수와 배수, 약분과 통분, 분수의 곱셈과 나눗셈은 아이들이 제일 어려워하는 곳입니다. 분수의 연산이 오락가락 하면 중고등학교 수학 공부는 더 이상 하기 어렵습니다. 초등 고학년 이라고 중등 선행을 걱정하기 전에 분수 개념과 연산을 제대로 아는지 확인해주세요.

2. 분수의 기본 개념

초등 3학년 생활에서 체험으로 분수의 기본 개념을 알게 해주세요. 분수의 개념도 자연수처럼 생활에서 직접 체험해보는 것이 최고입니다. 피자같이 먹는 것을 $\frac{1}{2}$, $\frac{1}{4}$ 조각으로 잘라보게 해주세요. 놀이처럼 직접 자르고 붙이다 보면 $\frac{1}{2}$이 2개 있으면 1개, $\frac{1}{4}$이 2개면 $\frac{1}{2}$이 된다는 것뿐 아니라 $\frac{1}{2}$이 $\frac{1}{4}$보다 크다는 것도 쉽게 이해할 수 있습니다.

초등 4학년 여러 가지 분수의 뜻과 분수의 덧셈, 뺄셈의 원리를 확실하게 알도록 합니다. '진분수'는 분자가 분모보다 작은 분수, '가분수'는 분자가 분모와 같거나 분모보다 큰 분수, '대분수'는 자연수와 진분수로 이루어진 분수입니다. '진(眞)분수'는 진짜 분수, '가(假)분수'는 가짜 분수, '대(帶)분수'는 허리에 띠를 찬(자연수) 분수라고 설명하면 이해가 쉽습니다.

'분모가 같은 분수의 덧셈과 뺄셈'은 쉬워 보이지만 ($\frac{2}{3}+\frac{2}{3}$), ($1-\frac{1}{3}$), ($2\frac{1}{4}-\frac{3}{4}$)과 같이 '대분수'와 '진분수'의 변환이 필요한 문제가 복병입니다. 이런 문제를 어려워한다면 '대분수를 가분수로 바꾸기', '가분수를 대분수로 바꾸기' 연습을 충분히 하도록 해주세요.

초등 5학년 분수 연산의 기초 개념과 분수 연산의 곱셈, 나눗셈을 제대로 이해하도록 도와주세요

초등학교 5학년 수학이 어렵다고 하죠? 분모가 다른 분수의 덧셈과

뺄셈, 곱셈을 5학년에서 몽땅 배우기 때문이에요. 분수의 연산에서 막히면 수학에 자신감을 잃고 수학을 포기하고 싶은 마음이 듭니다. 어떻게 이 총체적 난국을 헤쳐갈 것인가, 하나씩 짚어보겠습니다.

'약수와 배수', '약분과 통분'을 모르고선 분수 연산은 말짱 도루묵입니다. 5학년에서 분수의 연산을 배우기에 '약수와 배수', '약분과 통분'을 배우는 것은 다 이유가 있습니다. 분수의 연산을 하는 데 필수적인 '약분'은 '공약수'를 알아야 할 수 있고, '통분'은 '최소공배수'를 알아야 할 수 있기 때문이지요. 교과서를 보며 개념을 충분히 이해한 뒤, 아래 내용이 입에서 좔좔 나올 정도로 외워야 해요.

약수	배수
약수 : 나눠 떨어지는 수 공약수 : 두 수의 공통인 약수 최대공약수 : 제일 큰 공약수	배수 : 1배, 2배, 3배한 수 공배수 : 두 수의 공통인 배수 최소공배수 : 제일 작은 공배수

아이들은 분수의 덧셈, 뺄셈에 비해 분수의 곱셈을 더 편하게 느낍니다. 분모는 분모끼리, 분자는 분자끼리 곱하거나 약분하면 되니까요. 하지만 이렇게 하는 이유를 제대로 이해하는 아이들은 별로 없어요.

1) '분수의 곱셈'은 '더하기'다

자연수의 곱셈에서 '곱셈은 더하기'라고 했습니다. 그렇다면 분수의 곱셈도 더하기가 되어야 하겠죠?

$(\frac{3}{8} \times 5)$는 $\frac{3}{8}$를 5번 더한 것, 즉 $(\frac{3}{8} + \frac{3}{8} + \frac{3}{8} + \frac{3}{8} + \frac{3}{8})$이라고요.

2) '분수의 곱셈'은 '몇 배'다

더하기만으로는 분수의 곱셈이 다 설명되지 않습니다. $3 \times \frac{1}{3}$ 같은 곱셈식에서는 3이 $\frac{1}{3}$개 있다는 것이 당최 이해가 안 되거든요. 교과서의 설명은 이렇습니다.

3의 3배는 3×3이니까

3의 $\frac{1}{3}$배는 $3 \times \frac{1}{3}$이라고 할 수 있다.

초등 6학년   분수의 나눗셈이 어떤 의미를 갖는지 모르는 아이들이 많습니다. 분수의 나눗셈 개념을 제대로 이해하고, 분수의 연산을 정확하게 하도록 해주세요.

1) '똑같이 묶어 덜어내기' 개념으로 분수의 나눗셈 이해하기

$2 \div \frac{1}{3}$는 어떤 의미일까요? '똑같이 묶어 덜어내기' 개념으로 생각해보죠. 예컨대, 사각초콜릿 2개를 $\frac{1}{3}$씩 그릇에 담는다고 가정해볼까요? 2에서 $\frac{1}{3}$을 6번 덜어낼 수 있으므로 답은 6그릇 되겠습니다.

2) '똑같이 나누기' 개념으로 분수의 나눗셈 이해하기

$\frac{1}{3} \div 2$ 같은 경우는 '똑같이 묶어 덜어내기' 개념으로 설명이 안 돼요. $\frac{1}{3}$에서 2를 뺄 방법이 없으니까요. 대신 '똑같이 나누기' 개념으로는 설명이 됩니다. $\frac{1}{3}$쪽의 초콜릿을 2명이 나누어 먹는다면 $\frac{1}{6}$쪽씩 먹을 수 있지 않겠어요?

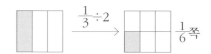

분수를 어려워하는 아이

1) 분수를 생활 속에서 접하도록 많이 신경을 써주세요

아이들이 분수를 어려워하는 이유는 자연수와 달리 확실하게 손에 잡히지 않기 때문입니다. 분수를 충분히 이해할 수 있도록 집에서 다양한 경험을 하게 해주세요. 피자 한 판을 먹으면서도 얼마든지 개념을 익힐 수 있습니다.

- 8조각으로 나눠진 피자 한 판을 2명이 나눠 먹으면 나는 몇 개를 먹을 수 있을까?
- 한 조각은 전체의 몇 분의 몇인가?
- 내가 한 조각을 먹으면 남은 피자는 전체의 몇 분의 몇인가?

2) 첫째도 개념, 둘째도, 셋째도 개념을 이해해야 합니다

분수의 계산에만 매달리는 것은 아무 의미가 없습니다. 개념이 확실하게 서있어야 문장제 문제를 풀 수 있습니다. 각 학년별로 교과서에서 개념을 설명하는 곳을 대충 건너뛰지 않게 해주세요.

3) 나눗셈을 제대로 하고 있나 확인해주세요

나눗셈이 불안하면 분수는 시작도 하기 어렵습니다. 나눗셈이 안 되면 곱셈을, 곱셈이 안 되면 덧셈을 체크해야 해요. 뺄셈도 중요합니다. 고학년이고 스스로 하겠다는 의지가 있으면 빠른 속도로 구멍 난 부분을 메울 수 있습니다.

4) 분수의 기본 계산은 그림을 많이 그려보게 해주세요

분수의 계산을 제대로 하려면 계산을 했을 때 어떤 상황이 될지 머릿 속에서 그림이 그려져야 합니다. 서술형 문제도 그림으로 그릴 수 있으면 다 푼 것이나 다름없습니다. 수학을 잘하는 아이는 이런 과정이 저절로 되는 것이고요, 수학이 어려운 아이는 이런 상상이 잘 안 되기 때문입니다. $\frac{2}{3}+\frac{2}{3}$같이 간단한 계산도 종이에 답만 쓰지 말고 $\frac{2}{3}$만큼을 색칠해보세요. $\frac{1}{3}$이 몇 개가 되는지 확인할 수 있습니다.

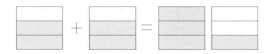

5) 분수의 연산 방법을 잊는 것은 정상입니다

분수의 곱셈을 배우고 나면 덧셈과 뺄셈을 잊어버리고, 분수의 나눗셈을 배우면 곱셈도 나눗셈처럼 하려고 합니다. 또 까먹었다고 야단치지 말고 잊어버린 연산의 처음부터 다시 시작하세요. 아무리 느린 아이라도 두 번째 할 때는 처음보다 많이 수월합니다.

분수 연산의 실수 잡기

분수의 연산도 자연수의 사칙연산처럼 기본적인 개념과 규칙을 잘 이해한다면 그리 어려운 부분이 아닙니다. 하지만 쉽다고 집중을 하지 않으면 실수가 쏟아집니다. 특히 분수의 연산은 약분하고 통분하는 과정이 복잡합니다. 다음 연산식으로 넘어갈 때 엉뚱한 숫자를 써서 틀리는 아이도 많습니다. 잘 풀어 놓고 답을 엉뚱하게 쓰기도 합니다. 연산에

서 틀린 문제는 어디에서 틀렸는지 동그라미를 쳐서 자신의 실수를 확인할 수 있게 해주세요. 분수의 연산은 암산으로는 어렵습니다. 공책에 계산하는 습관을 들여주세요.

그 밖에 어려워하는 영역

1. 큰 수를 어려워해요
초등 4학년은 첫 단원부터 부담을 느끼는 아이들이 나타납니다. 자리 수가 아무리 길더라도 4자리씩 끊어서 만, 억, 조로 표시한다는 것만 이해하면 이 부분은 끝입니다.

2. 혼합계산을 어려워해요
자연수의 혼합계산을 틀리는 것은 계산 순서를 헷갈리기 때문입니다.

'곱셈과 나눗셈이 있을 때 먼저 계산을 해야 하는 이유'를 모르는 아이가 많습니다. 이것은 곱셈과 나눗셈의 개념만 알아도 쉽게 이해할 수 있어요. 곱셈은 '같은 수의 더하기'이고, 나눗셈은 '같은 수의 빼기'라는 것을요. 혼합계산 $2+3 \times 5-4 \div 2$에서 '2와 3을 더하면 안 되는 이유'는 3×5가 $3+3+3+3+3$이기 때문이고, '5에서 4를 빼면 안 되는 이유'는 $4 \div 2$가 4-2-2의 뜻을 갖고 있기 때문입니다.

'괄호가 있을 때의 연산 순서는 ( ) → { } → [ ] 순'입니다. 이 부분은 이해가 필요한 것이 아니라 외워서 자기 것이 될 때까지 연습하는 수밖에 없습니다.

학년별 연산
체크 포인트

1학년 덧셈, 뺄셈 개념을 구체물로 체험하게 해주세요

무조건 연산문제만 풀라고 하지 말고 교과서 내용을 구체물을 통해 직접 만져보며 몸으로 느낄 수 있게 해주세요. 1학년 교과서 내용이 너무 쉽더라도 그만큼만 잘해도 충분합니다. 1학년 때 지나치게 연산 연습을 시키면 자칫 수학이 싫다는 느낌만 들 가능성이 높습니다. 1학년 때는 손가락으로 셈하는 아이가 많은데요, 굳이 못하게 하지 마세요. 자기 나이의 발달 수준에 맞게 제대로 수학을 체험하고 있는 겁니다. 손가락이 반구체물 역할을 하는 거지요. 좀 더 시간이 흐르면 손가락으로 계산하는 것을 그만둘 때가 옵니다.

2학년 덧셈 · 뺄셈 연습은 필수, 구구단 개념을 익힙니다

2학년 수학은 특별히 어려운 부분이 없습니다. 아직까지는 수학이 쉽고 재미있다고 말하거나, 자기가 수학을 잘한다고 생각하는 아이도 많습니다. 연산을 정확하고 빠르게 할 수 있어야 수학에 자신감이 붙습니다. 빨리 푸는 것보다 정확하게 푸는 것이 우선입니다. 정확하게 풀게 되면 빠르기는 저절로 따라옵니다. 만약 2학년 연산이 느리거나 자주 틀린다면 확실히 잡고 가야 합니다. 지금부터 연산이 버벅거리면 학년이 올라갈수록 계속 꼬입니다.

3학년 덧셈 · 뺄셈 · 곱셈 연습 열심히, 나눗셈과 분수 개념을 탄탄하게 합니다

3학년이 되면 수학을 잘하는 아이와 못하는 아이가 눈에 확 드러납니다. 수학에 재능이 있는 아이라면 지금까지는 별로 공부하지 않아도 좋은 성적을 받을 수 있겠지만 앞으로는 장담할 수 없습니다. 보통 아이라면 하루 30분씩이라도 매일 꾸준히 공부하는 습관이 필요합니다. 초등 3학년부터는 연산 연습을 꾸준히 해야 할 때입니다. 수학을 잘하는 아이는 실수하지 않기 위해, 느린 아이는 자기 학년 연산을 제대로 하는 것을 목표로 해서요. 짧게는 10분, 느린 아이라면 조금 더 시간이 걸리더라도 매일 연산 연습을 하도록 해주세요.

4학년 덧셈 · 뺄셈 · 곱셈 · 나눗셈, 정확성과 속도를 잡습니다

4학년은 큰 수, 세 자리 수의 곱셈과 나눗셈, 자연수의 혼합계산 등 3학년에 비해 확 어렵게 느껴지는 내용을 배웁니다. 새롭게 분수와 소수

의 연산까지 배우려니 기초가 없는 아이는 지레 겁을 먹습니다. 고학년이니 이제는 학원에서 본격적으로 수학 공부를 안 하면 다른 아이들에게 밀리는 것이 아닌가 불안감이 드는 때이기도 합니다. 4학년 수학이 어려워도 5학년에 비하면 아직 아무것도 아닙니다. 지금 시작해도 차근차근 기초를 밟으면 금방 따라잡을 수 있습니다.

5학년 분수 연산의 기초인 약수와 배수, 약분과 통분 개념을 확실하게 익힙니다
5학년은 초등 수학의 꽃이라고 말할 수 있습니다. 그만큼 중요한 내용을 배우고, 그만큼 아이들이 어려워합니다. 수학이 싫은 것을 넘어 포기하려는 아이들도 나타납니다. 모두 다 '분수' 때문입니다. 분수의 사칙연산은 5학년 1년 동안 거의 다 배웁니다. 자연수의 사칙연산을 1~4학년까지 4년간 배우는 것에 비해 엄청난 속도로 진도가 나가는 거죠. 5학년에서 배우는 '분수의 개념'은 중고등학교 수학의 절반인 함수의 기초 개념입니다. 중학교 선행학습 한다며 대충 넘어가면 반드시 후회하게 됩니다. 우선은 교과서 순서대로 연산 연습을 하는 것을 원칙으로 하되, 연산문제를 틀린다면 이유를 잘 살펴봐야 합니다.

6학년 분수·소수의 사칙연산, 정확성과 속도를 잡습니다
6학년에서 배우는 '분수와 소수의 나눗셈'은 5학년 과정이 탄탄했다면 크게 문제가 안 됩니다. 허나 틀리는 횟수가 많다면 5학년, 4학년 과정에서 어디인가 구멍이 있다는 이야기입니다. 아래 학년으로 내려가서 아이가 어려워하는 지점부터 다시 시작하면 됩니다.

중학생 분수의 연산, 문자식을 제대로 할 수 있는지 확인해야 합니다

"중학생도 연산 연습이 필요한가?"란 질문에는 아이에 따라 연산 연습을 할 필요가 있다 쪽에 손을 듭니다. 중학교에서 수학을 포기하는 이유 중 첫 번째가 연산의 기초가 안 되어있기 때문입니다. 초등학교 때 배운 자연수, 분수, 소수의 사칙연산이 정확하고 빠르게 되어있지 않은 아이는 중학교 1학년 1학기 정수와 유리수의 계산에서 무너지고 맙니다. 반대로 심화문제 등 어려운 문제를 술술 다 푸는 아이가 식은 제대로 써놓고 연산 실수로 어이 없게 틀리는 경우도 왕왕 봅니다. 둘 다 연산훈련이 필요한 케이스지요. 중학생인데 연산이 부족하다면 약한 부분의 연산문제만 유형별로 모아서 풀어볼 필요가 있습니다.

도형
꼼꼼 가이드

도형을
왜 어려워할까?

초등 1학년 도형은 비교적 쉽습니다. 2학년부터 도형의 정의가 나오지만 아직까지 도형이 어렵다는 생각은 안 들지요. 그러나 3학년부터는 조금 달라집니다. 다음은 초등학교 6년간 배우는 도형 관련 내용입니다.

초등	도형
초1	상자 모양, 둥근 기둥 모양, 공 모양 / 네모, 세모, 동그라미 모양 / 넓이 비교
초2	원 / 삼각형, 사각형, 오각형, 육각형
초3	직선, 각, 꼭짓점, 변, 직각 / 직각삼각형, 직사각형, 정사각형 / 평면도형의 이동 / 원의 중심, 반지름, 지름
초4	각도, 예각 / 둔각삼각형, 이등변삼각형, 정삼각형 / 수직, 수선, 평행, 평행선 / 사다리꼴, 평행사변형, 마름모, 직사각형, 다각형, 정다각형

| 초5 | 직육면체와 정육면체, 겨냥도, 전개도 / 합동, 선대칭, 점대칭 / 직사각형의 둘레와 넓이, 평행사변형, 삼각형, 사다리꼴, 마름모, 다각형의 넓이 |
| 초6 | 각기둥과 각뿔 / 원기둥과 원뿔, 구 / 원주율과 원의 넓이 / 직육면체의 겉넓이와 부피 / 원기둥의 겉넓이와 부피 |

    도형 감각이 떨어지는 아이들은 3학년의 '평면도형의 이동' 단원에서 '도형 돌리기' 때문에 골머리를 썩습니다. 몇 번이고 도형 돌리기 연습을 해봐도 번번이 정확한 답을 구하는 데 애를 먹습니다. 도형의 개수 구하기, 쌓기 나무 개수 세기, 전개도 그리기도 아이들이 많이 힘들어하는 유형입니다. 도형 감각도 있어야 하지만 차근차근 따져보는 논리적 사고와 집중력이 필요하기 때문입니다.

    4학년에서 배우는 '도형의 정의와 성질'은 매우 중요합니다. 중학교 기하와 바로 연결되기 때문입니다. 교과서 내용을 이해하고 암기까지 해야 합니다. 5, 6학년의 '도형의 넓이, 부피' 단원도 도형을 이해하는 능력, 연산 능력, 도형 개념 공부가 안 되어있으면 오답이 줄을 잇습니다.

    하지만 본격적인 어려움은 중학교부터입니다. 중학교에서는 1학기에 대수, 2학기에 기하(도형)를 배웁니다. 중학교 도형 영역은 초등 4~6학년에서 배운 것을 토대로 개념이 확장됩니다. 중학교에서 어떤 내용을 배우는지 살펴볼까요?

중등	도형
중1	점, 선, 면, 각, 평행선 / 삼각형의 합동조건 / 다각형, 내각, 외각 / 부채꼴의 넓이, 호의 길이 / 원과 직선, 원의 위치관계 / 다면체, 회전체 / 입체도형의 겉넓이와 부피
중2	삼각형, 사각형의 성질 / 도형의 닮음 / 삼각형의 닮음조건 / 삼각형의 중점연결정리 / 닮은도형의 넓이와 부피
중3	피타고라스의 정리 / 삼각비 / 원에서 현, 접선에 대한 성질 / 원주각 / 원에 내접하는 사각형 / 원과 비례

제목만 봐도 머리가 아프죠? 고등학교는 한술 더 뜹니다. 좌표 위에서 함수와 도형의 관계를 공부하거든요.

수학의 다른 영역처럼 도형도 첫 단추를 제대로 꿰지 못하면 학년이 올라갈수록 따라가기가 힘들어집니다. 한 가지 다행인 것은 연산 영역처럼 아래 단계를 모르면 위 단계를 전혀 못하는 정도는 아니라는 점입니다. 대신 살짝 힘든 면도 있습니다. 수 감각이 있으면 연산이 쉽게 다가오듯 도형도 도형 감각이 있으면 도형 문제를 두려워하지 않습니다. 그러나 연산과 다른 점은 문제를 많이 푼다고 도형 감각이 생기지 않는다는 것입니다.

도형을 어려워하는 원인을 알아야 해결책을 찾을 수 있겠죠?

1. 도형을 접할 기회가 많이 없었다

아이들마다 개성이 다 다릅니다. 운동 잘하는 아이, 그림 잘 그리는 아이처럼 타고나길 도형 감각이 뛰어난 아이와 떨어지는 아이가 있는 것처럼 보입니다. 그러나 곰곰이 생각해보면 어릴 때부터 노는 게 달랐을 뿐입니다. 블록을 갖고 놀아도 위로 쌓고, 자동차나 비행기처럼 구르고 날아다니는 물체를 만들면서 즐기는 아이는 저절로 도형 감각이 몸에 뱁니다. 그에 비해 가만히 앉아서 노는 것을 좋아하고, 만들기를 해도 옆으로 펼치며 늘어놓는 것을 좋아하는 아이라면 도형 감각이 자라기 어려운 게 당연합니다.

도형 문제를 잘 풀려면 도형이 머릿속에서 그려져야 합니다. 머릿속에서 전개도가 좍 펼쳐지고, 입체도형의 내부, 회전체 모양도 다 떠올라야 합니다. 도형 감각이 있는 아이는 따로 연습하지 않아도 머릿속에서 그림이 그려집니다. 하지만 도형 감각이 떨어지는 아이라면 도형 문제를 보면 겁부터 냅니다. 낯설고 익숙하지 않기 때문입니다. 배경 지식이 하나도 없는데 어려운 사회, 과학책을 보라는 것이나 마찬가지입니다.

2. 도형 감각을 키워주지 않았다

어릴 때부터 도형 감각을 키워본 경험이 많지 않았다면 해결 방법은 도형이 익숙해지도록 많이 접해보는 것입니다. 그러나 아이의 도형 감각이 떨어진다는 것을 잘 모른 채 초등 5, 6학년, 중학생이 되는 집이 많습니다. 초등 3학년이 분기점입니다. 아이가 도형돌리기를 어려워하면 도형 감각이 조금 부족하다고 봐도 무방합니다. 더 어린 나이라면 블록 놀이하는 모습을 유심히 관찰해보세요. 움직이는 물체를 만드는 데 관심이 없다면 도형 감각이 자라도록 조금씩 자극이 필요합니다.

3. 도형 공부를 제대로 안 했다

대부분의 초등학생 부모들이 연산 공부에만 신경 쓰고 4, 5, 6학년에서 집중적으로 배우는 도형의 개념을 그리 중요시하지 않습니다. 오답이 많으면 문제를 더 풀릴 생각만 할 뿐 도형 공부는 그림 그리고, 만들고, 찢고 오리면서 하는 것이 중요하다는 사실을 잘 모릅니다. 연산과 달리 도형 단원은 대충 넘어가도 위 학년에서 공부하는 데 별 지장이 없습니다. 이렇게 건성으로 공부하고선 중학교 기하 영역은 무작정 외우고 잊어먹고를 반복하는 아이들이 대부분입니다. 고등학교 가서 도형 개념이 들어간 문제를 어려워하는 것은 불 보듯 뻔합니다.

본격적인 도형 공부를
하기 전에

1. 일상생활에서 도형 감각, 공간 감각을 키워주세요

도형돌리기, 각도나 넓이 구하기 등 도형 문제를 풀려면 도형 감각이 필요합니다. 도형 감각은 놀면서 자연스럽게 자라기도 하지만, 도형 감각을 키워주는 놀이나 퍼즐, 보드게임을 하면서 재미있게 익힐 수도 있습니다.

아이가 도형 감각이 떨어진다고 따로 교구수업을 시켜야 하나 고민하는 분이 종종 보입니다. 교구수업을 했어도 도형 문제를 푸는 것은 다른 차원입니다. 도형에 대해 빨리 감을 잡는 아이들은 선천적인 것도 있지만 어릴 때 공간 감각을 키울 수 있는 시간이 충분히 있었거나, 도형 감각을 키워주는 장난감으로 즐겁게 놀아본 경험이 많은 경우입니다.

일주일에 두어 시간 교구수업을 하는 정도로는 약간의 자극은 있겠지만 전체 시간의 양으로 보았을 때 그다지 영향력이 없습니다.

도형 감각, 공간 감각을 키워줄 수 있는 놀이

레고, 블록놀이, 색종이 접기, 직소퍼즐, 미로 찾기

도형 감각, 공간 감각을 키워주는 1인용 퍼즐 (난이도●)

아키텍토
(Architecto)
●

메타폼로직스플러스
(Metaforms)
● ●

브릭바이브릭
(Brick by Brick)
● ●

구슬퍼즐
(Rectangular and
Pyramid Puzzle)
● ●

스퀘어바이스퀘어
(Square By Square)
● ●

러시아워
(Rush Hour)
● ●

셰이프바이셰이프
(Shape By Shape)
● ●

팁오버
(Tipover)
● ● ◐

커버유어트랙스
(Cover Your
Tracks)
● ● ●

블록바이블록
(Block By Block)
● ● ●

도형감각, 공간감각을 키워주는 보드게임 (난이도●)

쉐입스업
(Shapes Up) ●

큐비츠
(Q-bitz) ●

픽시큐브
(Pixy Cubes) ●

테트리스링크
(Tetris Link) ●

블로커스클래식
(Blokus Classic)
● ●

헥서스
(HEXUS) ● ●

우봉고
(Ubongo) ● ●

블록버스터
(Block Buster) ● ●

다빈치의도전
(Davinci's
Challenge) ● ●

젬블로디럭스
(Gemblo Deluxe)
● ● ●

2. 도형 관련 수학교구를 활용합니다.

문제는 아무리 부모가 노력을 해도 도형블록이나 수학퍼즐, 수학보드
게임을 시큰둥해하는 아이들이 있다는 거지요. 초등수학의 도형 단원
을 너무 어려워하는 것을 보며 내 아이가 도형 감각이 떨어진다는 것
을 뒤늦게 깨닫는 집도 있습니다. 이럴 경우 처음 말한 것처럼 '재미있
게 놀자'로 가기에는 시간이나 나이 측면에서 어려운 점이 많습니다.

이럴 때는 직접 수학교구를 해보기를 권합니다. 여러 가지 도형을 눈
과 손으로 보고 만지다 보면 도형이 친숙하게 느껴집니다. 이미 알고 있
는 익숙한 모양이 교과서에 나오면 "아, 이거?" 하고 반색을 하게 됩니
다. 아직 머리가 말랑말랑할 때라 도형을 많이 접하다 보면 도형 감각

이 자랄 가능성이 높습니다.

다음은 초등학교 수학교과서에 나오는 도형 관련 수학교구입니다. 온라인 서점이나 쇼핑몰에서 워크북을 쉽게 구할 수 있으니 방학을 이용해서 꼭 해보도록 해주세요.

쌓기나무		초2	같은 모양으로 쌓아보기, 여러 가지 모양 만들어 보기
		초6	쌓기나무로 만든 입체도형을 보고 쌓기나무의 개수 구하기
			쌓기나무로 만든 것의 위, 앞, 옆에서 본 모양 알기
점판 (지오보드)		초1	그려져있는 것과 똑같은 모양 그려보기
		초3	크기가 다른 직사각형, 정사각형 2개 그려보기
			여러 가지 직각삼각형, 직사각형, 정사각형 그려보기
			도형을 왼쪽, 오른쪽, 위쪽, 아래쪽 방향으로 밀었을 때, 뒤집었을 때, 돌릴 때 생기는 모양 그려보기
		초4	예각삼각형, 둔각삼각형 그려보기
			사다리꼴, 평행사변형, 마름모 그려보기
패턴블록		초1	나란히 늘어선 모양의 규칙 찾기
			네모와 세모로 여러 가지 무늬 만들기
		초2	모양조각으로 여러 가지 도형 만들기
칠교 (탱그램)		초2	그림에서 삼각형, 사각형 조각의 개수 찾기
		초4	칠교로 사다리꼴, 평행사변형, 마름모, 직사각형, 정다각형, 여러 가지 모양 만들어보기
		초5	칠교로 정사각형, 삼각형 등 여러 가지 합동인 도형 만들어보기

펜토미노		초3	여러 개의 펜토미노 도형으로 밀기, 뒤집기, 돌리기 해서 모눈종이 빈틈 없이 덮기
소마큐브		초2	쌓기나무 5개로 여러 가지 모양 만들어보기(소마큐브 모양과 같음)
클리코		초6	각기둥, 각뿔 만들어보기
			각기둥, 각뿔의 전개도 만들어보기
			각기둥과 각뿔의 한 밑면의 변의 수, 꼭짓점/면/모서리의 수 알아보기

도형 공부는
이렇게

교과서의 도형 개념을 공부합니다.

아무리 도형 감각이 뛰어나도 교과서에 나오는 도형의 정의, 성질을 이해하고 외우지 않으면 도형 문제를 잘 풀 수 없습니다. 해법은 교과서를 제대로 공부하는 것이지요. 하지만 교과서를 열심히 외우고 공부했어도 문제에 적용하지 못하면 아무 소용이 없습니다. 어떻게 풀어가야 할지 이리저리 궁리하다 탁 떠오르는 직관력도 있어야 하고, 끝까지 문제를 풀어보려는 의지(집중력)나 하나씩 따져보는 논리력도 필요합니다. 문제 해결력을 키우는 길은 '아이 스스로' 문제를 풀어보는 것입니다. 누가 가르쳐주는 것이 아니라요. 자기 힘으로 하나씩 풀어본 경험이 쌓이면 문제 해결력도 자라납니다.

1. 교과서의 도형 그림을 깔끔하게 그리도록 해주세요

도형 문제를 풀려면 도형의 특징을 정확하게 알고 있어야 합니다. 문제에 나온 도형이 어떤 모양인지, 어떤 조건에서 만들어지는지, 어떤 성질을 갖고 있는지 보는 순간 머릿속에 떠올라야 쉽게 문제를 풀 수 있습니다. 도형의 특징을 몸으로 체득할 수 있는 제일 좋은 방법이 교과서와 문제에 나오는 도형을 일일이 그려보는 겁니다. 이때 중요한 것은 자를 사용하지 않아야 해요.

수학을 잘하는 아이는 도형을 깔끔하게 그립니다. 반대로 수학을 못하면 그림도 엉망입니다. 아예 그리지 않는 아이들도 수두룩하고요. 문제의 도형을 정확하게 그릴 수 있다면 반은 푼 것이나 다름 없습니다. 선생님이 문제를 낼 때도 그림을 정확하게 그려주면 힌트를 주는 것이나 마찬가지가 되니까 일부러 살짝 틀리게 그려서 출제하는 경우도 있습니다.

초등 과정에서 배우는 도형 개념은 중학교 도형의 기초입니다. 초등 때부터 교과서의 도형을 차근차근 따라 그려보는 것이 중학수학의 기초를 다지는 길인 셈입니다. 도형 그리기의 첫걸음은 초3 때 배우는 선분, 직선을 똑같이 그려보는 것입니다. 그다음 사각형, 삼각형, 원, 쌓기나무, 겨냥도와 전개도도 그려봅니다. 중학교에서도 교과서에 나오는 도형을 그대로 그려봐야 합니다.

2. 교과서의 활동하기를 다 해보세요

다음은 초등교과서의 도형 단원에 나오는 활동하기입니다.

예1) 삼각형, 사각형 내각의 합, 직접 확인하기 (초4)

교과서 처럼 색종이를 잘라서 직접 해보게 해주세요. 별거 아닌 것 같아 보여도 직접 해보고 확인하는 과정이 쌓이다 보면 어느 순간 힘이 됩니다.

삼각형 세 각의 크기의 합은 180°입니다.

사각형 네 각의 크기의 합은 360°입니다.

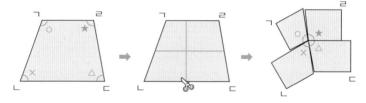

예2) 원의 넓이 직접 확인하기 (초6)

이 그림은 원의 넓이를 설명해주는 내용인데요. 교과서를 보기만 하고 직접 해보지 않으면 기억에 남지 않습니다. 하지만 원을 잘라서 넓이가 왜 이렇게 되는지 해보았던 아이라면 나중에 고등학교에서 미분을 배울 때 이 과정을 떠올리게 됩니다. '아하, 그때 그 그림이 바로 미분의 개념이었구나!' 하고요.

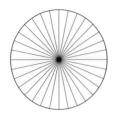 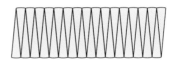

3. 교과서에 나오는 도형의 개념, 정의, 성질 외우기

도형은 개념이 제일 중요합니다. 이등변삼각형의 정의와 성질 등 도형의 각각의 명칭과 그림, 정의, 성질은 무조건 다 외워야 합니다. 언제, 어느 때 물어봐도 바로 답이 나올 수 있도록요. 수학교과서와 수학익힘책에서 외운 문장 한 줄 한 줄이 다 문제를 푸는 열쇠가 됩니다. 단위길이, 단위넓이, 단위부피 등의 기본 개념도 확실하게 이해하고 외우게 해주세요. 그래야 개념을 토대로 확장되는 내용을 쉽게 이해할 수 있습니다.

4. 문제를 풀다 막히면 직접 해보기

쌓기나무의 개수가 몇 개인지 모르겠으면 문제랑 똑같이 직접 쌓아보게 하세요. 도형돌리기가 어려우면 교과서 뒤에 있는 투명 필름을 직접 돌려보고요. 입체도형이 나오면 두부로 잘라서 만들어보기도 하고, 당근을 원뿔 모양으로 잘라서 단면을 눈으로 확인하게도 해주세요. 기둥 모양의 단면을 어려워하면 무로 원기둥, 삼각기둥을 만들어서 잘라보면 헷갈리는 일이 절대 없습니다.

5. 안 되는 유형의 문제 모아서 풀기

그래도 아리송해하는 문제가 있으면 문제집 몇 권을 사서 비슷한 유형끼리 모으세요. 도형돌리기, 쌓기나무, 넓이와 부피 등 아이가 힘들어하는 영역을 유형별로 확실하게 알 때까지 풀어보는 거예요. 도형 문제집을 따로 구입해서 풀어도 좋습니다. 이 정도만 하면 교과서 수준의 도형 문제는 다 풀립니다.

문제는 '사고력 문제'를 빙자한 도형의 심화문제인데요. 이건 풀 수 있는 아이라면 도전해볼 만하지만 도형이 약한 아이라면 교과서 수준의 문제만 하고 그냥 넘어가도 무방합니다. 도형의 개념이 탄탄하다면 중고등학교 도형도 걱정하지 않아도 됩니다. 꾸준히 공부하다 보면 지금은 손도 못 대는 문제라도 나중에 풀 수 있는 날이 옵니다. 도형 역시 양이 쌓이면 문리가 트이는 거죠. 아이마다 그 양과 속도가 다를 뿐입니다.

> ### 6학년 도형도 충분히 만져봐야 합니다
> 작성자 : 현하늘 (중2, 초5) … 현재 중3, 초6
>

제가 많이 만져보게 하라는 이유는요, 빠른 친구는 그냥 교재에 나온 걸로 읽고도 충분히 이해해요. 하지만 '우리 아이는 어려요' '좀 느려요' 하는 친구들은 어떠한 구체적인 사물을 보고 나서야 이런 일이 가능하구나 하고 믿거든요.

나이가 먹는다고 다 어른이 되는 건 아니듯 아이들이 학년이 올라갔다고 다 알아듣는 것이 아니라는 마음으로 아이와 수학해보세요. 화 안 나실 거예요. 화내면 아이는 주눅이 들어 수학 더 못합니다. 이해 못하면 그냥 도형 관련 보드게임이나 퍼즐을 해보세요. 즐거워야 더 많이 엉덩이 붙이고 하는 과목이 수학이에요.

아이들이 어려워하는 6학년 도형 예를 들어볼게요.

각기둥과 각뿔

세상이 뒤집어지게 바빠도 전개도를 두꺼운 도화지에 그려서 테이프 붙이고 직접 만들어서 점, 모서리, 면이 몇 개인지 세어보게 합니다. 에이~ 6학년인데 머리로 상상해야지? 아니요.

아직 이 아이들은 그거 못한다고 보고 그냥 '백문이 불여일견'을 엄마 마음에 심고, 직접 교구를 만드세요. 수수깡을 손가락 마디 크기로 잘라서 이쑤시개로 연결하는 것도 좋은 방법입니다. 중요한 것은 입체도형의 기본이므로 충분히 만져봐야 한다는 점입니다.

과자 상자 모서리를 칼로 오려서 전개도를 만들어도 되고요. 통 크게 택배 상자를 그렇게 해도 됩니다. 그리고 선물 포장할 때 필요한 리본의 길이에 관한 문제가 많이 나오니 이번 기회에 설 선물 포장을 도와달라고 하는 것도 좋지요.

원의 넓이

문제에서 제시하는 원주율이 얼마인지 잘 살피는 것이 필요합니다.

저희 집에서는 원의 둘레와 지름을 재서 계산기로 계산하게 했어요. 집에 있는 컵, 밥그릇 쨈통 등 동그란 애는 다 갖다가 줄자로 원주 재고, 지름 재서 했어요. 그것도 재미있었지만 아이한테 금기시되어 있는 계산기를 두드리면서 원주율을 구하게 했더니 "올~ 이상해. 신기해"를 남발하면서 즐겼어요. 덕분에 원주율은 확실히 알게 되었지요.

원의 넓이는 모눈종이에 원을 그리고 교과서처럼 잘게 잘라서 붙여보면 이해를 금방 합니다. 공식은 이해가 된 후에 암기입니다. 반응 시간은 역시나 0.1초예요.

직육면체의 겉넓이와 부피

잘하는 아이들은 원리만 알려줘도 금방 이해합니다. 그런데 힘겨워하는 아이들이 의외로 많지요.

인터넷에서 보시면 원목 큐브조각 100피스에 1~2만 원 합니다. 6학년 2학기 첫 단원에서 유용하게 쓰이니 동생이 있으면 그냥 한 세트 구입하세요. 처음에는 문제 하나하나 다~ 쌓아서 할 겁니다. 놔두세요.

첫 번째 문제집 할 때는 그러면서 머릿속에서 정립되고 있으니 느긋함이 필요합니다. 두 번째 문제집부터는 어렵없습니다. 머릿속에서 상상하게 하세요. 그 수준이 되려면 평상시에 교구로 산 거 아까워서라도 열심히 가지고 놀아야 합니다. 탑도 쌓고 정육면체도 만들어보면 느낌으로 문제를 풉니다.

초3의 도형 돌리기 연습
작성자 : 비우기 (초2, 6세, 4세) … 현재 초4, 초1, 6세

✉

2학년 겨울방학에 3학년 예습을 하면서 도형 돌리기와 뒤집기의 의미를 잘 이해 못했던 것 같아요. 개념정리 없이 혼자서 그냥 다 풀어놓았는데, 채점해보니 오답이었어요. 도형 돌리기를 힘들어해서, 여러 방법을 고민하다가 이렇게 진행해보니 한결 수월해졌어요.

〈도형 돌리기 교구〉

도형 돌리기를 어떻게 하면 쉽게 이해할 수 있을까 고민하다가 할핀을 이용하여 직접 돌려볼 수 있게끔 만들었어요. 4등분한 원 가운데, 돌릴 수 있는 정사각형 판을 올려놓고 할핀을 꽂았구요. 스티커로 기준점을 붙여주니 이해가 더 잘되는 것 같아요. 도형을 돌릴 때마다 스티커의 위치를 기억하고 같이 표시하게 했어요. 기준점이 있으면 아무래도 도형의 위치를 기억하기에 더 편할 것 같아요.

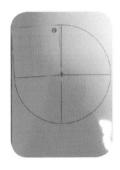

원하는 펜토미노 조각들을 네모 판 위에 올려서 돌려봅니다. 펜토미노 조각은 모양에 한계가 있어서. 기본은 펜토미노 조각으로 돌려보고, 응용개념으로 나머지 여러 모양들을 직접 그려서 돌려보면 참 좋을 듯합니다. 교과서에 나온 모양들을 그려서 돌려보면 좋겠지요?

〈워크지〉

처음엔 돌리기 판으로 직접 돌려가며 그림을 그렸고, 몇 번 반복 후에는 워크지를 풀어본 후에 돌리기판으로 정답을 확인했어요. 나비꽃밭 말로. 이렇게 도형 돌리기를 하니 정말 쉽고 재밌다고 합니다.

사각형 모양의 각 끝마다 1, 2, 3, 4, 숫자를 써주고, 돌려보면서 숫자까지 같이 써보게 하면 더 이해가 잘되지 싶어요.

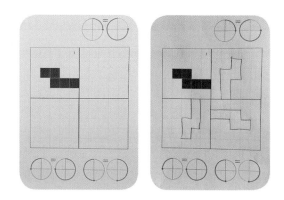

도형 부분만 잘 이해해도 3학년 수학에 자신감을 갖지 않을까~ 생각해요.

문장제(서술형) 꼼꼼 가이드

문장제(서술형)
꽉 잡기

문장제(서술형) 문제를 풀기 위한 조건은?

수식이 아닌 글로 쓰여진 문제를 '문장제 문제'라고 합니다. 사실 연산 문제를 빼면 나머지는 모두 문장제 문제인 셈입니다. 학년이 올라갈수록 수학을 어려워하는 이유에는 여러 가지가 있습니다. 그중 하나가 문장제 문제가 많아지면서 문제 속 조건들이 복잡해진다는 데 있습니다. 아이들이 힘들어하는 문장제 문제, 어떻게 도와주면 좋을지 정리해보았습니다.

1. 첫 번째 조건은 독해력

수학에서의 '독해력'은 2가지 관점으로 볼 수 있습니다.

첫째는 '국어 독해력(한글 독해력)'입니다. 국어 독해력은 다양한 글을 얼마나 많이 접해보았는가, 어휘력이 어떤가에 따라 달라집니다. 다양한 영역의 책을 골고루 읽으면서(다독), 1권의 책이라도 깊이 있게 읽다 보면(정독) 대부분 저절로 생기는 능력입니다. 국어교과서를 제대로 공부하는 것이 독해력을 키우는 길이기도 합니다.

둘째는 '수학 독해력'입니다. 수학 독해력은 수학 어휘를 이해하고 문장제 문제를 수식으로 바꿀 수 있는 것을 말합니다. 문제를 무작정 많이 풀기보다 교과서에 나오는 용어, 기호, 개념을 제대로 이해하도록 하는 것이 수학 독해력을 키우는 힘입니다. 중요한 개념은 소리 내어 읽기, 베껴 쓰기라도 해서 완전히 알게 해주세요. 특히 수학교과서에서 수식을 문장으로, 문장을 수식으로 만드는 문제가 나오면 대충 넘어가지 말고 자신있게 할 때까지 반복하도록 합니다.

2. 두 번째 조건은 사고력

사고력이라고 해서 특별히 거창한 것이 아닙니다. '문제를 어떻게 풀까 궁리하는 것'이 바로 사고력입니다. 사고력은 우리 몸의 근육과 비슷합니다. 몸짱이 되려면 근육운동을 꾸준히 해야 하는 것처럼 사고력을 키우려면 수학 문제를 꾸준히 생각하고 푸는 시간이 있어야 합니다. 어릴 때 퍼즐을 많이 해보라는 것도 이 궁리 저 궁리하면서 혼자 해결방법을 찾는 연습을 할 수 있기 때문입니다.

수학 문제를 어떻게 풀지는 '표 만들기, 식 세우기, 그림 그리기, 규칙성 찾기, 단순화 하기' 등 여러 가지 전략을 구사할 수 있습니다. 그러나 아무리 방법을 가르쳐준들 자기 힘으로 풀지 않으면 그때뿐입니다. 선생님이나 부모가 침 튀기며 설명해봐야 아이의 사고력은 늘지 않습니다. 들을 때는 다 아는 것처럼 고개를 끄덕이다가 뒤돌아서면 금방 잊어버립니다. 설명한 사람만 똑똑해질 뿐입니다.

우선 어려운 문제들은 제쳐두고 아이가 풀 만한 수준의 만만한 문제를 찾아보세요. 그다음은 하루에 한 문제라도 혼자 힘으로 해결하는 겁니다. 하루를 궁리해도 안 풀리면 접어두고 한 달 후에 다시 풀어보세요.《문제해결의 길잡이-원리편》(미래엔)처럼 한 단계씩 문제해결 과정을 연습하게 해주는 문제집으로 연습해도 좋습니다. 자기 학년 문제가 어려우면 한 학년 아래 문제집으로 해도 무방합니다. 이렇게 하루하루 꾸준히 풀다 보면 문제 수준도 올라가고 풀 수 있는 문제 수도 많아집니다.

문장제 문제를 어려워하는 아이를 위한 해법은?

이제 문장제 문제를 푸는 과정을 한번 생각해볼까요?

① 문제를 읽고 이해한다.
② 주어진 조건을 찾는다.
③ 문제를 어떻게 풀지 방법을 찾는다.
④ 식을 세운다.
⑤ 계산한다.
⑥ 문제에서 묻는 답이 맞는지 확인한다.

문장제 문제를 어려워하는 것은 위의 여섯 과정 중 어딘가에서 막히는 부분이 있기 때문입니다. 유형별로 문제점과 해법을 살펴보겠습니다.

유형 1) 무엇을 물어보는지 모른다

문장제 문제를 푸는 순서 중 1번 '문제를 읽고 이해하기'부터 안 되기 때문입니다. 한글 독해력이 떨어지기 때문이지요. 책읽기가 답이기는 하지만 아이가 책 읽는 것을 싫어한다면 억지로 강요하지 말고 쉽고 재미있는 책 읽어주기부터 시작해보세요. 책읽기 습관을 들여 독해력이 올라갈 때까지 문장제 문제는 잠시 접고 자기 학년 연산만 챙기면서 진행하는 것이 좋습니다.

유형 2) 문제를 안 읽고 숫자만 보고 계산한다

수학을 못하는 아이들의 대표적인 특징이 문제를 안 읽고 숫자만 이리저리 조합해서 답을 내려는 것입니다. 옆의 여섯 단계 중 1~4번이 안 되니까 건너뛰고 그나마 할 줄 아는 5번 계산하는 과정만 하는 겁니다. 6번도 못합니다. 문제에서 무엇을 묻는지 모르니까요.

이 아이들은 한글 독해력, 수학적 독해력, 사고력 모두 원점에서 생각해야 합니다. 한글 독해력이 떨어지면 책읽기를 해야 합니다. 수학적 독해력이 문제가 되면 교과서에 나오는 개념과 용어를 이해하게 도와주세요. 생각하는 것을 귀찮아한다면 아이가 풀 수 있을 만한 쉬운 문제부터 1개씩 푸는 습관을 들여야 합니다.

연산 속도를 중요시하는 연산학습지를 오래 한 아이에게도 이런 부작용이 나타납니다. 수학은 속도전이 아니라는 것을 이해시키고 문제를 정확하게 읽고 생각하는 연습을 시켜주세요.

유형 3) 문제가 조금만 복잡해져도 포기한다

우선 한글 독해력이 떨어지는 것이 아닌가 살펴보세요. 한글 어휘력이 달린다면 책읽기가 답입니다. 문맥을 이해하지 못한다면 교과서의 설명글, 논설문 단원을 찾아 중심 문장을 찾고 요약하는 연습을 하게 해주세요. 연필을 들고 문제를 사선(/)으로 잘게 잘라서 읽고, 주어진 조건을 적는 연습도 필요합니다.

책을 잘 읽는데도 문제가 길게 나오는 것을 힘들어한다면 '수학적 독해력'이 떨어지거나, 제대로 공부해본 적이 없어서 '생각하기'가 싫기 때문입니다. 이런 아이들은 교과서나 수학 개념 사전에서 모르는 용어, 개념을 다시 읽으면서 공부해야 합니다.

유형 4) 풀이 과정을 쓰는 것을 어려워한다

문제를 푸는 방법은 아는데 풀이 과정을 못 쓰는지, 아예 푸는 방법을 몰라서 어려워하는지 살펴봐야 합니다. 전자라면 문제지의 해답을 보여주세요. '해답=정답'이라는 관점이 아니라 다른 사람은 이 문제를 어떻게 풀었나 공부하는 의미에서입니다. 후자라면 수학적 독해력, 사고력을 키우는 쪽으로 방향을 잡아보세요.

유형 5) 문장제 문제가 조금만 어려워져도 싫어한다

한글책을 많이 읽고(한글 독해력), 수학교과서 내용을 잘 이해(수학적 독해력)하는 것 같은데 문장제 문제는 싫어한다면 가장 큰 원인은 자신감입니다. 부모가 야단치는 것이 두렵거나 너무 어려운 문제를 많이 접하며 자신감을 잃은 것입니다. 과정마다 칭찬해주고 만만한 문제부터 시작하는 것이 해법입니다.

> **심화가 안 되면, 대부분 국어 실력에 문제가 있다고 봅니다**
> 작성자: 현하늘 (중2, 초5) ⋯ 현재 중3, 초6

몇몇 학생들에게 "이거 어떻게 풀었어?"라고 물어보면요.

A : 이거요? 이렇게 해서요. 이거 이리 옮기고 이거 넣어서 풀어요.

B : 몰라요. 선생님이 설명을 어렵게 해서 못해요.

C : 문제에서 두 그래프의 교점의 좌표를 원하니까 이것을 x로 놓고 2개의 우변 항을 이항시킨 후 연립해서 y을 먼저 구한 뒤에 대입해서 풀어요.

누가 심화를 잘 풀까요?

A는 그럭저럭 기본은 나오겠지만 심화가 나오면 못할 거구요.

B는 반항인지 실력인지 쌤이 모를 거라 생각하고 자기 도망칠 구멍만 만들고 있지요. 공부 안 하는 아이예요.

C처럼 문제해결을 말로 설명할 수 있어야 합니다. 그것도 수학적 용어를 사용해서요.

그럼 이런 부분은 어떻게 개선해야 할까요? 정독하는 습관이 필요해요. 평소 한글책을 읽을 때 그냥 휘리릭~ 읽는 아이가 많습니다. 그럼 그런 습관이 문제 풀 때도 나와요. 그래서 문제를 문자만 스치듯 읽어서 글밥이 많은 심화 문제에서 오답이 나오는 거지요. 또한 문맥을 놓치기 쉬워서 식을 엉뚱하게 세워 풀지요. 아는 건데 틀렸어 하는 대부분이 이거입니다.

고학년부터는 책을 많이 읽는 게 중요한 것이 아니라 다양한 분야의 책을 1번 읽을 때 얼마나 유효하게 읽느냐가 중요하거든요. 단락별로 읽어가면서 눈으로 중심문장, 핵심단어를 빨리 캐치해야 합니다. 물론 이 훈련이 되면 다른 과목도 도움을 받습니다.

사고력
꼼꼼 가이드

사고력
꼭잡기

수학퍼즐, 수학보드게임으로 사고력을 키워보자

논리력, 창의력, 자기주도적 학습 능력 등은 수학을 잘하기 위해 필요한 조건들입니다. 사고력과 자기주도적 학습 능력은 스스로 과제를 찾고, 깊게 고민하고, 해결해나가는 과정에서 생깁니다. 창의력도 이런 경험이 자꾸 쌓이면서 어느 순간 '팍' 하고 해결책이 떠오르는 능력입니다.

이 능력들의 공통점은 '생각하는 힘'입니다. 문제 해결 능력이지요. 자기가 해보고 싶은 것을 알아서 찾아보고, 스스로 하도록 격려해주면 저절로 자라나는 능력입니다. 하지만 이것은 단기간에 얻어지는 것도 아니고, 무작정 맨손으로 되는 것도 아닙니다. 게다가 이런 능력들은 꼭 수학문제만 풀어야 생기는 것은 아닙니다. 책 읽기나 일상생활에서도 충분히 키울 수 있습니다. 각종 수학퍼즐이나 가족용 보드게임을 하면서도 충분히 기를 수 있습니다.

잠수네에는 어릴 때부터 이런 퍼즐이나 보드게임을 갖고 논 아이들이 많습니다. 교육에 관심 있는 부모들이 좋은 방법을 놓칠 리 없으니까요. 이 아이들이 중고등학생, 대학생으로 커가는 과정을 쭉 지켜보니 '놀면서 즐겁게 사고력을 키우기'로 이만한 것이 없었습니다. 덤으로 성취감, 번뜩이는 직관력, 도형 감각도 길러졌습니다. 영재교육 기관에서 수학퍼즐, 보드게임 수업을 하는 것도 다 이유가 있는 것일 테지요.

문제는 시간입니다. 사실 사고력, 창의력이 자라려면 '혼자 생각할 수 있는 넉넉한 시간'이 필요합니다. 일단 몰입하면 끝을 볼 때까지 매달릴 때 비로소 '집중력'이 생깁니다. 그러나 요즘 아이들은 매일 해야 할 것이 참 많습니다. 여기다 기관이나 학원까지 보내면 시간의 압박은 피하기 어렵습니다. 한글책 읽기, 영어를 할 시간이 상대적으로 줄어들 수밖에 없습니다.

어떤 교구가 좋은지 제대로 된 정보만 안다면 집에서도 얼마든지 자투리 시간을 활용해서 수학퍼즐과 보드게임으로 놀 수 있습니다. 주말이나 방학에 몰입하는 경험을 해볼 수도 있습니다. 집에서는 내 아이에게 맞춤으로 진행할 수 있습니다. 수학적 감각이 빠른 아이면 할 수 있는 만큼 난이도를 올려도 되고, 느리게 가는 아이면 아이가 재미를 느끼는 수준만큼만 해도 충분합니다.

수학퍼즐, 보드게임으로 많이 놀아본 아이들의 저력은 학년이 올라갈수록 빛을 발합니다. 유아나 초등 저학년이라면 수학퍼즐과 보드게임을 가능한 한 많이 접하게 해주세요. 시간이 없는 초등 고학년이라면 방학 때 한번쯤 해보기를 권합니다.

도형 감각, 논리력을 기르는 도형퍼즐, 블록

도형퍼즐

	도형퍼즐	워크북
칠교놀이 (Tangram)	정사각형을 7개로 자른 조각으로 모양을 맞추는 퍼즐놀이입니다. 새, 배 등의 모양을 만들면서 즐길 수도 있고, 삼각형/사각형/평행사변형 같은 도형 만들기, 칠교를 이용한 피타고라스의 정리 증명 등 활용도가 높습니다. 색종이를 잘라 만들어보아도 좋습니다.	
패턴블록 (Pattern Block)	6가지 종류의 도형으로 여러 모양을 만들어보는 교구입니다. 단계별로 제시된 모양대로 블록을 맞추면서 대칭, 비례, 합동 등 도형의 다양한 개념을 익힐 수 있습니다. 5~6세라도 모양놀이를 하며 재미있게 놀 수 있습니다.	
펜토미노 (Pentomino)	5개의 정사각형을 이어 만든 12개의 도형입니다. 칠교놀이, 패턴블록보다 조금 어렵지만 그만큼 다양한 활동이 가능합니다. 워크북뿐 아니라 '블로커스', '3D펜토미노', '펜토미로', '구슬퍼즐' 등 펜토미노를 활용한 제품이 많습니다.	

 소마큐브 (Soma Cube)	3~4개의 작은 정육면체 조각을 붙여서 만든 7조각의 블록입니다. 방학 때 소마큐브로 맞춘 여러 모양을 찍어 인쇄한 뒤 과제물로 제출해도 좋습니다. 소마큐브보다 쉬운 조이매쓰 시리즈의 '펀큐브', '꼬마큐브'도 있습니다.	
 하노이탑 (Towers of Hanoi)	왼쪽 기둥에 놓인 크기가 다른 9개의 원판을 오른쪽 기둥으로 옮기는 퍼즐교구입니다. 영재교육원 등 영재 교육기관에서 필수적으로 하는 퍼즐입니다. 하노이탑을 많이 해보면 고등학교 '수학 1'의 수열에 있는 고난도의 점화식 문제도 쉽게 이해할 수 있습니다.	

※ 워크북은 조이매스 제품입니다.

도형블록

 클리코	정사각형, 직사각형, 정삼각형 등의 도형으로 이루어진 블록 제품입니다. 어릴 때는 장난감처럼 갖고 놀고, 커서는 전개도를 보면서 여러 가지 입체도형을 만들어볼 수 있습니다.
 폴리스틱 240	정사각형, 이등변삼각형, 정사각형 등 여러 가지 모양의 입체도형 만들기를 해볼 수 있습니다.

사고력을 확장시키는 1인용 퍼즐 (난이도●)

1. 칠교, 패턴블록을 응용한 1인용 퍼즐

세이프바이세이프 (Shape By Shape) ● ●

제시카드를 보고 삼각형, 사각형, 평행사변형 등의 조각으로 맞춰가는 놀이입니다. 재미있게 놀면서 공간감각, 집중력, 사고력이 자라납니다.

- 유사한 퍼즐

알록달록첩보전 ·
칼라코드 (Color
Code) ●

조이매스(Joymath)
마름모퍼즐 ●

조이매스(Joymath)
삼각퍼즐 난이도 ●

악마의퍼즐 ● ● ●

2. 펜토미노를 응용한 1인용 퍼즐

구슬퍼즐
(Rectangular and Pyramid Puzzle) ● ●

펜토미노처럼 3~5개의 구슬을 이어붙여 만든 퍼즐로 단계별로 문제카드가 있습니다. 퍼즐을 풀다 보면 문제해결능력, 집중력, 공간지각력이 향상됩니다. 한번 잡으면 푹 빠져들 만큼 재미있습니다.

- 유사한 퍼즐

커버유어트랙스
(Cover Your
Tracks) ● ● ●

브릭바이브릭 (Brick
by Brick) ● ●

스퀘어바이스퀘어
(Square By Square)
● ●

조이매스(Joymath)
입체펜토 ● ● ●

3. 논리적 사고력을 키우는 1인용 말 (Marker) 제거 게임

솔리테어 (Solitaire) ● ● ●

십자모양으로 33개의 구멍이 나있는 게임판 위에서 바로 앞의 말을 뛰어넘어 제거하면 됩니다. 규칙은 단순하지만 다양한 게임법과 전략을 사용하여 집중력, 논리력이 향상됩니다.

- 유사한 퍼즐

호퍼스 (Hoppers)
●

솔리테어체스
(Solitaire Chess)
● ●

4. 추리력, 논리적 사고력을 키우는 1인용 길찾기 퍼즐

문제 카드대로 모형차를 배치한 뒤, 내 차를 빼내는 게임입니다. 차를 빼내기 위해 애를 쓰다보면 집중력, 공간감각, 논리력이 자랍니다. 집중력이 떨어지거나 산만한 아이에게 권할 만합니다. 여행 갈 때 들고 가도 좋습니다.

러시아워 (Rush Hour) ● ●

• 유사한 퍼즐

고양이와쥐 (Cat And Mouse Go Getter) ●

레이저메이즈 (Laser Maze) ● ●

팁오버 (Tipover) ● ● ○

어메이즈 (Amaze) ● ● ○

리버크로싱 (River Crossing) ● ● ●

5. 사고력을 키우는 1인용 논리퍼즐

메타폼로직스플러스 (Metaforms) ● ●

초콜릿픽스 (Chocolate Fix) ● ●

집중력, 논리력, 문제해결력을 키우는 보드게임

1. 집중력을 키우는 메모리게임

메모리게임 (Memory Game) ●

뒤집어진 카드 위치를 기억하고 2장씩 뒤집어 같은 그림의 이미지를 많이 찾아봅니다. 여러 업체에서 나옵니다.

- 유사한 보드게임

치킨차차차
(Chicken Cha Cha
Cha) ●

랫어탯캣
(Rat-A-Tat-Cat) ●

람세스 2
(Ramses II) ● ●

픽시큐브
(Pixy Cubes) ● ●

2. 집중력, 순발력을 키우는 게임

할리갈리 (Halli Galli) ●

카드를 넘겨 같은 과일이 5개가 나오면 종을 울려 카드를 갖고 가는 게임으로 유아부터 청소년, 어른도 열광합니다. 수인지, 덧셈 개념을 익힐 수 있을 뿐 아니라 곱하기나 빼기로 5나 10을 만들기로 규칙을 바꿔 응용할 수 있습니다 .

- 유사한 보드게임

스티키스틱스	징고! (Zingo!)	마우마우익스트림	몬스터믹스
(Sticky Stickz)	●	(Mau Mau Extreme)	(Monster Mix)
●		●	●

3. 기호, 그림 규칙찾기 보드게임

세트게임 (Set) ● ●

12개의 카드 중 3개의 세트를 찾아가는 게임입니다. 여럿이 같이 모여 게임하기에도 좋고, 혼자서도 재미있게 할 수 있습니다.

- 유사한 보드게임

도블	룩룩	디지오스	쿼클	큐비츠
(Dobble) ●	(Look Look) ● ●	(Dizios) ● ●	(Qwirkle) ● ●	(Q-bitz) ● ●

4. 펜토미노를 응용한 보드게임

펜토미노 조각으로 하는 일종의 '땅따먹기' 보드게임입니다. 게임을 하면서 공간 지각력, 순발력이 길러집니다. 규칙은 단순하지만 고도의 사고력이 필요한 게임입니다.

블로커스 (Blokus) ● ●

• 유사한 보드게임

테트리스링크
(Tetris Link) ●

블록버스터
(Block Buster) ● ●

우봉고
(Ubongo) ● ●

피츠
(Fits) ● ●

젬블로
(Gemblo) ● ● ●

5. 소마큐브를 응용한 보드게임

헥서스 (HEXUS) ● ●

매직블로커스 (Blokus 3D) ● ●

6. 틱택토, 사목, 오목을 응용한 보드게임

동그란 구멍이 나있는 판 위로 원형칩을 상대방과 번갈아 떨어뜨려서 가로/세로/대각선으로 연속 4개의 같은 색을 만드는 입체 틱택토게임입니다. 간단한 규칙, 무한한 변화가 있어 질리지 않는 중독성이 있습니다.

입체사목게임 (Connect Four, Line-Up 4) ●

• 유사한 보드게임

픽셀
(Pixel) ●

3D볼빙고
(3D Ball Bingo) ●

퀴소
(Quixo) ● ●

펜타고
(Pentago) ● ●

콰르토!
(QUARTO!) ● ● ●

7. 미로찾기가 가미된 보드게임

라비린스 (Labyrinth) ● ●

쿼리도 (Quoridor) ● ● ●

길모양 퍼즐을 끼워넣으면서 미로를 뚫고 가장 먼저 보물을 찾아내는 사람이 게임의 승자가 됩니다.

8. 사칙연산을 바탕으로 한 사고력 보드게임

1에서 13까지 적혀있는 숫자타일로 하는 게임입니다. 게임에 이기려면 상당한 두뇌회전과 전략이 필요합니다. 초등 저학년부터 가족 모두가 즐길 수 있는 게임입니다.

루미큐브 (Rumicube) ● ●

• 유사한 보드게임

젝스님트
(6 Nimmt!) ●

메이크텐 (Make
10&20) ●

렉시오
(Lectio) ●

로보77
(Lobo 77) ●

다빈치코드 (Da
Vinci Code) ● ●

매쓰게임페르마
(Math Game
Fermat) ● ●

머긴스
(Muggins) ● ●

스트림스
(Streams) ● ●

파라오코드
(Pharaoh Code)
● ● ●

9. 바둑/체스를 응용한 보드게임

아바론 (Abalone) ● ●

상대방의 구슬을 게임판 밖으로 밀어내면서 공간전략을 구사하는 게임입니다. 매번 공격과 방어의 형태가 다르게 변하므로, 세심한 관찰력과 계획적인 사고가 길러집니다.

- 유사한 보드게임

트래버스
(Traverse) ●

다이아몬드게임
(Chinese
Checkers) ●

만칼라
(Mancala) ●

스킵피티
(Skippity) ●

인지니어스
(Ingenious) 1인용
● ●

오셀로
(Othello) ● ●

롤릿클래식 (Rolit
Classic) ● ●

10. 추론능력을 요구하는 보드게임

마그네틱 배틀플리트 (Magnetic
Battlefleet, Magnetic Battleship)
●

마스터마인드 (Mastermind)
● ●

클루 :대저택살인사건 (CLUE)
● ● ●

게임을 몇 번 해보니 게임의 룰을 그대로 따를 필요가 없다는 걸 깨달았습니다. 아이가 바꾸고 싶어하는 룰이 있으면 일단 같이 해보세요. 이상한 룰이거나 재미없는 룰이면 아이도 금방 깨닫게 됩니다.

그리고 중요한 것은 부모가 이길 확률이 높으니 조금 봐주어야 하는 경우가 있는데 그럴 때 정말 조절을 잘하셔야 해요. 너무 뻔히 이기도록 봐주면 금세 흥미를 잃어버리더라고요. 이 기준이 너무나 세밀해서 저도 자주 실패한답니다. 제일 좋은 것은 게임에 부모도 흠뻑 빠져서 하는 것입니다. 그럼 아이도 승패에 관계없이 재미있었다고 하더군요.

우노 (Uno Card Game)
최고의 게임. 간단한 룰이고 아이가 너무나 신나 합니다. 손에 든 카드를 모두 내려놓으면 이기는 게임입니다. UNO가 스페인 말로 1 이라고 가르쳐주니 그럼 2와 3은 스페인어로 무엇인지 물어보더라고요. 스페인어는 잘 모르는 관계로 인터넷의 힘을 빌려 알려주었습니다. 일본어로 1과 중국어 1도 알려주고 "오늘은 일본어 버전으로 하자"라고 룰을 살짝 바꿔서 하기도 했습니다. 다른 언어 버전일 때 습관처럼 "우노"라고 외치면 카드 1장을 가져가는 벌칙도 룰에 넣었습니다. 게임에서 작은 변화는 새로운 긴장감을 불러일으켜서 늘 하던 게임이 조금 특별해지기도 한답니다.

셈셈피자가게
덧셈과 뺄셈을 이용해서 피자 위에 토핑을 먼저 얹으면 이기는 게임입니다. 숫자 놀이에 재미를 붙이게 해준 게임입니다. 덧셈과 뺄셈을 놀이처럼 배우게 해주어서 좋아요. 아직 두 자리 수 합이 익숙하지 않아서 수셈판을 옆에 두고 함께하고 있답니다.

할리갈리 (Halli Galli)
어릴 적부터 했던 것이라 여전히 좋아합니다. 아주 어릴 적에는 룰을 바꿔서 아이도 재미있게 할 수 있도록 했습니다. 원래의 룰은 같은 과일 그림 5개가 나오면 종을 치는 것이지만 '빨간색 과일이 나오면 종을 치자'라든가 '같은 색의 과일 카드가 펼쳐지면 종을 치자'라든가 하는 등, 아이가 원하는 룰을 즉석에서 만들기도 하면서 게임을 했습니다.

라비린스 (Labyrinth)

미로 찾기를 꾸준히 하면 연산과 추론 능력이 발달한다고 하더군요. 라비린스는 미로 찾기 책보다 조금 더 능동적인 미로 찾기 게임입니다. 한 타일을 이용하여 미로의 길을 이어가거나 상대방을 방해하며 먼저 보물을 찾는 사람이 이기는 룰이 있습니다. 처음 라비린스를 접했을 때 아이가 힘들어하기에 타일로 길을 이어주며 연결해주는 퍼즐 형식으로 시작하였습니다. 이제는 엄마와 함께할 때 이기려고 저를 방해하는 작전까지 쓰더군요.

러시아워 (Rush Hour)

주차장에 갇혀있는 차를 구출해내는 간단한 퍼즐입니다. 아이가 혼자서 집중하며 몇 십 개의 문제를 뚝딱 풀어낼 정도로 흠뻑 빠졌던 게임입니다. 재미있게 혼자서 잘하다가 조금 지쳐 할 때쯤 엄마가 살짝 개입합니다. 1인용이지만 얼마든지 2인용으로 확장시킬 수 있습니다.

누가 더 빠르게 성공하는지 내기를 하며 타이머를 켜고 재보기도 하며 시간 보는 법도 배우고 엄마가 도전해보고 1번이라도 잘못 움직이면 아이 차례가 되고 또 1번이라도 잘못 움직이면 다시 엄마 차례……. 이렇게 해서 마지막으로 성공시킨 사람이 이기게 되는 룰도 적용해보았습니다.

수학동화책과 사고력을 키워주는
수학지식책, 종류와 활용

수학책은 수준도 다양하고 다루는 영역도 아주 넓습니다. 수학에 흥미를 붙이기 위한 수학 동화책이 있는가 하면 사고력을 키우는 데 도움이되는 수학지식책도 많습니다. 영재교육원에 가고자 하거나 수학경시를 보려는 아이라면 사고력 문제집, 수학경시 문제집만 풀지 말고 수학 지식책으로 수학의 감각을 키울 것을 권합니다.

　내 아이에게 맞는 수학책을 찾고자 하는 분을 위해 수학책의 종류를크게 5가지로 나눠봤습니다. 1~2번은 누구나 볼 만한 책이지만, 3~5번은 수학에 재능이 있고 심화된 수학 공부를 하고 싶은 아이에게 도움이 되는 책입니다.

1. 수학 개념을 동화에 버무려 낯설지 않게 도와주는 책

동화 속에 수학 개념을 양념처럼 살짝 넣은 책입니다. 유명 작가의 그림책 중 수학 개념이 들어간 책도 있습니다.

장점 아이들은 낯선 곳, 낯선 사람을 만나면 와락 겁부터 냅니다. 반면 1~2번 가본 곳이나 익숙한 얼굴은 친근하게 느끼지요. 학교에서 배우는 수학도 마찬가지입니다. 이전에 생활이나 놀이로 경험해봤거나 책으로 읽어본 개념이 수학교과서에서 나오면 수학교과서가 낯설지 않고 친근하게 느껴집니다. "아, 저거 본 적 있어!", "아, 그거 알아!" 하고 작은 기쁨과 성취감을 느낍니다. 유아, 초등 저학년 대상의 수학동화는 대부분 이런 관점에서 의미가 있습니다.

단점과 활용 수학동화책은 동화와 수학 개념을 같이 버무리다 보니 수학 개념을 깊이 있고 상세하게 다루지 못한 경우가 대부분입니다. 굳이 읽힐 필요가 없는 허술한 수학동화책도 많습니다. 수학동화 수십 권을 읽었어도 줄거리만 보고 수학 개념은 깨끗이 잊는 아이가 수두룩합니다(책을 읽지 않고 학습만화로 접근할 때는 이런 단점이 더 부각됩니다). 따라서 수학동화책은 많이 읽는다고 수학을 잘할 것이라 크게 기대하지 말고, 수학을 겁내지 않도록 해주는 역할 정도로 여겼으면 합니다. 수학동화책은 도서관에서 먼저 빌려보고 아이가 정말 재미있어 하는 것만 사주세요.

2. 수학의 개념, 원리 이해를 도와주는 책

수학의 기본 개념을 집중적으로 설명해주는 책도 있습니다. 수학동화 중에도 수학 개념을 좀 더 충실하게 설명하고자 하는 책이라면 이쪽에 들어갈 수 있겠지요. 교과과정을 자세히 설명하는 책도 있지만 교과과정과 직접적으로 연결되지 않아도 수학의 기본 개념을 이해하는 데 많은 도움이 되는 책도 있습니다.

장점 수학을 좋아하는 아이라면 앞선 학년의 개념을 이해하는 데 도움이 됩니다. 부모가 수학교과서를 좀 더 깊이 이해하고 싶을 때 전체적으로 훑어보는 용도로 활용할 수도 있습니다.

단점과 활용 재미보다는 수학 학습에 좀 더 치중한 편이라 수학을 싫어하는 아이는 재미를 느끼기 어렵습니다. 수학교과서만으로 개념 이해가 된다면 굳이 안 봐도 됩니다. 수십 권 시리즈로 된 책이나 전집은 초등 1학년부터 6학년까지 배우는 개념이 다 들어있는 경우가 대부분입니다. 보기에는 좋아 보이지만 지금 아이가 읽고 이해할 수 있는 책이 많지 않습니다. 낱권으로 판매하는 책이라면 필요한 학년만 사고, 전집으로 판매하는 책이라면 필요한 부분만 빌려 보는 것이 좋습니다.

3. 수학의 주변 이야기를 통해 수학에 친근감을 갖게 해주는 책

수학자, 수학의 역사, 생활에서 쓰이는 수학, 흥미로운 수학 이야기 등을 다룬 책들은 수학의 개념을 직접 설명하지 않습니다. 하지만 내가 지금 배우는 수학교과서의 내용이 어떤 역사를 거쳐 만들어졌고, 어떤 사람이 생각해냈는지 알게 되는 흥미진진함이 있습니다. 생활에서 어떻게 수학이 쓰이는지, 수학과 관련된 재미있는 이야기를 읽다 보면 수학을 왜 배워야 하는지에 대한 의문도 많이 해결됩니다.

장점 수학이 교과서에만 있는 고리타분하고 없애고 싶은 것이 아니라 주변의 많은 것이 수학적 지식을 바탕으로 만들어졌다는 것만 느껴도 책을 읽을 만한 가치가 있습니다.

단점과 활용 수학이 어떻게 발전했는지, 수학이 생활에서 어떻게 쓰이는지 알 수 있으나 많이 읽는다고 수학 성적이 올라가지는 않습니다. 수학을 별로 안 좋아하는데 수학동화책이 유치하다고 생각하는 초등 고학년(또는 중학생)은 수학에 친근함을 느끼도록 방학을 이용해서 읽어보면 좋습니다. 학교 수행평가로 수학자 이야기, 생활 속의 수학 이야기 찾기가 나오면 관련 주제를 찾아 다양하게 읽게 해주세요. 수학을 좋아하는 아이라면 조금 어려운 내용이라도 재미있게 읽을 수 있습니다.

4. 수학에 재능 있는 아이가 볼 만한 퍼즐, 퀴즈문제 책
초등학생용 '창의사고력 수학문제집'은 대부분 수학퍼즐책, 수학퀴즈책을 조금씩 패러디한 것입니다. 사고력학원, 영재센터에서 다루는 문제들도 마찬가지고요. 사고력 문제나 수학퍼즐/퀴즈를 담은 책에는 고대 이집트, 그리스, 중국에서 유래된 퍼즐이나 퀴즈가 있습니다. 수학을

좋아하는 천재급 인물이 낸 퍼즐문제도 많습니다. 사고력 문제를 쉽게 이해할 수 있도록 동화로 풀어간 책, 퍼즐이나 퀴즈의 풀이 과정을 친절하게 설명한 책, 답과 해설은 친절하지 않아도 다양한 수학퍼즐이나 퀴즈를 만날 수 있는 책 등 수준도 천차만별입니다.

장점 수학을 정말 좋아하고 즐기는 아이라면 수학적 사고력, 창의력, 논리력을 키우는 데는 이만한 책도 없습니다. 아이가 사고력 문제나 수학퍼즐, 퀴즈를 좋아한다면 쉬운 책부터 하나씩 구입해보세요.

단점과 활용 이런 책을 본다고 학교 수학 점수가 올라가지 않습니다. 누구나 볼 책도 아닙니다. 심화문제를 못 푸는 원인을 사고력 부족으로 생각하고 권하면 재미없다고 치워버릴 공산이 큽니다. 사고력 문제를 수학동화로 풀어간 책은 아이가 재미있다고 하더라도 눈여겨보세요. 문제는 건너뛰고 줄거리만 읽었을 가능성도 있습니다. 초등 5, 6학년은 되어야 이해할 수 있는 책을 저학년 아이에게 읽으라고 주면 어렵다고 짜증을 낼 수도 있습니다.

5. 수학의 개념을 넓게, 깊게 배우는 책

중고등학교 수학의 개념을 종으로, 횡으로 넓고 깊게 설명해주는 책들도 있습니다. 교과서를 벗어난 심화, 수학경시 영역까지 다루기도 합니다. 최소한 중학교 수학 과정은 알아야 이해가 되는 책입니다.

장점 책에 나온 문제를 혼자서 낑낑대며 풀어보고, 깊이 생각해보는 아이라면 수학 실력이 확실하게 올라갑니다. 수학에 재능이 있고, 중학교 수학 과정을 공부한 아이라면 이 분야의 책들을 읽어보기를 권합니다. 수학 관련 학과를 지망하거나 수학경시를 생각한다면 시간 날 때 천천히 정독하며 읽으면 좋습니다.

단점과 활용 보통 아이들은 읽어도 무슨 말인지 모릅니다. 재미없다는 말이 바로 튀어나옵니다. 수학책 추천 목록이나 사고력 학원 참고도서에 있어도 안 읽어도 되는 책입니다. 중고등학교 수학을 아직 공부하지 않은 초등학생이 재미있어 하면 전체 내용이 아닌 부분적인 것만 보고 재미를 느꼈을 가능성이 높습니다. 아이가 정 읽겠다고 하면 말리지는 마세요(그렇다고 일부러 읽히지는 마세요). 수학에 대한 관심을 높일 수도 있고 나중에 정식으로 수학 공부할 때 예전에 읽은 내용이 배경지식이 되어 이해를 도울 수 있습니다.

※수학동화책, 수학지식책 목록은 p.405 참조

오답노트,
풀이노트,
개념노트

오답노트, 풀이노트, 개념노트

오답체크 & 오답노트

수학을 잘하는 첫 번째 비결은 오답을 확실하게 잡는 것입니다. 그러나 오답을 반드시 노트에 정리할 필요는 없습니다. 틀린 문제를 완전히 정복할 수만 있으면 되거든요. 초등학생에게 중고등학생처럼 오답을 노트에 베껴 쓰라고 하는 것도 무리입니다. 오답 처리를 할 때 중요한 점은 틀린 문제만이 오답이 아니라는 것입니다. 확실히 모르면서도 운이 좋아 찍어서 맞춘 문제도 오답의 범위에 속합니다.

방법 1) 문제집에 틀린 문제를 표시하기

가장 쉽게 오답을 확인하는 방법입니다. 단, 이때는 문제집에 풀면 안됩니다. 꼭 수학 풀이노트에 풀게 해주세요.

- 1번 틀리면 ○ or / 표시하기
- 2번 틀리면 ◎ or △ 표시하기
- 3번 틀리면 ◎ or ☆ or 빨간색 펜으로 박스 표시하기

방법 2) 같은 문제집을 여러 권 사서 표시하기

제일 쉬운 1단계 문제집도 30% 이상 틀리는 아이라면 같은 문제집을 여러 권 사서 푸는 방법을 추천합니다. 수학익힘책을 여러 권 사서 풀어보는 것도 괜찮습니다.

방법 3) 틀린 문제만 오려서 오답노트에 붙이기

2번 이상 틀리는 문제만 모아서 오답노트에 붙인 후, 완전히 이해가 될 때까지 반복해서 푸는 겁니다. 너무 지저분하면 복사해도 좋습니다.

방법 4) 많이 틀리는 문제는 타이핑하거나 스마트폰으로 찍어서 저장

아주 많이 틀린 문제만 따로 타이핑해서 보관하는 것도 좋습니다. 스마트폰으로 사진을 찍어 저장하는 방법도 있어요. 처음에는 못 풀어도 시간을 두고 풀다 보면 해결될 때가 오니까요.

풀이노트

수학 문제를 풀이노트에 쓰면 무엇을 잘 모르고, 어떤 유형의 문제를 어려워하는지, 왜 틀렸는지 파악하기가 쉽습니다. 식이나 기호를 쓰는 방법을 정확하게 익히게 되고, 연산 실수도 줄일 수 있습니다. 수학문제를 풀 때 문제집 귀퉁이에 푸는 것이 습관이 되면 고치는 데 상당한

시간이 필요하므로 수학문제는 풀이노트에 풀도록 습관을 들여주세요.

- 문제풀이 노트, 어떻게 쓸까?

    1) 공책을 준비합니다.

    2) 노트 필기 하듯이 줄을 맞춰서 또박또박 씁니다.

    3) 연산 문제는 문제와 답을 꼭 같이 씁니다.

    4) 서술형 문제는 문제에서 식이 필요한 말에 밑줄을 긋고, 문제를 잘게 끊어 문자와 식으로 적습니다.

개념노트

개념노트는 아이가 필요성을 느낄 때 자기 손으로 직접 적고 그려서 만드는 것이 제일 좋습니다. 여의치 않으면 문제집의 개념 설명 부분만 따로 잘라서 '클리어파일'에 보관하는 방법도 있습니다.

초등 4~6학년은 수학교과서의 약속하기 부분을 노트에 깔끔하게 적도록 해주세요. 수학익힘책에서도 개념을 정리할 부분이 보이면 따로 정리하면 좋습니다.

중학생은 개념노트를 꼭 만들도록 해야 합니다. 중학교 수학책을 보면 초등학교 때 못 보던 개념과 기호가 많습니다. 교과서에 나오는 공식과 유도되는 과정, 원리, 도형의 그림과 증명 과정을 따로 정리해두도록 해주세요.

채점의 달인이 되기 위한 엄마의 마음 자세

작성자: 소중한맘 (중2)

잠수네 진행 6년, 학교에서 담임 경력 19년의 경험을 토대로 한 글입니다. 어떻게 하면 부담을 줄이고, 아이 마음에 상처 주지 않으면서 더 나아가서 '아이의 성장에 도움이 되는 시간'으로 만들 수 있을까요?

1. 오답 처리 & 빨간 동그라미, 파란 동그라미

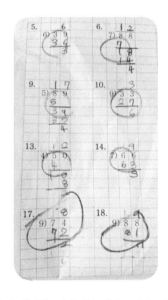

저는 채점할 때 2가지 색깔을 사용하는데요, 처음 채점할 때는 빨간색만 사용합니다. 맞으면 동그라미, 틀리면 사선을 그어요. 그리고 아이들에게 나눠주고, 시험지에다 내일까지 틀린 문제만 다시 풀어오라고 합니다. 그러면 다시 풀어오겠지요? 다시 풀어서 맞으면 파란색으로 큼지막하게 동그라미를 그려줍니다.

오답을 다시 풀면 파란 동그라미를 해주니까, 아이들 입장에서 지겨운 오답공책이 아니라, 동그라미를 더 획득할 수 있는 기회라고 생각한다는 거예요. 그래서 오답 다시 풀기를 성실하게 잘 해온답니다. 그러면 동그라미가 더 많아지니까요. ^^

저는 채점 후에 아이들에게 그렇게 이야기해요. "파란 동그라미는 처음에는 틀렸다가 다시 풀어서 맞힌 거니까, 꼭 모아두었다가 복습해야 한다"라구요. 그러면 아이들이 기분 좋게 "네~" 하지요.

우리 반 아이들은 오답 때문에 좌절하지 않고, 오답을 통해서 자신의 약점을 보완하고, 성장에 활용합니다.

2. 기본 중의 기본, 채점 밀리지 맙시다.

채점을 밀리지 않아야 하는 이유는 불필요한 오답을 방지하기 위함이 제일 커요. 채점 주기를 짧게 하면 채점하면서 오답 정리를 바로바로 하게 되고, 그러면서 자기의 약점을 발견해서 다음 날에는 똑같은 유형의 오답이 나오지 않게 되지요. 그런데 일주일씩 채점을 밀리면, 같은 유형의 문제는 죄다 틀리게 되고 오답이 많이 나와서 아이도 엄마도 마음이 힘들어지지요.

매일매일 채점하다 보면 그게 생각보다 쉽지 않아요. 그러면 엄마도 깨닫게 되지요. 매일매일 채점하는 것도 힘들어서 자꾸 밀리게 되는데, 매일매일 이 힘든 문제랑 씨름하는 우리 아이는 얼마나 힘들까를요……. 그러면 아이의 수고에 대해 이해하고 공감해줄 수 있겠지요?

3. 채점할 때 하지 말아야 할 것들

비교, 비난, 독촉, 한숨, 안달복달, 폭언, 눈총 주기, 단정 짓기 등을 하지 말아야 합니다. 채점할 때 이런 행동만 안 해도 대성공이에요. 근데 참 어렵지요? 그래도 참는 게 좋습니다. 완벽하게 티 나지 않게 말이지요.

요즘은 자기 자신의 능력에 대해 단정 짓고 말하는 아이들이 많아요. "나는 수학이 약해" "나는 원래 운동을 못해" 등등. 채점하면서, 또 다른 공부나 활동하면서, 아이의 능력을 단정짓는 말은 지나가는 말이라도 절대 하지 마시기 바랍니다.

생각보다 부모의 말 한마디가 너무너무너무너무 중요합니다. 부모의 말은 아이의 마음 속에서 메아리 치면서 끊임없이 재생되고, 아이 스스로 자신의 능력에 한계를 짓게 만들 만큼 그 영향력이 대단합니다.

오답은 엄마가 촉을 세우셔야 해요
작성자: 홀바인 (초5) ⋯ 현재 초6

오답은 다시 풀렸을 때 바로 해결되는 것들이 있고 아닌 게 있어요. 연산실수를 하거나, 덜렁대거나, 개념을 알아도 연습이 충분하지 않으면 실수가 나옵니다. 또 컨디션에 따라서 많이 다르고요. 확실히 그날 메인이 되는 공부를 진 빠지게 한 뒤에 하거나 자기 전에 문제를 풀면 오답이 많이 나와요. 실수를 잡기 위해서 어느 정도의 양치기를 할 것인지, 하루 중 어느 때 수학진행을 할 것인지 엄마가 진행하시면서 촉을 세우세요.

분명히 개념을 이해한다면 풀려야 할 문제인데 오답이 나온 건지 아닌지도 엄마가 판단하셔야 할 거예요. 해답지를 손에 드시고 채점하시면서 해설을 보시면 감이 옵니다. 필요에 따라 교과서를 보시면 제일 설명이 잘 되어있을 때가 많아요. 문제를 읽고 재빨리 이해 못하거나 핵심을 비껴가는 건 역시 수학도 독해력 문제고요. 너무 다지면서 올라가면 시간이 없으니까 심화 문제를 도전해보셨다가 어려워하는 단원이면 그 단원만 밑의 단계를 다지고 다시 위 단계를 하는 방법도 있고요. 일단 이것저것 시도해보고 맞는 방법을 찾으셔요.

엄마가 오답을 설명해서 해결하는 건 엄마가 너무 답답할 때 하게 되지만 아이에게 개념이 들어가는 거랑 관계가 없을 때가 많아요. 오답은 스스로 개념을 깨우쳐서 해결돼야 본인 것이 되더라고요.

복잡한 문제일 때 여러 가지 개념과 사고를 해야 하는데 안 될 때는 어디서 막히는지 보셔서 그 부분에 대한 이야기만 슬쩍 건드려주면 좋아요. 물론 엄마가 일일이 그렇게 하기 힘들지만요. ㅜㅜㅜ 되도록 그렇게 진행하시는 방향으로 갈 때 결과가 좋더라고요.

> ## 깨알 같은 수학 진행 TIP! 맘스 코멘트 카드!
> 작성자: 러브라떼 (초1)

수학문제집을 집에서 진행해보신 분은 공감 많이 하실것 같은데요~ 늘 하는 잔소리가 같습니다. 비비가 수학 진행할 때 하는 실수가 엄청 많지만. 실수를 요약해보니 총 5가지더군요.

1. 문제 똑바로 안 읽고 푸는 것
2. 풀이식 안 쓰기
3. 다 풀어놓고 정작 정답을 작성 안 하는 것
4. 주어진 조건 확인하지 않고 모르겠다고 손을 놔버리기
5. 문제가 물어보는 '구하는 수'를 확인하지 않는 것

그래서 만든 '맘스 코멘트 카드(Mom's comment Card)'입니다(말을 예쁘게 만들어서 그렇지 실상은 잔소리 카드지요).

저희 집은 채점 전용 색연필 세트가 있는데, 그 안에 넣어놓고 실수가 발견
될 때 보여줍니다. 언젠가는 자기가 무슨 실수를 하는지 눈치를 채고 "엄마,
식 쓰기 카드 보여줄 거지?" 이럽니다. "그걸 아는 애가 그러니?" 하고 웃고
말았지요.

4부

—

유아수학

유아수학,
지켜야 할 원칙

유아수학, 시작은 이렇게

1. 생활 속에서 친근하게 접근합니다

주변의 모든 것이 수학과 연계되어 있습니다. 굳이 비싼 교구가 아니라도 아이와 즐겁게 수학놀이를 할 수 있습니다. 밥 먹을 때, 차 타고 이동할 때, 노는 시간에 수학 개념이 들어간 놀이를 해주면 수학이 친근하게 느껴집니다. 버스 번호, 시계, 달력, 엘리베이터에서 늘 숫자를 접하게 됩니다. 우유병, 주스팩, 아이스크림콘, 사과 등 아이들이 좋아하는 간식을 먹으며 도형 개념을 이해할 수도 있어요.

2. 수학적 민감성을 키워주세요

'많다, 적다', '크다 작다', '무겁다, 가볍다', '길다, 짧다' 같은 늘 사용하는 어휘들 속에 수학 개념이 있습니다. 부모가 적절하게 이런 용어를 사용하면 아이들은 자연스럽게 수학의 개념을 이해하게 됩니다.

3. 연산 연습은 구체물로 시작합니다

초등학교 수학교과서에서는 연산 개념을 모두 구체물이나 반구체물로 설명합니다. 유아라면 더욱더 손으로 구체물을 만져가며 연산 개념을 익히는 과정이 중요합니다. 사탕, 과자, 초콜릿은 수 세기와 연산 연습에 아주 좋은 교구(?)입니다. 즐겁게 몸으로 느끼는 수학 개념은 오래오래 기억에 남습니다.

유아수학 주의점

1. 조급해하지 마세요

유아수학에 대한 부모의 관점과 자세는 첫 아이인가, 둘째나 셋째인가에 따라 많이 다릅니다. 첫 아이라면 너댓 살만 되어도 수학 쪽으로 무얼 해주면 좋을지 전전긍긍하게 되지만 둘째 아이부터는 이런 조급한 마음이 사라지기 마련입니다. 아이가 어릴 때 이것저것 다 해봤지만 별 소용이 없더라는 생각도 들고, 초등학교 들어가서 본격적으로 공부할 때를 대비해 어릴 때는 실컷 놀게 하는 것이 최고라는 것을 경험으로 알게 되기 때문입니다. 수학을 배우는 근본적인 목적은 '문제 해결 능력'

을 기르기 위해서입니다. 유아수학의 목표 역시 '문제 해결 능력 신장'
이란 틀을 벗어나지 않습니다. 큰 아이들과 차이점이라면 자기 주변의
세계를 경험하면서 하나씩 문제를 해결해보는 경험을 쌓아가는 것입
니다. 이 점을 마음에 꼭 간직하고 유아수학을 생각해보았으면 합니다.

2. 이른 연산 선행은 독입니다

초등 1, 2학년 수학을 빨리 가르쳐야 하지 않나 하는 생각은 버려주세
요. 많은 아이들이 덧셈과 뺄셈, 심지어 구구단까지 외우고 초등학교에
입학하지만 3학년만 되어도 수학이 싫고 어렵다는 아이들이 생깁니다.
원인은 유아 때 수학을 더 빨리, 더 많이 안 해서가 아니라 수학을 접근
하는 방식에 문제가 있기 때문입니다.

3. 개념 이해 없이 연산 문제만 풀면 매우 위험합니다

초등학교 수학교과서를 보면 '왜 그런지 생각해보세요'가 끊임없이 나
옵니다. 뻔한 질문을 계속 반복하는 것은 이유를 생각하고, 개념을 다지
는 것이 길게 보았을 때 수학을 잘할 수 있는 탄탄한 길이기 때문입니
다. 중고등학교로 올라갈수록 수학에 좌절하는 아이들이 많아지는 것
은 '개념'을 익히는 과정을 건너뛰고 '문제풀이' 위주로 가기 때문입니
다. 급한 마음에 위 학년에서 배우는 문제를 풀게 하려다 보니 수학교
과서의 개념은 무시하고 문제풀이 위주로 답만 내려는 습관이 드는 것
이지요. 유아기 때 가장 조심해야 할 것이 바로 이 점입니다. 수 세기가
안 되고, 덧셈, 뺄셈을 못한다고 연산학습지를 시작하는 순간, 수학이

재미없어지고 싫어지는 길로 접어드는 거랍니다.

유아수학, 궁금증 5가지

1. 유아학습지를 꼭 해야 하나요?

학습지보다 구체물입니다. 교육학에서는 아이들의 인지발달 단계를 피아제의 이론을 기준으로 0~2세는 감각운동기, 2~7세(유아)는 전조작기, 7~12세(초등)는 구체적 조작기, 12세 이상(중고등)을 형식적 조작기로 나눕니다. 유아기 아이를 둔 분이라면 수학에 대해 고민하기 전에 초등 1~2학년 수학교과서를 꼭 보시기 바랍니다. 모두 주변에서 쉽게 볼 수 있는 '구체물 → 반구체물(바둑돌 등)'로 수학의 개념을 배우게 되어 있습니다. 초등학생도 아닌 유아라면 더욱더 '문제지'나 '계산'이 아니라 주변의 사물을 통해 수학의 '개념'을 익히게 해주어야겠지요.

2. 교구수업이 도움이 되나요?

돈 들인 만큼 효과가 있는 것이 아닙니다. 방문교사나 학원에서 진행하는 각종 교구수업은 도형을 친숙하게 느끼고 다양한 경험을 해보는 데 의의가 있습니다. 이런 교구수업을 해도 수학을 잘한다는 보장은 없습니다. 안 한다고 수학을 못하는 것도 아닙니다. 오히려 나중에 그동안 투자한 게 얼마인데 수학을 못한다고 아이를 타박하는 자세가 더 문제가 됩니다. 유아 대상 각종 수학 학습에 지나치게 많은 돈과 시간을 투자하지 마세요. 교구수업은 '재미있게 놀면서 수학 개념을 접해보는 것'

정도로 생각하는 것이 좋습니다.

3. 엄마표 수학놀이를 못해주는데 괜찮나요?

엄마의 에너지를 과하게 요구하는 방법은 피하세요. 열정이 넘치는 엄마들 중에는 직접 만든 수학교구로 온갖 아이디어를 짜내 홈스쿨식 수학놀이를 하는 분들이 있습니다. 이런 방법은 잠깐이면 몰라도 오래 가기는 어렵습니다. 들인 정성에 비해 결과가 안 나오면 엄마는 물론 아이도 스트레스를 받습니다. 엄마가 아이와 함께하는 수학놀이는 가볍게, 지치지 않게, 엄마와 아이가 즐겁게 하는 것이 최고입니다.

4. 수학을 잘하려면 집중력이 필요하다는데, 어떻게 해야 하나요?

마음껏 탐색할 기회를 주세요. 집중력은 타고나는 면도 있지만 어릴 때부터 키워줄 수 있습니다. 아이가 장난감 놀이에 집중하고 있다면 신나게 놀게 두세요. 엄마가 참견하거나 다른 장난감을 갖고 놀라고 바꿔주지 말고요. 몰입해서 노는 동안 모르는 사이 집중력이 자라납니다.

5. 유아수학, 무엇이 가장 중요한가요?

유아기에 제일 중요한 일은 '다양한 경험 해보기'와 '한글책 많이 읽기'입니다. 경험과 책을 통해 어휘력과 독해력이 자라납니다. 아이가 "왜?" 하고 질문할 때 귀찮다고 밀어내지 말고 자세히 설명해주세요. 질문하는 과정에서 사고력이 자랍니다. 수학을 잘하려면 '독해력+사고력+연산력'의 3종 세트가 조화를 이루어야 합니다. 유아기는 연산학습보다 독해력과 사고력을 키우는 데 치중해주세요.

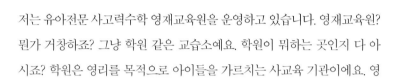

예비 초등! 수학도 즐겁게 가자!
작성자 : Schwan (초1)

저는 유아전문 사고력수학 영재교육원을 운영하고 있습니다. 영재교육원? 뭔가 거창하죠? 그냥 학원 같은 교습소예요. 학원이 뭐하는 곳인지 다 아시죠? 학원은 영리를 목적으로 아이들을 가르치는 사교육 기관이에요. 영리란? 한마디로 돈이요!

영어유치원도 말이 영어랑 유치원이 들어갔지, 그냥 학원이에요. 돈을 벌려고 만든 학원이죠. 무슨무슨 영재. 사고력. 창의력. 브레인. 어쩌구저쩌구 붙은 곳들. 그냥 다 학원이에요.

무엇을 벌기 위한 곳이라고요? 그렇죠! 울 잠친님들 똑똑하셔라. 돈을 벌고자 하는 곳이요!

제가 왜 이러한 말씀을 드리냐면, 학원 비하도 학원 선생님들 비하도 아니에요. 냉정하지만, 엄마들이 정확히 알고 계셔야 하기 때문이에요.

늦가을부터 초겨울은 학원들이 대목을 잡기 위해 바삐 움직이는 기간이에요. 입시&입학 설명회부터 여러 초빙강사 강의, 무료 레벨 테스트까지 이벤트가 엄청 많이 열려요. 대부분 몇 번 정도는 다녀보셨을 거예요. 특히 초등 입학을 앞둔 예비 초등맘들을 타깃으로 행사를 많이 하죠. 레벨진단 테스트 후 "이게 부족하다. 저게 떨어진다. 지금 보충 안 하면 큰일 난다……"라고 현란한 언변 기술과 신뢰감 팍팍 가는 미소를 짓는 여러 원장들, 선생님들이 엄마들의 연약한 마음을 자극하죠. 안 그래도 살랑살랑 흔들리던 엄마들은 왠지 그 학원에 등록하면 만사 오케이일 것 같은 착각이 들기도 하죠.

그러나 큰일 안 납니다! 그냥 홍보 전략이에요. 그 시기에 등록한 엄마들은 전략에 넘어간 것뿐이에요. 그리고 시간이 지나서 나중에~ 더 나중에 후회를 하죠. 학원을 맹신하는 집들의 본격적인 학원 돌리기의 시작점이 아이가 7~8세경이더라구요. 이때부터 학원에게 교육을 의지해버리면, 나중에 엄마는 그 고리를 끊어내기가 엄청 어려워지니, 정말 지금 이 시점을 신중하고 슬기롭게 보내셔야 해요.

물론, 진심과 성의를 다해서 아이들을 가르치는 학원과 선생님들도 분명 있어요. 그러나 그런 좋은 곳도 이윤이 전혀 안 나거나, 월급이 안 들어오면, 학원 문을 닫을 수밖에 없고 선생님들이 그만두시게 되어있지요.

학원은 아이들의 교육을 위한 메인 장소가 아닌, 필요 시에만 이용할 비규칙적이고 부가적인 수단으로 가끔 활용하시길 바라요. 그냥 아예 학원 이용을 안 하시고 잠수네로 올인하시는 분들이 가장 현명하고 부지런하신 분들이에요.

하여간 엄마들이 가장 학습에 관심을 갖는 과목이 영어 다음으로 수학이더라구요. 예비 초등생들은 초등학생과 유아의 경계선에 있다 보니, 어디에 장단을 맞춰 학습을 시켜야 할지 엄마들이 매우 혼란스러워 합니다. 결론부터 말씀드리면, 7세는 7세에 맞춰 하시면 됩니다.

먼저 7세들에게 수학 학습. 특히 문제집이나 프린트물처럼 학습서를 시키고 싶으시면, 최우선적으로 읽기와 말하기 부분에서의 한글이 유창해야 합니다. 7세에도 문장 쓰기가 잘 안 된다고 하소연하시는 분들이 많은데, 괜찮아요~. 쓰기는 커갈수록, 소근육이 더 발달되어 갈수록 잘 쓰게 됩니다. 7세 무렵에 문장 쓰기를 너무 강요하지 마시고, 자신의 이름, 숫자, 단어 정도 쓰는 것만으로도 훌륭합니다.

읽기와 말하기 부분에서의 한글이 어느 정도 자리가 잡혔고, 아이가 수리적 학습능력 부분의 준비가 되었다고 생각하면, 보통 수학문제집을 선택하게 되지요. 그럼 연산, 도형, 사고력, 문장제, 교과대비…… 등등 너무 많은 종류의 문제집들로 뭘 골라야 하나 고민되시죠? 그래서 거의 3~4세부터 학습지를 시키거나, 5~6세부터 학원으로 수학 공부를 시키시는 분들이 넘쳐납니다. 이런 분들 제발 좀 말리고 싶어요. 흑흑~. 아이들이 학교 입학 전이기 때문에 아이가 엄마와 문제집으로 놀이를 한다는 기분으로 진행하세요.

* 예비 초등 엄마들의 유의점!

1. 아직 7세는 매일 꼬박꼬박 수학 학습을 할 필요는 없다

   (주 2, 3회 정도만 해도 충분함.)

2. 1회당 1시간? No! No! No!

   (1회당 5~10분 정도, 아이가 어릴수록 집중 시간이 짧음.)

3. 아이에게 문제집 1권을 모두 풀게 하지 마라

   (아이가 힘들어하는 부분은 과감히 스킵함.)

4. 문제집 세트를 한꺼번에 사지 마라

   (밀리거나 쌓이면 아이에게 풀라고 강요하게 됨.)

특히 예비 초등학생은 문제를 많이 푼다고 수학 실력이 향상되는 것이 아니라, 실생활에서의 환경이 지대한 영향을 미치는 점을 고려하여, 엄마가 현명하게 분위기를 만들어주세요.

또한 초등 저학년 때까지는 페이퍼식 학습서 외에 교구나 블록 같은 구체물, 반구체물 등을 적극적으로 활용하시길 바랍니다. 무엇보다 보드게임을 시작하기 가장 적절한 나이가 7세입니다. 잠수네 책나무에도 여러 유형별

로 보드게임이 소개되어 있으니 리뷰 등을 참고하여 선택하시길 바랍니다.

> ## 두 아이를 경험하며 찾은 유아수학 공부법
> 작성자: 독서마법 (중1, 7세) ··· 현재 중2, 초1

저는 큰애가 올해 중학교 입학하고 둘째는 7세 되는 남자아이 둘을 키우는 엄마입니다. 첫애 때는 아무것도 몰랐고 오로지 책의 중요성만 알고 있었던지라 책을 열심히 읽어줬습니다. 주변의 다른 분들은 교과서를 미리 사서 공부를 시키고 1학년부터 난이도 높은 문제집을 사서 풀리고 하셨는데 초등 수학 책을 보니까 어려운 게 없어서 미리 공부를 많이 시켜서 가면 학교 가서 집중 안 할 거 같다는 생각이 들었지요. 그래서 전 일부러 문제집을 미리 사서 풀거나 그러지 않았어요.

초등 들어가서는 차 타고 가면서 옆 차 번호판 더하기 게임을 유독 좋아했었고 연산을 자기만의 다양한 방법으로 풀었어요. 아이가 공부를 할 때에는 옆에서 책이라도 읽으면서 함께했고 공부 중간중간에 사고력 게임을 같이 하는 걸 참 재미있어 했습니다.

제가 이 말씀을 드리는 이유는 아이들은 부모가 함께 공감해주고 공부도 함께 해주는 거 좋아하고 효과도 좋다는 거예요. 큰애는 다른 남자아이들처럼 레고나 블록에 빠지지 않아서 걱정했는데 둘째를 낳고 보니 제가 그런 걸 접해주지 않아서 그렇다는 걸 알았습니다.

그래서 둘째는 어릴 때부터 전단지 오면 방에 늘어놓고 가위질하기, 종이접기 책 사서(《이야기하며 종이접기》 책을 아이들이 좋아해요) 같이 종이접기 해서 그걸 통 같은데 모아놓고 아빠 생일에 전단지에서 오린 구두, 선물, 종이접기에서 만든 넥타이, 리본 등을 이용해서 아빠에게 선물도 하고……

칠교, 펜토미노, 소마큐브, 쌓기나무, 패턴블록 등등을 워크북 딸린 걸 사서 맞추면서 놀게 하고, 퍼즐 난이도별로 차츰 사서 같이하고요(엄마는 잘 못하는데 이거 정리하게 도와달라고 하면 아주 으쓱해하면서 퍼즐 맞추는 걸 좋아했어요).

레고, 로꼬, 라인블록, 액션블록, 조이픽스, 카프라 등등 각종 블록도 조금씩 사서 놀게 했어요. 동생이 노는 거 보고 어릴 때 이런 걸 별로 안 접했던 첫째도 함께 가지고 놀고 좋아하더라구요.

얼마 전부터는 키즈 팩토 교재를 사서 조금씩 풀면서 사고력문제 접하고 있는데 놀이와 체험으로 유아수학의 여러 영역을 활동으로 하니까 아이도 즐거워하고 굳이 씨매스, 소마, 씨엠에스 이런 사고력 학원 보내지 않아도 되고 좋은 거 같아요. 학원 보낼 돈으로 조금씩 교구 사서 함께하시면 좋을 거 같아요.

수학동화책을 도서관에서 빌려서 읽히시면 수학개념에 좋구요. 일상에서 자연스럽게 수학을 접하도록 차 타고 가면서 번호판 먼저 더하기 놀이도 하고, 일상에서 양말 서랍에 넣어달라고 부탁할 때도 "밑에서 첫 번째 서랍에 넣어줄래?" 피자 먹으면서도 "4분의 1씩 나눠줄게" 하는 식으로 자연스럽게 알게 했어요. 바둑알 사서 10가르기 모으기 놀이 하기, 수 저울 사서 10만들기 놀이도 하고요. 둘째랑 요즘 이렇게 노니까 첫째 때도 이리 해줬으면 하는 아쉬움이 많이 남는답니다.

생활 속의 수학놀이

1. 수 세기

엘리베이터 층 알아보기

백화점, 마트의 엘리베이터는 몇 층까지 있는지 찾아보세요. 아파트에 산다면 우리 집은 몇 층일까, 1층 아래는 몇 층일까, 친구네 집은 몇 층일까, 내 나이 숫자는 어디 있을까 등 아이와 함께 숫자와 관련된 많은 이야기를 나눌 수 있습니다.

계단 세어보기

계단을 오르내리면서 수학놀이를 할 수 있습니다. '하나, 둘, 셋……' 열, 스물, 서른……' 하고 계단의 수가 몇 개인지 세어보기도 하고, '일, 이, 삼, 사……'로 수의 이름도 불러보고, '1칸, 2칸, 3칸……' 노래하듯 같이 소리 내어 말하다 보면 자연스럽게 수를 표현하는 방법을 배울 수 있습니다.

간식 먹을 때 수 세기

매일 먹는 간식, 수 세기를 놀이처럼 해보세요. 아이가 원하는 간식의 개수를 말하면 주는 거예요. 귤 하나, 떡 2개, 고구마 $\frac{1}{2}$쪽, 과자 10개…… 이런 식으로요.

빈 계란판은 멋진 '수와 연산' 교구!

계란을 다 먹고 나면 빈 계란판을 깨끗이 씻어 초콜릿, 사탕, 작은 과자, 블록 등을 담는 놀이를 해보세요. 자연수의 수 체계를 몸으로 익히게 됩니다.

가르기와 모으기

가르기와 모으기는 덧셈과 뺄셈의 기본 개념입니다. 5개 사탕을 1칸에 하나씩 담아두고, 엄마한테 1개, 2개, 3개를 주면 나는 몇 개를 가

질 수 있는지 나눠보게 해주세요. 동생이 있다면 동생 것도 나눠보고요. 10개짜리 계란판에서 사탕 3개를 놓아두고, 몇 개를 더 갖고 와야 10개 판이 다 찰지 실험해보도록 해주세요.

덧셈과 뺄셈
새알 초콜릿으로 2개, 3개를 담고 모두 몇 개가 될지 물어보세요. 초콜릿 8개를 담고 엄마가 3개 먹으면 몇 개가 될지 생각하게 해보세요. 덧셈과 뺄셈 수식을 몰라도 경험으로 어떤 의미인지 알게 됩니다.

십진법
1칸에 1개씩 작은 과자를 넣어 10개 들이 판을 만들어보세요. 10개씩 담은 과자를 맛있게 먹으면서 10개, 20개 등 십진법 체계를 익힐 수 있습니다.

배수와 구구단 개념
1칸에 1개씩, 2개씩, 3개씩 담으며 놀다 보면 배수의 개념을 저절로 알게 될 뿐 아니라, 구구단의 기본 개념도 익히게 됩니다.

구구단 익히기
가로로 5개, 세로로 4개 담았을 때 몇 개가 되는지 세어보기도 해보세요. 구구단을 따로 외우지 않아도 개념이 이미지로 들어옵니다.

2. 도형

빵, 케이크 자르기
엄마가 만들어주거나 제과점에서 산 빵을 직접 잘라보게 하세요. 동그란 모양을 자르면 어떤 모양이 나올까? 위에서 잘라보고, 옆으로도 잘라보고, 세모 모양, 네모 모양, 반달 모양 등 재미있는 모양놀이를 하면서 도형에 친숙해질 수 있습니다.

블록놀이

원목블록, 은물, 가베, 레고, 듀플로, 옥스포드 등 다양한 블록이 시중에 나와 있습니다. 어떤 분들은 아이가 블록으로 잘 안 갖고 논다고 또 어디론가 교구수업을 보내기도 하는데요. 돈이나 시간도 문제거니와 '엄마와 함께하는 즐거움', '스스로 해보는 창조의 기쁨'이 빠진 수업은 반쪽짜리에 불과합니다. 선생님이 "이런 거 만들어보자" 하고 지도하는 것 자체가 창의성과는 멀어지는 거예요. 또한 어떤 과정이든 '양'이 쌓여야 '질'적인 변화가 일어납니다. 1주에 1~2시간 수업받는 것으로 만족하고 블록을 깔끔하게 정리해두는 집이라면 블록놀이의 효과는 거의 없습니다. 좀 어질러도 괜찮습니다. 바닥에 쫙 깔아두고 이것저것 모양을 만들면서 도형 감각, 창의성이 자랍니다.

가위로 오리기 놀이

서너 살만 되어도 안전가위로 종이를 자르는 손동작이 가능합니다. 아이스크림, 과자 상자, 사탕, 왕관, 하트, 아이스크림 등 아이가 좋아하는 모양을 마음껏 만들어보게 해주세요. 마트, 백화점 전단지의 과일이나 채소 그림을 오려보아도 좋습니다. 소근육도 발달하고 주변 사물 이름을 익히는 놀이도 되지만 초등 1~2학년에서 배우는 세모, 네모, 동그라미 모양을 자연스럽게 익히는 과정이기도 합니다.

종이접기

5세면 간단한 종이접기가 가능합니다. 우선 쉽고 예쁜 종이접기 책을 사주고 엄마랑 같이 하나씩 접어보세요. 처음에는 반듯하게 접는 것이 어려울 수 있지만 타박하지 말고 계속 격려해주세요. 접는 것이 익숙해지면 조금씩 난이도가 올라가는 종이접기책을 사주면 됩니다. 아이에게 선물해야 할 때 평소에 갖고 싶었던 예쁜 색종이를 사주는 것도 좋습니다. 종이접기를 통해 도형을 손으로 만져보는 경험을 할 수 있을 뿐만 아니라, 반 접고 또 반의 반을 접으면서 분수의 개념도 자연스럽게 익히게 됩니다.

땅따먹기 놀이

어릴 때 종이에 점을 잔뜩 찍어놓고 가위바위보를 해서 이긴 사람이 선분을 그어 누가 먼저 삼각형 땅을 더 많이 만드는지 놀아본 적이 있나요? 내 것은 동그라미, 상대편은 가위표를 칠해가면서요. 모든 평면도형의 기본은 삼각형입니다. 사각형, 오각형, 육각형…… 모두 삼각형으로 자를 수 있습니다. 초등 고학년이 되면 이 개념을 심화한 도형문제가 나오기도 합니다. 어릴 때 땅따먹기 놀이를 하면서 평면도형은 삼각형이 기본이라는 감각을 키워주세요.

3. 측정

우유통, 요구르트통으로 놀기

아이들이 목욕할 때 여러 가지 크기의 우유통, 요구르트통, 요거트통으로 물놀이를 하게 해주세요. 자연스럽게 부피를 비교하는 감각이 생깁니다. 긴 통과 넓은 통에 들어가는 물의 양이 어떻게 다른지, 작은 요거트통 몇 개를 부어야 큰 우유통에 물이 가득 찰까 등 많은 실험을 해볼 수 있습니다. 놀이터에서 모래놀이 할 때에도 빈 통들을 잔뜩 들고 나가서 놀게 해주세요. 친구들과 어울리다 보면 사회성도 길러지고 혼자서는 생각하지 못했던 다양한 자극을 받을 수 있습니다.

무게 달아보기

사람들이 붐비지 않는 시간대에 아이와 함께 마트에 가보세요. 상추, 당근, 버섯, 고구마 등 무게를 달아 파는 채소들이 많습니다. 그날 구입 할 채소의 무게를 아이가 직접 달아보게 해보세요. 집에 저울이 있다면 여러 가지 물건의 무게를 알아보는 놀이를 해봐도 좋아요. 아이와 요리를 하면서 요리책에 적힌 무게, 부피를 재어보게 하는 것도 좋습니다. 체중계로 일주일마다 몸무게를 재며 얼마나 자랐는지 확인도 해보고요.

길이 재보기

책장 옆 벽에 키재기 자를 붙이고 아이가 자란 만큼 표시를 해보세요. 이사를 해도 책장은 갖고 가므로 자라는 모습을 꾸준히 관찰할 수 있습니다. 작고 예쁜 줄자를 아이의 소품 가방에 넣어주세요. 놀러가서도 줄자로 재보는 놀이를 즐길 수 있습니다.

4. 규칙 찾기

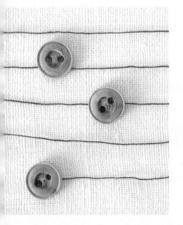

블록 색깔별로 쌓아보기

듀플로, 레고, 옥스포드 등 각종 블록을 색깔의 규칙대로 쌓거나 늘어놓아 예쁜 건물을 만들어보세요. '빨-노-파-빨-노-파……'처럼 아이가 규칙을 정하고 엄마가 따라 해보거나, 엄마가 규칙을 정하고 아이가 따라 해봐도 좋습니다.

식탁에 수저 놓기

밥그릇 다음에 국그릇, 그 옆에 숟가락, 젓가락 순으로 놓는 것도 훌륭한 규칙 찾기 놀이입니다. 집안일에 참여한다는 자부심도 느낄 수 있습니다.

빨래 더미에서 식구들 양말 짝 찾기

내 양말, 동생 양말, 아빠와 엄마 양말을 제 짝끼리 찾아 모아보게 해주세요. 아직 반듯하게 개지는 못하지만 내 옷과 동생 옷을 찾아내서 따로 모아보는 것도 좋습니다. 엄마 일을 도와준다는 기쁨도 함께 느끼면서 규칙 찾기를 경험해볼 수 있습니다.

구슬, 단추 꿰기

문방구, 마트에서 파는 구슬이나 단추를 사서 바늘에 실을 꿴 다음 연결하게 해보세요. 처음에는 길게 만드는 것만으로도 신나 할 거예요. 실로 꿰는 것이 익숙해지면 예쁘게 만들려면 어떤 모양이 좋을지 생각해보게 해주세요. 살짝 본보기를 보여주어도 좋습니다.

5. 문제 해결력

색칠놀이

그림에 색을 칠하는 것은 아이의 머릿속에 떠오르는 색깔을 찾아 연결하는 작업입니다. 색칠을 하면서 집중력, 생각하는 힘, 표현력도 함께 자랍니다. 나무는 초록, 하늘은 파랑 등 특정 색깔을 고집하는 부모님은 안 계시겠죠? 아이가 색을 칠할 때 왜 그런지 이유를 물어보세요. 자기 나름대로의 논리가 있답니다.

다른그림찾기

2장의 그림에서 다른그림찾기를 하면서 집중력, 문제 해결 능력, 논리력을 키울 수 있습니다.

미로찾기

수학을 좋아하는 아이들의 특징 중 하나가 미로찾기를 매우 즐긴다는 거예요. 미로찾기를 하면서 끝을 찾을 때까지 매달리는 집중력, 왔던 길을 되돌아가지 않는 논리력, 한눈에 공간을 파악하는 능력이 키워집니다.

지도 보기

글자를 읽을 줄 아는 아이라면 지하철 노선도부터 산에 갔을 때 지도, 네이버나 다음의 지도를 찾아보게 해주세요. 우리나라 지도나 세계지도 속에서 나라나 도시 이름을 찾아도 좋습니다. 아이가 여행해본 곳, 읽은 책의 작가가 사는 나라 등 이야깃거리는 무궁무진합니다.

※'생활에서 가볍게 해볼 수 있는 수학놀이'는 유아뿐 아니라 수학 개념이 아직 잡히지 않는 초등 1~2학년에게도 도움이 됩니다.

참 다행이고도 신기한 것은 다니엘은 수학을 좋아한다. 덜렁대어 실수로 1, 2개 정도 틀리긴 하지만 자신감도 있고 문제 해결 능력도 척척! 수학 관련 책은 완전 몰입해서 보기도. 이런 것들이 학습서를 접한 덕분은 아니라고 생각하기에 무엇이 다니엘의 수학에 길잡이가 되어주었나 싶어 다니엘의 어린 시절을 떠올려본다.

* 돌~두 돌 무렵

1. 서리태, 쌀, 밀가루 또는 밀가루 반죽, 엄마 가루분?

한번 놀고 나면 집이 쑥대밭이지만 자주 해준 놀이. 바닥에 쫙~ 깔아주고 그릇 몇 개 주면 주웠다 담았다, 줄을 세워도 보고 한참을 놀았다. 특히 밀가루는 정말 치우기 힘들었지만 부드러운 촉감이 좋은지 좋아했었다. 밀가루 반죽은 클레이 대신(요때 입에 뭐든 잘 넣기 때문에) 엄마가 잠시 한눈팔 때는 화장대 위의 엄마 가루분으로 놀이함.

2. 도미노 & 젠가

도미노는 엄마와 같이 세우고 넘어뜨리고 많이 했고 젠가로는 비행기, 기차 모양 등으로 표현하며 놀았다. 이때 대칭을 만들어 놀았음(비행기 날개를 양쪽에 대칭으로 붙히기 등).

* 세 돌 전후

1. 가베

33개월쯤 가베 수업을 했다가 다니엘 완전 거부함. 기린 만들기 요런 거 자긴 할 줄 아는데 자꾸 하라고 하니 재미없다고 해서 2달 하다가 그만둠. 대신 수시로 꺼내서 창작물 만들었음(사원 같이 생긴 건축물 등등).

2. 탈것, 바다생물 모형 가지고 놀기
관찰을 엄청 하며 가지고 놀았고 자동차 부품, 물고기들 특징에 관심이 많아서 다큐멘터리를 즐겨서 보았다.

3. 그림 그리기
그리고픈데 아직 난화기? 귀여운 난화기 그림들로 가득~.

* 네 돌 전후~취학 전
1. 그림 그리기
하루에 스케치북 3, 4권은 썼다. 엄마의 손길이 전혀 없었음에도 불구하고 그동안 사용했던 스케치북 넘기면서 엄마는 놀라움을 금치 못함. 혼자 정육면체 그리기 연습하고 그림에서 뚜렷한 기저선과 원근(지하철, 가로수 등)이 나옴.

2. 클레이하기
애니메이션 Car에 나오는 자동차, 상어, 고래, 가오리, 드래곤 등등 손끝이 야무졌다. 심지어 엄마보다 더 잘 만드는 듯.

3. 전개도 그려서 입체 모형 만들기
앉으면 2시간은 작업하는 아들. 그동안 그림과 클레이가 시시했는지 혼자 방에 들어가서 안 나오길래 들어가보니 버스 전개도를 그린다. 오려서 입체 버스 만들어 놀고 있음. 그 밖에 비행기, 컵 등 전개도 그려서 만들어 놓았다.

주위에선 다니엘이 미술에 감각이 뛰어나다고 했지만 엄마는 공간지각 능력이 다른 것에 비해 좀 나은 걸로 판단! 미술보단 과학이나 수학 쪽으로 밀어주고 싶은 마음이 앞섰다. 가르쳐준 적이 없는데 언제 어디서 봤는지. 그냥 혼자 생각해서 입체로 만들고 싶었다더라. 자 사용법을 모를 때라 대충 전개도를 그리고 만들었다.

4. 수 깨우치기

솔직히 수를 가르친 적은 없음. "엄마, 9 다음 뭐야?" "10." "10, 11, 12······ 19 다음 뭐야?" "20." 이렇게 반복하더니 99 다음, 199 다음, 999 다음 계속 이어졌다. 수학적인 관심은 결코 주입이 아니라는 것! 지금 생각해보면 다니엘의 어린 시절 있는 그대로 아이를 봐주고 아이의 시선에 맞추었기에······.

유아도 할 만한
수학교구, 퍼즐, 보드게임

초등 고학년, 중학생 중 도형 문제만 나오면 머리가 꽉 막히는 아이들이 의외로 많습니다. 타고난 감각도 있지만 어릴 때 도형을 많이 접해보지 않은 것도 원인이 됩니다. 남자아이의 도형감각이 여자아이보다 낫다는 것도 편견입니다. 어릴 때 교구를 많이 갖고 논 아이들이 도형 영역에 비교적 강한 경향을 보입니다.

부모가 수학을 못한다고, 같이 놀아주기 힘들다고 문화센터의 블록 강좌, 교구/퍼즐수업을 할 수 있는 곳만 찾으려 하지 마세요. 일주일에 1회 1시간 수업하는 것보다 집에서 매일매일 즐겁게 갖고 노는 게 효과 면에서 10배 이상입니다. 집에서 하면 정해진 커리큘럼을 따라가지 않아도 됩니다. 시간의 제약 없이 아이가 원하는 만큼 하고 싶은 것을 집중적으로 할 수 있으니까요.

유아는 놀이나 게임의 규칙을 따라 하면서 여러 가지 개념을 익히게 됩니다. 또한 놀이나 게임을 하는 동안 인지 발달이나 사회성도 함께 길러집니다. 그러나 아무리 좋은 교구라도 아이들이 흥미를 느끼지 못하면 소용이 없습니다. 아이들이 재미있게 즐기면서 수 인지, 공간, 사고력 등 수학 개념을 익힐 수 있는 교구와 게임을 해보세요.

수학교구

'수막대'는 길이가 다른 막대로 수학 개념, 원리를 직접 만져보며 이해하도록 만든 교구입니다. 수 세기, 수 감각 키우기, 덧셈과 뺄셈, 분수 등의 개념을 익힐 수 있습니다. '쌓기나무'는 원목블록처럼 갖고 놀기도 좋고, 2~3개의 조각으로 소마큐브 모양을 만들어보기 등 다양하게 활용할 수 있습니다. '지오보드'는 초등학교 교과서에서 평면도형의 탐구에 활용되는 교구지만 유아 때는 여러 가지 모양 만들기를 하면서 재미있게 놀게 해주세요.

▶ 자세한 내용은 p. 273, p.314 참조

수학퍼즐

수학퍼즐의 기본은 '패턴블록', '칠교놀이', '펜토미노', '소마큐브'입니다. 4가지 모두 깊이 있는 수학적 사고력을 계발할 수 있는 영재교육 교구이면서 유아라도 재미있게 갖고 놀 수 있는 놀잇감입니다. 서점에서 유아를 위한 워크북도 많이 판매합니다. '패턴블록'은 유아를 위해 원목으로 만든 제품도 있지만 플라스틱도 괜찮습니다. 다양한 모양, 패턴을 만들며 놀게 해주세요. '칠교놀이'는 색종이로 잘라서 모양 만들기 놀이를 해봐도 좋아요. '펜토미노'는 입체 펜토미노, 원목 펜토미노, 펜토미노 보드게임 등 다양한 제품이 있습니다. '소마큐브'같이 조금 어려운 수학퍼즐은 '꼬마큐브', '펀큐브'같이 좀 더 쉬운 제품이 나와있기도 합니다.

▶ 자세한 내용은 p.336 참조

수학보드게임 (난이도●)

가족게임을 하다 보면 집중력, 사고력을 키우는 데 많이 도움이 됩니다. 부모와 아이들이 같이 놀면서 감성적인 자극과 안정감을 얻는 이점도 있습니다. 미로찾기, 숨은그림찾기 등 혼자 해보는 놀이도 집중력과 사고력을 키워줍니다. 단지 좋아하는 아이가 한정적이니 억지로 강요하지는 마세요.

– 집중력

할리갈리 ●   도블 ●   치킨 차차차 ●   텀블링 몽키 ●   메모리 게임 ●

코코너츠 ●

톡톡우드맨 (TocToc
Wood Man) ●

– 수 감각 & 연산놀이

구름빵 수놀이
듬뿍 ●

셈셈 수놀이 ●

꼬꼬미노
(Heckmeck) ●

서펜티나 ●

스머프
사다리게임 ●

– 도형 감각 & 공간 감각

콜로라마
(Colorama) ●

알록달록
첩보전 · 칼라코드
(Color Code) ●

메이크 앤 브레이크
주니어 (Make 'n'
Break: Junior) ●

컨티뉴오
(Continuo) ●

러시아워 주니어
(Rush Hour Jr.) ●

고양이와 쥐 (Cat
And Mouse Go
Getter) ●

마이티 마인드
(Mighty Mind) ●

수학 개념을 익혀주는
수학그림책

유아에게 수학 개념을 가르친다는 것은 사실 쉬운 일이 아닙니다. 생활 속에서 놀이로 접근하는 것도 한계가 있고, 교구나 게임도 놀이와 학습을 적절하게 조합할지 가닥이 잘 잡히지 않습니다. 어찌 보면 아이들이 늘 접하는 그림책으로 수학의 개념을 접하는 것이 부모 입장에서 편하기도 하고 실질적으로 가장 도움이 될 수 있습니다. 수학과 전혀 관련 없는 그림책이라도 얼마든지 수학 교육의 자료로 활용할 수 있거든요.

주의할 점이라면 부모의 의도가 노골적으로 드러나면 아이들이 '학습'으로 느끼고 책 읽는 재미까지 잃다는 것입니다. 그림책에서 어떤 개념을 이야기할 수 있는지, 일상의 대화에서도 그림책의 상황을 떠올리면서 이야기할 수 있는 정도면 충분해요.

그림책 중에는 수학 개념을 사실적으로 전달하기 위해 나온 책도 있습니다. 이러한 책들은 대부분 '수 세기'와 관련된 내용으로 그림이나 색감이 조악한 책들도 많습니다. 이왕이면 다홍치마라고 '좋은 그림책'을 보여주세요. 그림과 줄거리가 좋은 그림책, 아이들이 재미있어 하는 그림책을 보며 수학 개념도 익히는 것이 꿩 먹고 알 먹는 길입니다.

이 책에서는 유아를 둔 부모에게 권할 만한 그림책을 선별해서 영역별로 담았습니다. 아이들에게 읽어주면서 책 속에 담긴 수학과 관련된 내용을 따라 해보거나 등장인물의 행동을 재현해보며 수학을 즐겁게 느낄 수 있도록 해주세요.

수학동화 중에 재밌는 책들도 많아요 ✉

작성자 : 파워왕자 (7세) ⋯ 현재 초1

수학동화책들만 많이 읽는다고 수 개념이 이해가 되고 수학감각이 생기고 하는 건 아닌 것 같아요. 이런 개념들은 평소 놀이하고 생활하면서 느껴보고 수학동화들은 이렇게 평소 놀이, 생활하면서 느꼈던 걸 확인하고 정리하는 데 도움을 주는 정도 같네요.

잠수네 유아수학 콘텐츠에 실생활에서 구체물로 수학 접하는 여러 가지 놀이법 소개가 잘 되어있어서 요거 정리해서 하나씩 해보는데 관련해서 수학동화도 읽어주니 재미있어 하네요.

아직까지 수학동화를 많이 읽지는 못했지만 읽어준 책들의 반응은 좋은 편이었어요. 아이가 평소 수학 학습이지 숙제할 때 지루해하고 졸리다고(하기 싫다는 의미죠) 자주 했었는데 땅따먹기 놀이나 수 놀이 보드게임 할 때나 수학동화 읽어줄 때는 재밌어해서 더 하자고 조르곤 해요.

수학동화를 아직 읽어준 게 많지는 않지만 읽은 책들 중 반응이 좋았던 책들이 아래 있는 정도네요. 수학동화라고 하면 왠지 재미없을 듯하고 내용이 딱딱하고 어려울 것만 같지만 재미있는 책들도 많은 것 같아요.

	[JK3] 펭귄 365 백단위까지 수세기가 나오는 책인데, 유머러스하고 반전도 있어서 좋아했어요.		**[JK3] 100층짜리 집 시리즈** 100층까지 세는데 10, 20, 30 이렇게 10씩 커지게 세보면서 재밌게 보았네요.
	[JK2] 꼬끼오네 병아리들 옛이야기 풀어가듯이 스토리가 나오면서 쉬운 더하기, 빼기가 나오니 엄마 질문에 거부감 없이 척척 답했어요.		**[JK3] 덧셈놀이/뺄셈놀이** 덧셈뺄셈 배우는 단계인 아이들이 읽으면 정리가 될 것 같아요. 탐정놀이, 파티준비 하는 과정에서 연산개념, 연산식 쓰는 법 등을 설명해주네요.
	[JK3] 성형외과에 간 삼각형 도형의 기초가 삼각형이고 삼각형에 선(변)과 각이 하나씩 추가되면 사각형, 오각형……나중에는 원이 된다는 걸 알게 해주는 책이네요.		**[JK3] 즐거운 이사 놀이** 10의 보수를 다룬 책이에요. 세모집에서 네모집으로 10명이 1명씩 이사를 가는 그림만 나오는 책인데 바둑알을 아이 하나하나에 매칭해서 이사를 실제로 보내고 세모집과 네모집으로 이사간 아이 숫자를 맞춰보기도 하네요.

수 세기 그림책

[JK1] 잘잘잘 123
(사계절)

[JK1] 사냥꾼 하나
(시공주니어)

[JK1] 청어 열 마리
(우리교육)

[JK1] 알록달록 물고기
(시공주니어)

[JK1] 한조각 두조각
세조각 (초방책방)

[JK1] 꼭꼭 숨어라
(한울림)

[JK1] 하나 하면
하나 있는 것은
(웅진주니어)

[JK1] 가족 123
(초방책방)

[JK1] 알, 알이 123
(아이즐)

[JK1] 엄마생쥐는
아이가 다섯이야
(아이세움)

[JK1] 하나 둘 셋,
아기 오리 열 마리
(문학동네어린이)

[JK1] 판다 10마리
(진선출판사)

[JK1] 1부터 10까지
(비룡소)

[JK1] 봉숭아 하나 둘
셋 (시공주니어)

[JK1] 똥이랑 123
(개똥이책)

[JK1] 123 숫자공부가
재미있어요 (에디슨북)

[JK1] 크리스마스 123
(초방책방)

[JK1] 123 시장 놀이
(시공주니어)

[JK2] 함께 세어
보아요 (마루벌)

[JK2] 처음 만나는
수학 그림책 (북뱅크)

[JK2] 발타자의 산책
(청어람미디어)

[JK2] 고릴라 가족
(웅진주니어)

[JK2] 꼬마 돼지 (보림)

[JK2] 물웅덩이
(킨더랜드)

[JK2] 아기오리 열두
마리는 너무 많아!
(길벗어린이)

[JK2] 숫자야! 얼굴
그리자 (키득키득)

[JK2] 10까지 셀
줄 아는 아기염소
(한림출판사)

[JK2] 앵무새 열 마리
(시공주니어)

[JK2] 미술관 123
(베틀북)

[JK2] 줄넘기 (은나팔)

[JK2] 선물을 샀어요:
수 세기 (아이세움)

[JK2] 봉봉 마녀는
10을 좋아해: 수의
기초 편 (비룡소)

[JK2] 키키는 100까지
셀 수 있어!: 수 세기
편 (비룡소)

[JK2] 123 콩알 세기
(예림아이)

[JK2] 11마리 고양이와
바닷새 (꿈소담이)

[JK2] 10 곱하기 10
(바람의아이들)

[JK2] 아기양 울리의
저녁 산책 (베틀북)

[JK2] 숫자 따라 하나,
둘, 셋 (베틀북)

[JK2] 씨앗은 어디로
갔을까? (주니어RHK)

[JK2] 거북이가 풍덩!
(아이세움)

수 세기 그림책

[JK2] 고릴라 한 마리: 참 아름다운 숫자 세기 그림책 (예림당)

[JK2] 산타클로스는 몇 명일까? (꼬마미디어2,0)

[JK2] 난 뭐든지 셀 수 있어 (예꿈)

[JK3] 숫자가 사라졌어요 (웅진주니어)

[JK3] 이상한 나라의 숫자들 (북뱅크)

[JK3] 100층짜리 집 (북뱅크)

[JK3] 지하 100층짜리 집 (북뱅크)

[JK3] 바다 100층짜리 집 (북뱅크)

[JK3] 병아리 100마리 대소동 (베가북스)

[JK3] 열 배가 훨씬 더 좋아 (낮은산)

[JK3] 생각하는 1 2 3 (논장)

[JK3] 꼬마 마법사의 수세기: 10씩 묶어 세기 (아이세움)

[JK3] 수를 사랑한 늑대: 수의 쓰임 (아이세움)

[JK3] 깊고 깊은 산속에 하나 둘 셋 (길벗어린이)

[JK3] 우리 집에는 (걸음동무)

[JK3] 외로운 꼬마 1 (상출판사)

[JK3] 가을: 수와 계산 (걸음동무)

[JK3] 열한 번째 양은 누굴까? (국민서관)

[JK3] 개미 100마리 나뭇잎 100장 (웃는돌고래)

[JK3] 즐거운 이사 놀이 (비룡소)

연산 그림책

[JK2] 꼬끼오네
병아리들 (비룡소)

[JK2] 개구리 학교의
즐거운 수학 시간
(초록개구리)

[JK2] 달팽이는 한
개, 게는 열 개인 게
뭘까요? (책그릇)

[JK2] 커다란 수박:
덧셈 (아이세움)

[JK2] 풍덩풍덩!
몇 마리가 있나요?
(아이세움)

[JK2] 동물들의 덧셈
놀이 (비룡소)

[JK2] 괴물들의 뺄셈
놀이 (비룡소)

[JK2] 뚝딱 뚝딱 숫자
만들기 (동아일보사)

[JK3] 수학 너
재미있구나 (달리)

[JK3] 숫자 전쟁
(파란자전거)

[JK3] 펭귄 365 (보림)

[JK3] 로마숫자의 비밀
찾기 (미래아이)

[JK3] 덧셈놀이
(미래아이)

[JK3] 뺄셈놀이
(미래아이)

[JK3] 배고픈 개미
100마리가 발발발
(보물창고)

[JK3] 수학이 쉬워지는
곱셈구구 (사파리)

[JK3] 날아라 숫자 0
(봄나무)

[JK3] 따끈따끈 열
만두: 덧셈과 뺄셈
(시공주니어)

[JK3] 크림빵이 늘었다
줄었다: 연산 덧셈과
뺄셈 (아이세움)

[JK3] 발타자와
함께라면 무엇이든
셀 수 있어!
(청어람미디어)

영역별 수학그림책

모양 · 도형 · 공간 그림책

[JK1] 알록달록 동물원
(시공주니어)

[JK1] 영차영차
집짓기 놀이를 해요
(홍진P&M)

[JK1] 자꾸자꾸 모양이
달라지네 (보물창고)

[JK1] 무슨 소리지?:
위치 (아이세움)

[JK1] 흠흠 (창비)

[JK1] 멍멍 왈왈
(비룡소)

[JK1] 세모, 네모 모양
(시공주니어)

[JK2] 똑똑한 도형놀이
(뜨인돌어린이)

[JK2] 이딱딱 로봇의
네모 이: 모양 편
(비룡소)

[JK2] 블록친구
(키다리)

[JK2] 아기 세모의
세번째 생일
(주니어파랑새)

[JK2] 뭐든지 파는
가게: 도형 (아이세움)

[JK2] 모양을 찾아라
(베틀북)

[JK2] 우리 엄마 못
보았어요?: 공간
(아이세움)

[JK2] 꼭대기 왕자는
자동차를 좋아해: 공간
편 (비룡소)

[JK2] 아기두더지
주주의 나들이: 공간
(우리책)

[JK2] 모양 놀이
(베틀북)

[JK2] 동그라미, 세모,
네모가 모여서 (점자)

[JK2] 조각조각 무엇을
만들까? (키즈엠)

[JK2] 봉봉마녀의
마법도형: 도형 편
(비룡소)

모양 · 도형 · 공간 그림책

[JK2] 뚝딱이의 새집
짓기: 도형 (우리책)

[JK3] 성형외과에 간
삼각형 (보물창고)

[JK3] 일곱 빛깔
요정들의 운동회
(한울림어린이)

[JK3] 울퉁불퉁
뿔레용과 유령 소동:
도형 (시공주니어)

[JK3] 여름: 도형과
공간 감각 (걸음동무)

[JK3] 세상 밖으로
나온 모양: 여러 가지
모양 (아이세움)

[JK3] 생선 도둑을
잡아라!: 위치와 방향
(아이세움)

[JK3] 혼자 갈
수 있어요!: 공간
(시공주니어)

[JK3] 외계인과 우주
비행사 (승산)

[JK3] 점과 선이
만나면 (국민서관)

유추 · 추론 그림책

[JK1] 괴물이다, 괴물!
(문학동네)

[JK1] 모자가 빼꼼
(보림)

[JK1] 찾았다, 우리
아기! (베틀북)

[JK1] 누구 코와
발일까요? (그린북)

[JK1] 이 꼬리 누구
꼬리? (문학동네)

[JK2] 누구
그림자일까? (보림)

[JK2] 누구의
자전거일까?
(크레용하우스)

[JK2] 난 누구게?
(아이세움)

[JK2] 정말 그럴까?
(문학동네)

[JK3] 도둑을 잡아라!
(시공주니어)

분류 · 규칙 · 통계 그림책

[JK2] 끼리끼리
빨래방: 분류
(아이세움)

[JK2] 봉봉 마녀의
꼬치꼬치 떡꼬치: 규칙
편 (비룡소)

[JK2] 똑똑한 그림책
(뜨인돌어린이)

[JK2] 꼬마 고슴도치
라야의 목걸이: 규칙
(우리책)

[JK2] 키키의 빨강
팬티 노랑 팬티: 분류
편 (비룡소)

[JK2] 하나를 보면
열을 알아요: 규칙
(대교출판)

[JK2] 곰돌이 케니의
먹이 창고: 분류
(우리책)

[JK2] 룰루랄라~ 내
방 치우기 (찰리북)

[JK2] 어디, 어디?
누구, 누구?
(키즈아이콘)

[JK2] 궁금한 게 많은
악어 임금님: 통계
(아이세움)

[JK2] 누가 뽑힐까?:
통계 (우리책)

[JK2] 너랑 나랑
닮았어: 분류
(대교출판)

[JK3] 달코미 아저씨와
빵 만들기 대회: 규칙
(시공주니어)

[JK3] 얼렁뚱땅
아가씨: 분류
(시공주니어)

[JK3] 보이니?
찾았니?: 규칙 찾기
(아이세움)

[JK3] 우주선 타기는
정말 진짜 너무
힘들어: 분류 기준
(아이세움)

[JK3] 봄: 분류와 비율
(걸음동무)

[JK3] 할까 말까?
(한솔수북)

[JK3] 쉿! 우리끼리
그래프 놀이: 통계
(아이세움)

[JK3] 걱정 많은
임금님: 통계
(시공주니어)

시계 · 시간 그림책

[JK1] 지금 몇 시니, 스팟? (베들북)

[JK1] 얼룩말 줄리의 바쁜 하루 (아침나라)

[JK2] 자꾸자꾸 시계가 많아지네 (보물창고)

[JK2] 너무 늦었어요!: 시간 (아이세움)

[JK2] 토마스 시계 놀이책 (아동문학사)

[JK2] 시간과 시계 (키득키득)

[JK2] 척척 아저씨와 총총이 (베들북)

[JK2] 시끌벅적 동물 농장의 하루 (깊은책속옹달샘)

[JK3] 시간이 뭐예요? (문학동네)

[JK3] 시계 그림책 1, 2 (길벗어린이)

[JK3] 딸꾹질 한 번에 1초: 시간이란 무엇일까? (북뱅크)

[JK3] 시간: 1초에서 1000년까지 (웅진주니어)

[JK3] 발타자와 함께라면 시간은 정말 쉬워! (청어람미디어)

[JK3] 생일은 일 년에 딱 한 번?: 시간 (아이세움)

[JK3] 사파리 탐험가 (승산)

[JK3] 똑딱 똑딱! (그린북)

[JK3] 나라마다 시간이 달라요 (그린북)

[JK3] 프랑수아의 시계 (미래아이)

[JK3] 뻐꾸기 아저씨의 시계 (크레용하우스)

[JK3] 아프리카로 간 시계 (청년사)

영역별 수학그림책

비교 · 측정 그림책

[JK1] 우리 아빠가
최고야!: 비교
(아이세움)

[JK2] 점점 작게 점점
크게 (국민서관)

[JK2] 도깨비 얼굴이
가장 커!: 비교 편
(비룡소)

[JK2] 투덜 할멈
생글 할멈: 간접 비교
(아이세움)

[JK2] 더 크게! 더
작게!: 비교 (우리책)

[JK2] 곰돌이의 생일
잔치: 대응 (아이세움)

[JK2] 내가
세상에서 제일 커
(어린이작가정신)

[JK2] 클까? 작을까?
(진선아이)

[JK2] 벌꿀 케이크
나무: 측정 (우리책)

[JK2] 키키는 뭐든지
잴 수 있어: 측정 편
(비룡소)

[JK2] 친구를 구한
목도리 (블루래빗)

[JK3] 얼마나 길까?
(키즈엠)

[JK3] 얼마나 클까?
(키즈엠)

[JK3] 얼마나
무거울까? (키즈엠)

[JK3] 누가 누가 더
클까? (문학동네)

[JK3] 왜 내 것만
작아요?: 비교
(시공주니어)

[JK3] 다 같이,
한꺼번에: 수
(시공주니어)

[JK3] 다시 재 볼까?:
임의 단위 측정
(아이세움)

[JK3] 겨울: 크기
비교와 측정
(걸음동무)

[JK3] 갑옷을 입은
기사들 (승산)

숨은그림찾기 그림책

[JK2] 똑똑한 숫자놀이
(뜨인돌어린이)

[JK2] 앵무새 열 마리
(시공주니어)

[JK2] 부릉부릉
자동차가 좋아
(보물창고)

[JK2] 숲 속의
숨바꼭질 (한림출판사)

[JK2] 물웅덩이
(킨더랜드)

[JK2] 펭귄 히쿠
(아르볼)

[JK2] 나랑
숨바꼭질할래?
(느림보)

[JK2] 14마리 생쥐
시리즈 (한림출판사)

[JK2] 명화와 함께하는
숨은그림찾기 시리즈
(베틀북)

[JK3] 너도 찾았니?
(달리)

[JK3] 보물찾기 대모험
(키다리)

[JK3] 요정 릴로의
신기한 우주 여행
(큰북작은북)

[JK3] 숲 속으로
(베틀북)

[JK3] 수수께끼 대
저택 (풀빛)

[JK3] 아델과 사이먼
시리즈 (베틀북)

[JK3] 너도 보이니?
시리즈 (달리)

[JK3] 내가 찾을래!
시리즈 (넥서스주니어)

[JK3] 난 네가 보여!
시리즈 (베틀북)

[JK3] 찾아봐 찾아봐
시리즈 (상수리)

[JK3] 디오라마
찾기 그림책 시리즈
(한림출판사)

부록

1. 잠수네 추천! 수학동화책 & 수학지식책
2. 수학 사전, 수학 애니메이션/다큐멘터리
3. 초등수학 주요개념 꽉잡기
4. 초1~고1 수학교과 연관단원 분석표
5. 출판사별 문제집

1

잠수네 추천!
수학동화책 &
수학지식책

수

[JK3] 펭귄 365 (보림)

[JK3] 100층짜리 집 시리즈 (북뱅크)

[JK3] 100 200 300 물레를 돌려요: 큰 수 (을파소)

[JK3] 수학 시간에 울 뻔 했어요: 수 세기와 수 읽기 (나무생각)

[JK4] 호박에는 씨가 몇 개나 들어 있을까? (봄나무)

[JK4] 마법의 숫자: 수 읽기와 자릿값 (영림카디널)

[JK4] 꼬마 모차르트의 동물 음악대 (비룡소)

[JK4] 백만은 얼마나 클까요? (토토북)

[JK5] 지상 최대의 생일잔치 (승산)

[JK5] 영의 모험 (승산)

[JK5] 수학하는 어린이 1: 수와 숫자 (스콜라)

[JK5] 숫자 도깨비! 난 찾을 수 이써 (지양어린이)

[JK6] 가우스, 동화 나라의 사라진 0을 찾아라: 0의 발견과 큰 수 (뭉치)

[JK6] 영재들의 1등급 수학교실 2: 신기한 수의 세계 (물음표)

[JK6] 지금 하자! 개념 수학 1: 수 (휴먼어린이)

약수와 배수 / 문자와 식

[JK5] 피타고라스 학교에 간 돼지: 약수와 배수 (내인생의책)

[JK6] 나눌까 곱할까? 약수와 배수 (이치사이언스)

[JK7] 수학탐정 매키와 누팡의 대결 3: 문자와 식 (두리미디어)

[JK7] 수학에 푹 빠지다: 약수와 배수 (경문사)

[JK9] 페르마가 들려주는 약수와 배수 1, 2 이야기 (자음과 모음)

덧셈과 뺄셈

[JK3] 즐거운 이사
놀이 (비룡소)

[JK3] 장미꽃을
더하고, 두꺼비를
더하고: 더하기
(을파소)

[JK3] 떡시루 굴리기:
빼기 (을파소)

[JK3] 수학 도깨비
(와이즈만북스)

[JK3] 셈 못하는
스크루지: 받아올려
덧셈 (을파소)

[JK3] 수학 교과서가
쉬워지는 덧셈과 뺄셈
(아이세움)

[JK3] 덧셈놀이
(미래아이)

[JK3] 뺄셈놀이
(미래아이)

[JK4] 신기한 열매
(비룡소)

[JK4] 양치기 소년은
수를 못 센대: 덧셈과
뺄셈 (동아사이언스)

[JK4] 천하 최고 수학
사형제: 연산하기
(어린이나무생각)

[JK4] 신통방통
받아올림
(좋은책어린이)

[JK4] 수학을 푹푹
먹는 황금이: 수와
연산 (뜨인돌)

[JK4] 양치기 소년은
연산을 못한대: 덧셈과
뺄셈 (동아사이언스)

[JK4] 신통방통 머리셈
연산 (좋은책어린이)

[JK4] 핀란드
초등학생이 배우는
재미있는 덧셈과 뺄셈
(담푸스)

[JK5] 수학 천재는
바로 너 (봄나무)

[JK5] 수학식당 1
(명왕성은자유다)

[JK5] 술술 읽으면
개념이 잡히는
통합교과 수학책 1:
수 개념 덧셈과 곱셈
(계림북스)

[JK5] 덧셈 뺄셈, 꼼짝
마라! (북멘토)

① 수학동화책 & ② 수학원리책 ──→

곱셈

[JK3] 수학 너
재미있구나 (달리)

[JK4] 구구단 왕자
(북뱅크)

[JK4] 수학이 쉬워지는
곱셈구구 (사파리)

[JK4] 떡 두 개 주면
안 잡아먹지 (비룡소)

[JK4] 세라 선생님과
줄서 선생님:
곱셈(시공주니어)

[JK4] 아만다의
아하! 곱셈구구
(청어람미디어)

[JK4] 떡장수 할머니와
호랑이는 구구단을
몰라: 곱셈과 나눗셈
(동아사이언스)

[JK4] 수리수리 셈도사
수리 (시공주니어)

[JK4] 수학마녀의
백점 수학
(처음주니어)

[JK4] 쏙쏙 외우는
12×12단 (비룡소)

[JK4] 곱셈놀이
(미래아이)

[JK5] 마법의
구구단으로 학교를
구하라! (찰리북)

[JK5] 곱셈 마법에
걸린 나라: 자연수와
곱셈 (주니어김영사)

[JK5] 수학아 수학아
나 좀 도와줘 (삼성당)

[JK5] 7×9 = 나의
햄스터 (비룡소)

[JK5] 신통방통 플러스
올림이 있는 곱셈
(좋은책어린이)

[JK5] 수학 천재는
바로 너! (봄나무)

[JK5] 3D 입체 수학
책 3: 곱셈구구
(아이즐북스)

[JK6] 양말을
꿀꺽 삼켜버린
수학 1: 수와 연산
(생각을담는어린이)

[JK8] 수학 귀신의 집:
시끌벅적 수와 저절로
계산 (살림어린이)

나눗셈

[JK3] 배고픈 개미
100마리가 발발발
(보물창고)

[JK4] 나머지 하나
꿍당이 (아이세움)

[JK5] 고양이 탐의
맛있는 나눗셈
(청어람미디어)

[JK5] 부자가 된
나눗셈 소년: 혼합계산
(주니어김영사)

[JK5] 세상에서 가장
아찔한 보물 찾기
대작전: 나눗셈과 분수
(푸른숲주니어)

[JK5] 신통방통 나눗셈
(좋은책어린이)

[JK5] 신통방통
플러스 나머지가 있는
나눗셈 (좋은책어린이)

[JK5] 왕코딱지의
만점 수학
(처음주니어)

[JK6] 술탄의 도서관:
나눗셈과 분수
(영림카디널)

[JK7] 곱셈과 나눗셈
(다섯수레)

분수와 소수

[JK4] 견우와 직녀가
분수 때문에 싸웠대
(과학동아북스)

[JK4] 분수놀이
(미래아이)

[JK4] 사과는 분수를
좋아해 (초록개구리)

[JK4] 분수야 놀자!
(중앙북스)

[JK5] 소원이
이루어지는
분수의 덧셈
(주니어김영사)

[JK5] 소원 들어주는
음식점 (와이즈만
북스)

[JK5] 해결사가 된
돼지: 분수와 소수
(내인생의책)

[JK5] 신통방통 플러스
분수의 덧셈과 뺄셈
(좋은책어린이)

[JK5] 몹시도 으스스한
수학교실 (와이즈만
북스)

[JK6] 마지막
수학전사 1: 이집트
신들의 문제를 풀다
(와이즈만북스)

① 수학동화책 & ② 수학원리책 → 연산

분수와 소수

[JK6] 누나는 수다쟁이
수학자 2: 분수
(뜨인돌어린이)

[JK6] 분수의 변신
(키다리)

[JK6] 가우스는 소수
대결로 마녀들을
물리쳤어: 분수와
소수의 혼합계산
(뭉치)

[JK7] 수학에 푹
빠지다: 분수와 소수
(경문사)

[JK7] 조각조각 분수
(이치사이언스)

[JK7] 분수, 넌 내
밥이야! (북멘토)

[JK8] 수학 유령
베이커리: 골고루
분수와 맛있는 소수
(살림어린이)

[JK8] 매스 히어로와
분수 녀석들
(조선북스)

[JK8] 분수와
소수이야기 (Gbrain)

[JK9] 수학선생님도
몰래 보는 분수 나눗셈
(아르고나인)

연산 전체

[JK6] 탤리캣과
마법의 수학나라 1:
잃어버린 연산을
찾아라! (참돌어린이)

[JK6] 수학 바보
(주니어RHK)

[JK6] 툴툴 마녀는
수학을 싫어해
(진선아이)

[JK6] 쉽고 빠른
셈셈셈 (이치사이언스)

[JK6] 순식간에
계산해요! (거인)

[JK6] 수학발표왕을
만드는 슈퍼수학 1:
스토리텔링 연산
(풀빛미디어)

[JK6] 수학하는
어린이 5: 연산
(스콜라)

[JK6] 지금 하자!
개념 수학 2: 연산
(휴먼어린이)

[JK7] 수학탐정 매키와
누팡의 대결 1: 수와
연산 (두리미디어)

[JK7] 수와 연산
이야기 (Gbrain)

[JK3] 달코미
아저씨와 빵
만들기 대회: 규칙
(시공주니어)

[JK3] 차례차례 숲에
사는 도깨비: 규칙성
찾기 1 (을파소)

[JK3] 패턴 옷을 입은
임금님: 규칙성 찾기 2
(을파소)

[JK3] 위로 아래로
위로 아래로 이야기를
구한 아난시: 규칙성
찾기 3 (을파소)

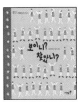

[JK3] 보이니?
찾았니?: 규칙 찾기
(아이세움)

[JK5] 신통방통
문제 푸는 방법
(좋은책어린이)

[JK5] 토끼 숫자 세기
대소동: 수의 규칙
(주니어김영사)

[JK5] 수리수리마수리
암호 나라로! (토토북)

[JK5] 가지가지,
수학 규칙을 찾아라!
(주니어RHK)

[JK5] 술술 읽으면
개념이 잡히는
통합교과 수학책 5:
도형, 규칙 찾기, 좌표
(계림북스)

[JK6] 황금비 수학동화
(처음주니어)

[JK6] 페르마,
수리수리 규칙을
찾아라: 수열의 규칙
찾기 (뭉치)

[JK6] 탤리캣과
마법의 수학나라 5:
마법 수정을 되찾을
규칙은? (참돌어린이)

[JK6] 수학하는
어린이 4: 규칙과 비례
(스콜라)

[JK6] 영재들의 1등급
수학교실 5: 신기한
규칙의 세계 (물음표)

[JK7] 놀자 규칙의
세계 (핵교)

[JK8] 수학 귀신의 집
(살림어린이)

[JK8] 마법을 파는
가게: 비율과 퍼센트
(영림카디널)

[JK8] 신비숲으로
날아간 수학: 세상에
숨겨진 규칙성을
찾아라! (파란자전거)

[JK8] 비·비율 거기
섯! (북멘토)

① 수학동화책 & ② 수학원리책 — 도형

[JK3] 성형외과에 간
삼각형 (보물창고)

[JK3] 세상 밖으로
나온 모양 (아이세움)

[JK3] 앨리스의 도형
찾기 (을파소)

[JK3] 일곱 빛깔
요정들의 운동회
(한울림어린이)

[JK3] 알라딘, 어디로
가야 하지?: 좌표
(을파소)

[JK3] 울퉁불퉁
뿔레용과 유령 소동:
도형 (시공주니어)

[JK4] 헨젤과 그레텔은
도형이 너무 어려워
(동아사이언스)

[JK4] 내 방은 커다란
도형 (청어람미디어)

[JK4] 이상한
나라의 도형 공주
(어린이나무생각)

[JK4] 수학을 후루룩
마시는 황금이:
평면도형과 연산
(뜨인돌어린이)

[JK4] 서커스단의 도둑
사건: 여러 가지 도형
(영림카디널)

[JK5] 사각형의 세계
(서광사)

[JK5] 각도나라의 기사
(승산)

[JK5] 사각사각정사각
도형 나라로! (토토북)

[JK5] 세상에서 가장
우스꽝스러운 그림
도둑: 여러가지 도형
(푸른숲주니어)

[JK5] 우주목수를
이긴 돼지: 다각형
(내인생의책)

[JK5] 원뿔 속의
엑스칼리버 (승산)

[JK5] 엄마 아빠를
구한 돼지: 평면도형
(내인생의책)

[JK5] 파라오의
정사각형 (봄나무)

[JK5] 사방팔방,
각도를 찾아라!
(주니어RHK)

[JK5] 수학하는 어린이
2: 도형 (스콜라)

[JK6] 원의 비밀을
찾아라 (작은숲)

[JK6] 도형의 탑을
지켜라! (참돌어린이)

[JK6] 오일러와
피노키오는 도형춤
대회 1등을 했어 (뭉치)

[JK6] 오일러, 오즈의
입체도형 마법사를
찾아라 (뭉치)

[JK6] 마지막 수학전사
2: 오벨리스크의 문을
열다 (와이즈만북스)

[JK6] 누나는 수다쟁이
수학자 1: 수와 도형
(뜨인돌어린이)

[JK6] 양말을 꿀꺽
삼켜버린 수학
2: 도형과 퍼즐
(생각을담는어린이)

[JK6] 달려라 사각
바퀴야 (작은숲)

[JK6] 수학발표왕을
만드는 슈퍼수학 2:
스토리텔링 도형
(풀빛미디어)

[JK6] 삼각형 (비룡소)

[JK6] 사각형 (비룡소)

[JK6] 원 (비룡소)

[JK6] 선 (미래아이)

[JK6] 신기하고 놀라운
삼각형 (이치사이언스)

[JK6] 삼각형
(미래아이)

[JK6] 사각형
(미래아이)

[JK6] 원 (미래아이)

[JK6] 구 (미래아이)

[JK6] 정육면체
(미래아이)

① 수학동화책 & ② 수학원리책 도형

[JK6] 개 뼈다귀에서
시작하는 야무진 도형
교실 (길벗어린이)

[JK6] 우리
수학놀이하자!
2: 도형과 퍼즐
(주니어김영사)

[JK6] 영재들의 1등급
수학교실 4: 신기한
도형의 세계 (물음표)

[JK6] 지금 하자!
개념 수학 3: 도형
(휴먼어린이)

[JK7] 마테마티카
수학대탐험 3: 어떻게
삼각형이 문명을
발달시켰을까?
(로그인)

[JK7] 오각형 꽃,
삼각형 줄기, 육각형
눈: 엄마와 함께
알아본 자연 속의
기하학 이야기
(그린북)

[JK7] 수학에 푹
빠지다: 선과 평면
(경문사)

[JK7] 원주율의 정체를
밝혀라 (지경사)

[JK7] 우리
수학놀이하자! 3: 수와
식 (주니어김영사)

[JK7] 프랑스 원리
수학 2: 도형과
친해지기 (청년사)

[JK7] 수학 센스:
도형편 (지경사)

[JK8] 반원의 도형
나라 모험 (창비)

[JK8] 삼각형으로
스피드를 구해줘!
(자음과모음)

[JK8] 매스 히어로와
다각형 파괴자
(조선북스)

[JK8] 각도로 밝혀라
빛 (자음과모음)

[JK8] 기하 왕국의
규칙에 담긴 비밀
(자음과모음)

[JK8] 밤하늘에
숨은 도형을 찾아라!
(자음과모음)

[JK8] 동화로 읽는
마법의 수학 공식
(살림어린이)

[JK8] 쌍기나무, 널
쓰러뜨리마! (북멘토)

[JK8] 도형, 놀이터로
나와! (북멘토)

시계, 시간

[JK3] 시계가 살린
신드바드의 목숨: 시계
보기 (을파소)

[JK3] 생일은 일 년에
딱 한 번?: 시간
(아이세움)

[JK3] 시계 그림책 1, 2
(길벗어린이)

[JK3] 누가
누가 더 클까?
(문학동네어린이)

[JK3] 다시 재 볼까?:
임의 단위 측정
(아이세움)

[JK3] 발타자와
함께라면 시간은 정말
쉬워! (청어람미디어)

[JK3] 시간: 1초에서
1000년까지
(웅진주니어)

[JK3] 누가 빠졌을까?
(꿈터)

[JK4] 하루는 얼마나
길어요? (을파소) 원리

[JK4] 지금 몇
시 몇 분이에요?
(바다어린이)

[JK4] 째깍째깍 시간
박물관 (창비)

[JK4] 눈물을 모으는
악어: 시계 보기
(영림카디널)

[JK4] 단 1초 동안에
(토토북)

[JK4] 우리 시계탑이
엉터리라고?
(시공주니어)

[JK4] 시간을 재는
눈금 시계 (아이세움)

[JK4] 쉿! 신데렐라는
시계를 못 본대: 길이
재기와 시계 보기
(동아사이언스)

[JK5] 지구의
시간을 되찾은 돼지
(내인생의책)

[JK5] 신통방통 플러스
시간의 덧셈과 뺄셈
(좋은책어린이)

[JK5] 세상에서 가장
아슬아슬한 자동차
습격 사건: 시각과
시간 (푸른숲주니어)

[JK8] 시간의 규칙을
찾아서 (자음과모음)

① 수학동화책 & ② 수학원리책

길이

[JK3] 척척 콩쥐의
어림 재기: 어림재기
(을파소)

[JK3] 시간이 뭐예요?
(문학동네어린이)

[JK3] 얼마나 길까?:
길이를 비교하는
재미있는 방법
(키즈엠)

[JK3] 얼마나 클까?:
높이를 비교하는
재미있는 방법
(키즈엠)

[JK3] 길이 재는
신데렐라: 측정 단위
선택하기 1 (을파소)

[JK3] 잭과 거인의
세 가지 대결: 길이 ·
넓이 · 무게 재기 (뭉치)

[JK4] 마녀들의 보물
지도: 길이 재기
(영림카디널)

[JK4] 신통방통
길이재기
(좋은책어린이)

[JK5] 고양이가 맨
처음 cm를 배우던 날
(아이세움)

[JK5] 커졌다 작아졌다
콩나무와 거인:
길이재기와 비례
(주니어김영사)

도형의 넓이

[JK5] 뫼비우스 띠의
비밀: 도형과 측정
(주니어김영사)

[JK5] 둘둘 섬의 비밀
(승산)

[JK5] 줄일까 늘릴까
이발사의 결투: 합동과
넓이 (주니어김영사)

[JK7] 수학탐정 매키와
누팡의 대결 2: 도형과
측정 (두리미디어)

[JK5] 세상에서 가장
엉뚱한 땅따먹기:
길이와 넓이
(푸른숲주니어)

무게

[JK3] 누구 고기가 더
무거우냐?: 측정 단위
선택하기 2 (을파소)

[JK3] 얼마나
무거울까?: 무게를
비교하는 재미있는
방법 (키즈엠)

[JK5] 세상에서 가장
황당한 올림픽대회:
들이와 무게
(푸른숲주니어)

[JK5] 키가
120킬로그램? (열다)

[JK5] 우리
수학놀이하자!
4: 길이와 무게
(주니어김영사)

비교, 단위, 측정

[JK4] 비교쟁이
콧수염 임금님
(어린이나무생각)

[JK4] 수학 마법사의
재미있는 측정 이야기
(청어람미디어)

[JK4] 수학의 저주
(시공주니어)

[JK4] 알쏭달쏭
알라딘은 단위가
헷갈려: 단위
(과학동아북스)

[JK5] 재기재기양재기
비교 나라로!: 단위를
알면 수학이 쉬워요
(토토북)

[JK5] 수학이 정말
재밌어지는 책
(그린북)

[JK5] 동전이 열리는
나무: 수와 단위
(주니어김영사)

[JK5] 퀴즈 대회에서
우승한 돼지: 측정과
단위 (내인생의책)

[JK5] 교과서 속
수학동화 (형설아이)

[JK5] 술술 읽으면
개념이 잡히는
통합교과 수학책 4:
길이측정, 무게와 부피
측정 (계림북스)

[JK6] 이리 보고 저리
재는 단위 이야기
(풀과바람)

[JK6] 비교: 단위편
(부즈펌)

[JK6] 탤리캣과
마법의 수학나라 3:
측정의 미로에 갇히다
(참돌어린이)

[JK6] 아르키는
어림하기로 걸리버
아저씨를 구했어:
단위의 측정과 수의
범위 (뭉치)

[JK6] 영재들의 1등급
수학교실 3: 신기한
측정의 세계 (물음표)

[JK6] 지금 하자! 개념
수학 4: 측정 · 함수
(휴먼어린이)

[JK7] 수학으로 바뀌는
세계 (비룡소)

[JK7] 속담 속에 숨은
수학: 단위와 측정
(봄나무)

[JK7] 놀자 측정의
세계 (핵교)

[JK8] 잃어버린
단위로 크기를 구하라
(자음과모음)

● 1. 잠수네 추천! 수학동화책 & 수학지식책

417

확률

[JK3] 할까 말까?
(한솔수북)

[JK3] 일곱 오빠를
만날 수 있을까?:
확률적 사고와 표현
(을파소)

[JK4] 빨간 모자
(비룡소)

[JK4] 아기 염소는
경우의 수로 늑대를
이겼어:짝을 정하거나
한 줄로 서는 방법의
수 (과학동아북스)

[JK5] 내가 만난
이상한 고양이
(아이세움)

[JK5] 항아리 속
이야기 (비룡소)

[JK5] 수학
숙제 요리하기
(주니어김영사)

[JK7] 수학이 자꾸
수군수군 3: 확률
(주니어김영사)

[JK7] 아기 돼지 세
마리 (비룡소)

[JK7] 수학 소년,
보물을 찾아라!
(주니어김영사)

[JK7] 세상에서
가장 오래된 수학책
(쿠폰북)

[JK7] 속담 속에 숨은
수학 2: 확률과 통계
(봄나무)

[JK7] 세어볼까?
경우의 수
(이치사이언스)

[JK7] 맞혀볼까? 확률
(이치사이언스)

[JK8] 확률로 유전의
비밀을 풀어라!
(자음과모음)

[JK8] 수학 콜로세움
도전기: 비례식과 확률
(살림어린이)

[JK8] 과학 공화국
수학 법정 5
(자음과모음)

[JK9] 파스칼이
들려주는 경우의 수
이야기 (자음과모음)

[JK9] 왓슨, 내가
이겼네! (경문사)

[JK9] 놀면서 혼자하는
수학 3: 확률 통계와
도형 (글담)

통계

[JK3] 시골 쥐는
그래프가 필요해!:
자료 분류하기
(을파소)

[JK3] 무지개 장미와
그래프: 표와 그래프
(을파소)

[JK3] 신비한 우다라
나무의 열매: 실물
그래프 (을파소)

[JK3] 쉿! 우리끼리
그래프 놀이: 통계
(아이세움)

[JK3] 얼렁뚱땅
아가씨: 분류
(시공주니어)

[JK3] 봄: 분류와 비율
(걸음동무)

[JK3] 걱정 많은
임금님: 통계
(시공주니어)

[JK4] 그래프 놀이
(미래아이)

[JK5] 마왕의 군사
비밀을 알아낸
돼지: 통계와 그래프
(내인생의책)

[JK5] 신통방통
플러스 표와 그래프
(좋은책어린이)

[JK5] 신통방통 표와
그래프 (좋은책어린이)

[JK5] 악당을
물리친 돼지: 확률
(내인생의책)

[JK5] 술술 읽으면
개념이 잡히는 통합교과
수학책 6: 시간,
자료정리와 문제해결
(계림북스)

[JK5] 수학하는
어린이 3: 표와 그래프
(스콜라)

[JK5] 각양각색,
수를 그려 보아요!
(주니어RHK)

[JK6] 탤리캣과
마법의 수학나라 6:
수학나라의 마지막
희망! (참돌어린이)

[JK6] 파스칼은 통계
정리로 나쁜 왕을
혼내줬어 (뭉치)

[JK6] 손으로 따라
그려 봐: 그래프
(뜨인돌어린이)

[JK7] 어린이를 위한
통계란 무엇인가
(주니어김영사)

[JK7] 선생님, 짝꿍 좀
바꿔주세요 (통계청)

● 1. 잠수네 추천! 수학동화책 & 수학지식책

419

① 수학동화책 & ② 수학원리책 종합

수학동화

[JK3] 꼬마 개미
가우스의 숫자 여행
(지양어린이)

[JK3] 수학이 술술
풀리는 1학년 수학일기
(예림당)

[JK3] 수학 도깨비
(와이즈만북스)

[JK4] 수학은 너무
어려워 (비룡소)

[JK4] 세상에서
가장 큰 케이크
(주니어김영사)

[JK4] 똥대장! 수학
대장, 슈룹 (여우고개)

[JK4] 검은 고양이만
사는 마을 (담푸스)

[JK4] 생쥐 가문의
위기 (담푸스)

[JK4] 수학 괴물
(미래아이)

[JK4] 수학마녀의
백점 수학
(처음주니어)

[JK4] 재미있는
수학놀이 (마루벌)

[JK4] 수학 개미의
결혼식 (와이즈만북스)

[JK4] 수학해적왕
(와이즈만북스)

[JK4] 무한대를 찾아서
(웅진주니어)

[JK5] 세상에서 가장
재미있는 스파게티
수학 (청어람미디어)

[JK5] 수학식당 1~3
(명왕성은자유다)

[JK5~8] 몬스터
마법수학 시리즈
(경향에듀)

[JK5] 어린 수학자
시리즈 (한울림어린이)

[JK5] 수학빵
(와이즈만북스)

[JK5] 개념 쏙쏙 참
쉬운 수학 (아이앤북)

420   부록

[JK5] 신통방통 수학
시리즈 (좋은책어린이)

[JK5] 신통방통
플러스 수학 시리즈
(좋은책어린이)

[JK5] 공룡 사냥에서
수학 찾기 (좋은꿈)

[JK6] 수학
왕 따라잡기
(가문비어린이)

[JK5] 왜 수학공부
안 하면 안 되나요?
(참돌어린이)

[JK5] 수학 천재 길수
(여우고개)

[JK5] 이상한
수학나라의 뚱땅이
(동녘)

[JK5] 수학 천재는
바로 너 (봄나무)

[JK5] 엄마, 수학 공부
꼭 해야 돼? (팜파스)

[JK5] 애꾸눈 파리와
오줌 싼 고양이
(아름다운 사람들)

[JK5] 수학 나라의
앨리스: 정수와 마방진
(주니어김영사)

[JK6] 수학 유령의
미스터리 수학 시리즈
(글송이)

[JK6] 별에서 온
초능력 수학쌤 시리즈
(하늘을나는코끼리)

[JK6] 톨톨 마녀는
수학을 싫어해!
(진선아이)

[JK6] 수학이
정말 재미있어요
(에코리브르)

[JK6] 운수대통 수학왕
(개암나무)

[JK6] 수학 잘하는
아이들의 비밀일기
(국민출판사)

[JK6] 수학 플러스
사회 시리즈
(시공주니어)

[JK7] 수학의 비밀
(청솔출판사)

[JK7] 아인슈타인가의
수상한 그림자:
탐정소설로
배우는 수학
(문학수첩리틀북스)

① 수학동화책 & ② 수학원리책 → 종합

수학동화

[JK7] 수학 편지
(Gbrain)

[JK7] 수학에 번쩍
눈뜨게 한 비밀 친구들
1~5 (가나출판사)

[JK7] 수학 나라에서
만난 수학 괴짜들
(주니어RHK)

[JK7] 수학 영재들,
지구를 지켜라!
(주니어김영사)

[JK7] 유리수 상자의
비밀 (파란자전거)

[JK7] 숫자 벌레
(이치사이언스)

[JK7] 네모의 수학
울렁증 (한림출판사)

[JK7] WOW 추리수학
(형설아이)

[JK8] 함정에 빠진
수학 (주니어김영사)

[JK8] 써프라이즈
오딧셈의 수학 대모험
1~4 (스콜라)

[JK8] 수학마법사
(웅진씽크하우스)

[JK8] 수학의 원리를
사고 파는 수학상점
(예림당)

[JK8] 수학 지옥
탈출기: 생활에서
만나는 수학 문제
(살림어린이)

[JK8] 수학 잘하는
머리 만들기 작전
(그린북)

[JK8] 수학 배틀 (한언)

[JK8] 내 멋대로
수학 여신 매소피아
(살림어린이)

[JK8] 수학으로
다시 보는 삼국지
(살림Math)

[JK8] 수학 신전
탐험기: 함수와 집합
(살림어린이)

[JK9] 탐 청소년 문학:
수학가게 시리즈 (탐)

[JK9] 암호 낙서의
비밀 (주니어김영사)

422   부록

[JK9] 수학
올림피아드의 천재들
(자음과모음)

[JK9] 0의 비밀 화원
(파란자전거)

[JK9] 수학천재가 된
카이우스
(살림Friends)

[JK9] 범죄 수학
(Gbrain)

[JK9] 수학특성화
중학교 시리즈
(뜨인돌)

[JK9] 비밀, 거짓말
그리고 수학
(주니어김영사)

[JK9] 진짜 수학을
못하는 애들이 보는
수학 (Gbrain)

[JK9] 구봉구는 어쩌다
수학을 좋아하게
되었나 (갈매나무)

[JK10] MIT
수학천재들의
카지노 무너뜨리기
(자음과모음)

[JK10] 수학 시트콤
(해나무)

수학원리

[JK4] 놀다보면 수학을
발견해요 (미래아이)

[JK4] 개념수학
(한림출판사)

[JK4] 논리수학
(한림출판사)

[JK4] 놀이수학
(한림출판사)

[JK5] 수학아 수학아
나 좀 도와줘 1, 2
(삼성당)

[JK5] 3D 입체 수학 책
1,2 (아이즐북스)

[JK5] 수학이
진짜 웃긴다고요?
(한솔수복)

[JK5] 캠핑할 때도
수학이 필요할까?
(사파리)

[JK5] 수학
숙제 요리하기
(주니어김영사)

[JK6] 초등학교
선생님도 몰래 보는
어린이 인도 베다수학
(봄봄스쿨)

● 1. 잠수네 추천! 수학동화책 & 수학지식책   423

① 수학동화책 & ② 수학원리책 → 종합

수학원리

[JK6] 수학 첫발
(문공사)

[JK6] 두근두근
수학섬의 비밀
(진선아이)

[JK7] 프랑스 원리
수학 1, 2 (청년사)

[JK7] 말뜻을 알면
개념이 쏙쏙 잡히는
수학 (참돌어린이)

[JK7] 수군수군 수학
비법 (계림북스)

[JK7] 거꾸로 수학 1, 2
(아울북)

[JK7] 수학 잘하는
초등학생들의 77가지
비법 (계림북스)

[JK7] 뛰어 보자
수뛰기 (이치사이언스)

[JK7] 원리를 찾아가는
이야기 수학 시리즈
(다섯수레)

[JK7] 재미있는 수학
이야기 (가나출판사)

[JK7] 생활에서 발견한
재미있는 수학 55
(뜨인돌어린이)

[JK8] 생각하는
초등수학 시리즈
(Gbrain)

[JK8] 자연의 언어
수학 (올벼)

[JK8] 두근두근
수학실험 (로그인)

[JK8] y쌤의 신기한
스펀지 수학교실 1~4
(사랑과나무)

[JK9] 놀면서 혼자하는
수학 1~3 (글담)

[JK9] 함수란
무엇인가(솔빛길)

[JK9] 묻고 답하는
수학카페 (북멘토)

[JK9] 중이 알아야
할 수학의 절대지식
(북스토리)

[JK9] 중학수학 별거
아니야 (과학동아북스)

[JK3~5] 학년별
스토리텔링 수학동화
시리즈 (1~3학년/
예림당)

[JK3~6] 스팀 수학
시리즈 (1~4학년/
상상의집)

[JK4~5] 재미로
푸는 수학 시리즈
(2~3학년/아주좋은날)

[JK5~7] 웅진 학년별
수학동화 시리즈
(3~5학년/웅진주니어)

[JK5] 1~3학년을 위한
똑똑 수학 동화 시리즈
(푸른숲주니어)

[JK4] 초등1·2학년
수학동화 시리즈
(동아사이언스)

[JK4~7] 시꾸기의
꿈꾸는 수학 교실
시리즈(1~6학년/
파란자전거)

[JK3~6] 동화로 읽는
교과서 초등수학편
시리즈 (1~4학년/
대교출판)

[J6] 초등 3·4학년
수학동화 시리즈
(뭉치)

[JK4~7] 눈높이 수학
학습동화 시리즈
(1~6학년/대교출판)

[JK3~8] 서울교대
스토리텔링 시리즈
(1~6학년/녹색지팡이)

[JK3~5] 수학이
재밌어지는 학년별
맞춤 수학 시리즈
(1~3학년/거인)

[JK3~5] 일주일만에
끝내는 수학 교과서
시리즈 (1~3학년/
소담주니어)

[JK5~7] 오답에서
oh~답으로! 시리즈
(3~6학년/다락원)

[JK9] 중학 수학 완성
시리즈 (중1~3/
다산에듀)

③ 수학자/수학사, 생활 속의 수학

수학자 이야기

[JK5] 수학을 사랑한
아이 (봄나무)

[JK5] 피보나치: 나는
피사의 행복한 수학자!
(봄나무)

[JK5] 지구 둘레를
잰 도서관 사서:
에라토스테네스
이야기 (미래아이)

[JK6] 수학영재들이 꼭
읽어야 할 천재 수학자
시리즈 (살림어린이)

[JK6] 라마누잔:
수학을 가슴으로
느껴라 (살림어린이)

[JK7] 조선 수학의 신,
홍정하 (휴먼어린이)

[JK7] 세상 모든
수학자의 수학 이야기
(꿈소담이)

[JK7] 피타고라스와
수학 천재들
(주니어중앙)

[JK7] 세상을 바꾼
수학 (사파리)

[JK8] 알고리즘으로
요리하는 쫄깃한 수학
교실 (길벗어린이)

[JK8] 수학자도
사람이다 1, 2
(꼬마이실)

[JK9] 사람들이
미쳤다고 말한 외로운
수학 천재 이야기
(생각의나무)

[JK9] 청소년을
위한 수학자 이야기
(살림Freinds)

[JK9] 아무도
풀지 못한 문제
(주니어김영사)

[JK9] 행복한 교과서,
수학자를 만나다
(경문사)

[JK7~9] 노벨상
수상자들과
채팅합시다 시리즈
(일출봉)

[JK10] 천재들의 수학
노트 (향연)

[JK10] 수학 오디세이
(돋을새김)

[JK10] 100년의 난제
푸앵카레 추측은
어떻게 풀렸을까?
(살림Math)

[JK10] 철학 수학
(Gbrain)

수학사

[JK4] 숫자의 발명
(봄나무)

[JK5] 마왕의
수수께끼를 푼
돼지: 숫자의 탄생
(내인생의책)

[JK5] 수학대왕이 되는
놀라운 숫자 이야기
(미래아이)

[JK5] 영부터 열까지
숫자이야기 (승산)

[JK6] 수의 세계
(문학동네)

[JK6] 옛날 옛적에
수학이 말이야
(주니어김영사)

[JK6] 마법의 숫자들
(비룡소)

[JK6] 수학왕 막스와
숫자 도둑 (담푸스)

[JK6] 우등생을 위한
103가지 수학 이야기
(계림북스)

[JK6] 수학! 뒤집으면
풀린다! (아테나)

[JK6] 보통 사람들을
위한 특별한 수학책
(이랑)

[JK7] 초등학생이 가장
궁금해하는 알쏭달쏭
수학 이야기 30
(하늘을나는교실)

[JK7] 리틀 수학천재가
꼭 알아야 할 수학
이야기 (교학사)

[JK7] 세종대왕도
수학공부를 했을까?
(경문사)

[JK7] 지도 없이
떠나는 101일간의
수학의 세계 (영교)

[JK7] 잠자는 수학
두뇌를 깨우는
창의사고 수학
(조선북스)

[JK7] 가장
위대한 발명 수
(이치사이언스)

[JK7] 그래서 이런
수학이 생겼대요:
이야기로 배우는
수학의 역사
(길벗스쿨)

[JK7] 수학이 꿈틀꿈틀
(주니어김영사)

[JK7] 놀자 한국수학의
세계 (핵교)

수학사

[JK7] 어린이를 위한
우리 겨레 수학 이야기
(산하)

[JK7] 숫자가 우수수수
(청어람미디어)

[JK7] 대한민국
초등학생, 논리로 수학
뚝딱! (경문사)

[JK7] 이상한 도둑과
산학 소년 강산이
(그린북)

[JK7] 그러니까 수학이
필요해 (노란상상)

[JK7] 앗, 시리즈: 수학
(주니어김영사)

[JK7] 숫자 1: 나는
어떻게 수학을
좋아하게 되었을까
(에코리브르)

[JK8] 수학천재:
자고있는 수학 두뇌를
깨워라 (미세기)

[JK8] 우리 겨레는
수학의 달인 (창비)

[JK8] 어린이를 위한
수학의 역사 시리즈
(살림어린이)

[JK8] 상위 5%로
가는 수학교실 1~4
(스콜라)

[JK8] 탈출! 수학 나라
(창비)

[JK8] 수학박물관
(행성:B아이들)

[JK8] 수의 모험
(북로드)

[JK8] 세상 밖으로
날아간 수학
(파란자전거)

[JK9] 십대를 위한
맛있는 수학사 시리즈
(휴머니스트)

[JK9] 웃기는 수학이지
뭐야! (경문사)

[JK9] 이토록 수학이
재미있어지는 순간
(다산북스)

[JK9] 도도한 도형의
세계: 이야기로
배우는 기하학의 원리
(에코리브르)

[JK9] 우리 역사
속 수학 이야기
(사람의무늬)

[JK10] 수냐의
수학카페 1, 2 (궁리)

[JK10] 배낭에서 꺼낸
수학 (휴머니스트)

[JK10] 청소년을
위한 서양수학사
(두리미디어)

[JK10] 멜론 수학
(문예춘추사)

[JK10] 기호와 공식이
없는 수학카페
(휴머니스트)

생활 속의 수학 이야기

[JK6] 왜 0등은
없을까? (아르볼)

[JK6] 야호, 수학이
좋아졌다! (토토북)

[JK6] 소녀 그리고
셈할 줄 아는 이들을
위한 수학 (또문소녀)

[JK6] 수학 박사 야구
천재 (고즈윈)

[JK7] 호기심으로 찾아
낸 숫자의 비밀 (영교)

[JK7] 수학대소동
(다산어린이)

[JK7] 생각이 확
열리는 생활 수학
(동쪽나라)

[JK7] 교과서 밖
기묘한 수학이야기
(주니어김영사)

[JK7] 세상 모든
숫자들의 이야기
(채우리)

[JK7] 나는 수학이
정말 싫어! (낮은산)

[JK7] 생활 속 수학
공부 (현북스)

[JK7] 이것이
수학이다!: 세상 속에
숨어 있는 101가지
수학 이야기 (베틀북)

[JK7] 수학이 없는
나라는 없을까?
(주니어김영사)

[JK7] 수에 관한
기상천외한 이야기,
숫자꺼리 (영교)

[JK7] 재미있는 숫자
이야기 (청년사)

③ 수학자/수학사, 생활 속의 수학

생활 속의 수학 이야기

[JK7] 교과서보다 엄청
똑똑한 수학 이야기
(재능아카데미)

[JK7] 요리는
과학일까, 수학일까?
(산하)

[JK8] 꼬물꼬물 수학
이야기 (뜨인돌)

[JK8] 숫자로 보는
세상의 비밀 (비룡소)

[JK8] 달라도
너무 다른 수학책
(내인생의책)

[JK8] 수학이
숨어 있는 명화
(시공주니어)

[JK9] 웃기는 수학자
이광연 교수의 신화 속
수학 이야기 (경문사)

[JK9] 앨리스와 떠나는
신기한 수학나라
(해나무)

[JK9] 세상에서
가장 쉬운 수학지도
(북스토리)

[JK9] 생활 속 수학의
기적 (황소자리)

[JK9] 앗, 이런 곳에도
수학이! (다산에듀)

[JK9] 수수한 수의
세계: 이야기로
배우는 수학의 원리
(에코리브르)

[JK9] 스토리 텔링
수학 (해나무)

[JK9화] 이광연의 수학
블로그 (살림Friends)

[JK9] 수학 교과서,
영화에 딴지 걸다
(푸른숲)

[JK9] 일상생활
속에 숨어 있는 수학
(살림Math)

[JK9] 명화 속 신기한
수학이야기 (시공사)

[JK10] 수학,
인문으로 수를 읽다
(한국문학사)

[JK10] 박경미의
수학 콘서트 플러스
(동아시아)

[JK10] 수학으로
이루어진 세상
(에코리브르)

④ 수학퍼즐 & 퀴즈

[JK5] 베드타임 매쓰
1~3 (아이세움)

[JK6] MATHS QUEST
시리즈 (주니어RHK)

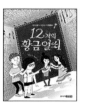

[JK6] 12개의 황금열쇠
(주니어김영사)

[JK6] 돼지 삼총사
아슬아슬 수학 소풍
(다림)

[JK6~9] 천재들이
만든 수학퍼즐 시리즈
(자음과모음)

[JK7] 세상에서 제일
무시무시한 수학책
(종이책)

[JK7] 수학여왕 제이든
구출작전 (일출봉)

[JK7] 수학 시험을
막아라! (베틀북)

[JK7] 샘 로이드의
수학 퍼즐 시리즈
(바이킹)

[JK7] 수학 이솝 우화
(살림어린이)

[JK7] 천재들의 수학
(키다리)

[JK7] 멘사 수사대
제이의 대탐험
(북카라반)

[JK7] 갈팡질팡 가쿠로
(주니어김영사)

[JK7] 탈레스 박사와
수학 영재들의 미로
게임 (주니어김영사)

[JK7] 생각이 통하는
수학 (웅진씽크하우스)

[JK7] 수학추리동화
시리즈 (주니어김영사)

[JK7~9] 멘사 시리즈
(보누스)

[JK8] 양말이 한
켤레가 되려면 몇 개가
필요할까? (한승)

[JK8] WOW! 수학
퍼즐 (바다출판사)

[JK8] 플라톤 삼각형의
비밀 (주니어김영사)

[JK8] 중국의 영재들이
읽는 수학 동화 시리즈
(그린북)

[JK8] 창의력 향상을
위한 수학 산책
(경문사)

[JK8] 창의 수학
콘서트 (리더스하우스)

[JK8] 10일간의
보물찾기 (창비)

[JK8] 과학 공화국
수학 법정 1~10
(자음과 모음)

[JK8] 피타고라스
구출작전
(주니어김영사)

[JK9] 상위 1%가
즐기는 똑똑한
두뇌퍼즐 (터닝포인트)

[JK9] 손안의 수학
퍼즐 (Gbrain)

[JK9] 수학과 친구되자
(수학사랑)

[JK9] 수학 악마
(푸른숲)

[JK9] 수학 시크릿
(바다출판사)

[JK9] 수학 퍼즐과
논리 패러독스
(뉴턴코리아)

[JK9] 마술 같은 수학
(경문사)

[JK9] 수학파티
(Gbrain)

[JK9] 천재들이
즐기는 수학 퍼즐 게임
(일출봉)

[JK9] 재미있는
영재들의 수학퍼즐
1, 2 (자음과모음)

[JK9] 멘사 수학 천재
(바이킹)

[JK10] 이야기
수학퍼즐 아하!
(사계절)

[JK10] 마틴 가드너
수학자의 노트
(보누스)

[JK10] 러시안룰렛에서
이기는 법 (보누스)

[JK7] 신기한 숫자
나라 넘버랜드
(푸른날개)

[JK8] 원리로 양념하고
재미로 요리하는
수학파티 1, 2 (휘슬러)

[JK8] 천재고양이
펜로즈의 수학개념
대탐험 (살림Math)

[JK8] 원리와 개념을
깨우치는 마법 수학
(작은책방)

[JK8] 피리파라퐁퐁
수학 나라 대탐험
(파란자전거)

[JK7] 개념잡는
수학동화 모험편
시리즈 (쿠폰북)

[JK8] 개념잡는
수학동화 탐정편
시리즈 (쿠폰북)

[JK8] 수학 귀신
(비룡소)

[JK8] 밥상에 오른
수학 (두산동아)

[JK8] 작다리나라로 간
수학 꼴찌, 튼튼성을
구하라! (파란자전거)

[JK8] 명탐정 X의
명쾌통과 수학 수사대
(파란자전거)

[JK8] 세상 밖으로
날아간 수학
(파란자전거)

[JK8] 소수매미의
수수께끼 (파란자전거)

[JK9] 수학자가
들려주는 수학 이야기
시리즈 (자음과모음)

[JK9] 재밌어서
밤새읽는 수학 시리즈
(더숲)

[JK9] 알쏭달쏭 수학
우주여행 (경문사)

[JK9] 친절한 도형
교과서 시리즈 (부키)

[JK9] 4,5,정의
수학나라 (동녘)

[JK9] 침팬지도
이해하는 5분 수학
(살림Math)

[JK9] 끈, 자, 그림자로
만나는 기하학 세상
(다른)

[JK9] 수학의 도레미
1~8 (이지북)

[JK9] 페렐만의
살아있는 수학 1~4
(써네스트)

[JK9] 왓슨, 내가
이겼네! (경문사)

[JK9] 해리포터
수학카페 1, 2
(살림Math)

[JK9] 괴짜가 사랑한
통계학 (한겨레출판사)

[JK9] 셈도사
베레미즈의 모험
(경문사)

[JK9] 재미있는
수학여행 1~4
(김영사)

[JK9] 빙글빙글 수학
놀이공원 (경문사)

[JK9] 햄버거보다
맛있는 수학이야기
(블루엘리펀트)

[JK9] 망할 놈의 수학
(문학동네)

[JK9] 데카르트가
들려주는 함수 이야기
(자음과모음)

[JK9] 이상한 나라의
사각형 (경문사)

[JK9] 수학선생님도
몰래 보는 수학책
(아르고나인)

[JK9] 수학비타민
플러스 (김영사)

[JK9] 세한도의
수수께끼 (창비)

[JK10] 왜 버스는
한꺼번에 오는 걸까?
(경문사)

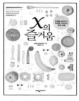

[JK10] X의 즐거움
(웅진지식하우스)

[JK10] 누구나 수학
(Gbrain)

[JK10] Newton
Highlight: 도형으로
배우는 수학
(뉴턴코리아)

[JK10] 심슨 가족에
숨겨진 수학의 비밀
(윤출판)

[JK10] 쉽게 읽는
페르마의 마지막 정리
(경문사)

[JK10] 3일만에
읽는 수학의 원리
(서울문화사)

[JK10] 통쾌한 도형
유쾌한 수학 (이치)

[JK10] 수학적 사고
길들이기 (초록물고기)

[JK10] ez-수학
시리즈 (이지북)

[JK10] 수학이 보인다
(경문사)

[JK10] 수학 괴물을
죽이는 법 (미래인)

[JK10] 마틴가드너
수학 코드 (보누스)

[JK10] 작은 수학자의
생각실험: 외우지 않고
이해하는 미분 · 적분의
기본 원리 (궁리)

[JK10] 이야기
파라독스 (사계절)

[JK10] 수학은
아름다워 1, 2 (동녘)

[JK10] 페르마의
마지막 정리
(영림카디널)

[JK10] 암호 수학
(Gbrain)

[JK10] Newton
Highlight: 허수란
무엇인가?
(뉴턴코리아)

[JK10] 리만 가설
(승산)

[JK10] 세상의 모든
공식 (반니)

[JK10] 삼각형
다시보기 (수학사랑)

[JK10] 개념이 술술
이해되는 풀지 않고
읽는 수학 (살림Math)

[JK10] 뜻밖의 수학
(경문사)

[JK10] 미적분
다이어리 (자음과모음)

2

수학 사전
수학애니메이션/
다큐멘터리

수학 사전, 관련 영화/다큐멘터리

초등 수학사전

매우잘함
초등수학사전 (비아북)

초등수학 개념사전
(아울북)

중등 수학사전

개념연결 중학
수학사전 (비아에듀)

중학수학 개념사전
(다산에듀)

중학수학 개념사전 92
(행복한나무)

수학 잡지

중학수학 개념사전
(다산에듀)

Newton 뉴턴
(뉴턴코리아)

Math Letter (KAIST
수학문제연구회/
셈틀로미디어)

수학 애니메이션 (유아~초등 저학년)

[JD2] The Numtums
시리즈 – 영국 BBC

[JD2] Numberjacks
시리즈 (넘버잭스)

[JD3] Team Umizoomi
시리즈 (우미주미)

[JD3] Monster Math
Squad 시리즈 (몬스터
수학나라 시리즈)

[JD3] LeapFrog: Math
Adventure to the
Moon (립프로그: 달로
떠나는 수학여행)

[JD3] LeapFrog: Math
Circus

[JD3] Peg+Cat
시리즈 (페기+캣의
숫자놀이 시리즈)

[JD3] NumberCrew
시리즈 (요리조리
숫자 나라)

[JD4] Bubble
Guppies 시리즈
(버블버블 인어친구들)

[JD4] Cyberchase
시리즈 (신나는 사이버
수학세상)

[JD7] 네이든
(X+Y/12세 관람가)

[JD8] 박사가 사랑한
수식 (전체 관람가)

[JD8] 플랫랜드
(Flatlan d
/애니메이션)

[JD8] 무한대를 본
남자 (The Man Who
Knew Infinity /12세
관람가)

[JD8] 꼬마 천재
테이트 (Little Man
Tate /15세 관람가)

[JD9] 뷰티플 마인드
(A Beautiful Mind
/12세 관람가)

[JD9] 용의자 X의 헌신
(12세 관람가)

[JD9] 넘버스 시리즈
(Numb3rs /15세
관람가)

[JD9] 21 (15세 관람가)

[JD9] 페르마의 밀실
(Fermat's Room /15세
관람가)

[JD9] 굿 윌 헌팅
(Good Will Hunting
/15세 관람가)

[JD9] 이미테이션 게임
(The Imitaion Game
/15세 관람가)

[JD5~JD8] 문명과
수학 5부작

[JD7] 수학의 원리
마테마티카

[JD8] 수학의 위대한
여정 2부작

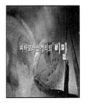

[JD8] 피타고라스
정리의 비밀 3부작

[JD9] 왜 나는 수학이
싫어졌을까? (How I
Came to Hate Math)

3

초등수학
주요개념
꽉잡기

① 학년별 도형 개념

초등 2학년

▍사각형

- 사각형 : 4개의 선분으로 둘러싸인 도형
- 사각형의 꼭짓점 : 점 ㄱ, ㄴ, ㄷ, ㄹ
- 사각형의 변 : 선분 ㄱㄴ, ㄴㄷ, ㄷㄹ, ㄹㄱ

▍삼각형

- 삼각형 : 3개의 선분으로 둘러싸인 도형
- 삼각형의 꼭짓점 : 점 ㄱ, ㄴ, ㄷ
- 삼각형의 변 : 선분 ㄱㄴ, ㄴㄷ, ㄷㄱ

▍원

- 원 : 아래 그림과 같이 동그란 모양의 도형

초등 3학년

선분, 직선

• 선분 : 두 점을 곧게 이은 선

  점 ㄱ, ㄴ을 이은 선분을 선분 ㄱㄴ이라고 한다.

• 반직선 : 한 점에서 한 쪽으로 끝없이 늘인 곧은 선

  점 ㄱ에서 시작하여 점 ㄴ을 지나는 반직선을 반직선 ㄱㄴ이라고 한다.

• 직선 : 선분을 양쪽으로 끝없이 늘인 곧은 선

  점 ㄱ, ㄴ을 지나는 직선을 직선 ㄱㄴ이라고 한다.

각, 직각

• 각 : 한 점에서 그은 두 반직선으로 이루어진 도형
• 꼭짓점 : 오른 쪽 각에서 점 ㄴ
• 변 : 반직선 ㄱㄴ, 반직선 ㄴㄷ
• 각의 이름 : 각 ㄱㄴㄷ 또는 각 ㄷㄴㄱ

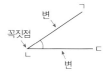

• 직각 : 종이를 반듯하게 두 번 접었다 펼쳤을 때 생기는 각

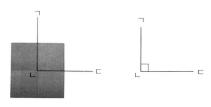

① 학년별 도형 개념

초등 3학년

▌ 직각삼각형, 직사각형, 정사각형

- 직각삼각형 : 한 각이 직각인 삼각형
- 직사각형 : 네 각이 모두 직각인 사각형
- 정사각형 : 네 각이 모두 직각이고, 네 변의 길이가 모두 같은 사각형

직각삼각형   직사각형   정사각형

▌ 원

- 원의 중심 : 원의 가장 안쪽에 있는 점
- 원의 반지름 : 원의 중심과 원 위의 한 점을 이은 선분 (아래 그림의 선분 ㅇㄱ)

- 원의 반지름의 성질

1) 한 원에서 반지름의 길이는 모두 같다.

2) 한 원에서 반지름의 길이는 지름의 길이의 $\frac{1}{2}$이다.

- 원의 지름 : 원 위의 두 점을 이은 선분이 원의 중심을 지날 때, 이 선분 ㄱㄴ을 원의 지름이라고 한다.

- 원의 지름의 성질

1) 원의 지름은 원을 똑같이 둘로 나눈다.

2) 한 원에서 지름의 길이는 모두 같다.

3) 한 원 안에 지름은 수없이 많이 그릴 수 있다.

초등 4학년

각도

• 각도 : 각의 크기

   1도 : 직각을 똑같이 90으로 나눈 하나. 1°라고도 쓴다.

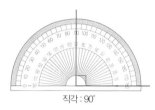

직각 : 90°

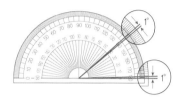

예각, 둔각

• 예각 : 크기가 0° 보다 크고 직각보다 작은 각
• 둔각 : 크기가 직각보다 크고 180° 보다 작은 각

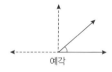

예각

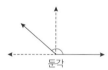

둔각

삼각형의 세 각, 사각형의 네 각의 크기의 합

삼각형의 세 각의 크기의 합 = 180°

사각형의 네 각의 크기의 합 = 360°

① 학년별 도형 개념

초등 4학년

█ 예각삼각형, 둔각삼각형

- 직각삼각형 : 한 각이 직각인 삼각형
- 예각삼각형 : 세 각이 모두 예각인 삼각형
- 둔각삼각형 : 한 각이 둔각인 삼각형

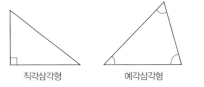

직각삼각형   예각삼각형   둔각삼각형

█ 이등변삼각형, 정삼각형

• 이등변삼각형 : 두 변의 길이가 같은 삼각형 　– 이등변삼각형의 성질: 두 각의 크기가 같다.	• 정삼각형 : 세 변의 길이가 같은 삼각형 　– 정삼각형의 성질: 세 각의 크기가 모두 같다.

█ 수직과 평행

- 수직 : 두 직선이 만나서 이루는 각이 직각일 때, 두 직선은 서로 수직이라고 한다.
- 수선 : 두 직선이 수직으로 만나면 한 직선을 다른 직선에 대한 수선이라고 한다.

• 평행 : 서로 만나지 않는 두 직선
• 평행선 : 평행인 두 직선

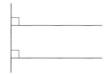

• 평행선 사이의 거리 : 평행선의 한 직선에서 다른 직선에 수선을 그었을 때 이 수선의 길이

① 학년별 도형 개념

초등 4학년

▌사각형

• 사다리꼴 : 마주 보는 한 쌍의 변이 서로 평행인 사각형

• 평행사변형 : 마주 보는 두 쌍의 변이 서로 평행인 사각형

- 평행사변형의 성질
1) 마주 보는 변의 길이가 같다.
2) 마주 보는 각의 크기가 같다.

• 마름모 : 네 변의 길이가 모두 같은 사각형

- 마름모의 성질
1) 네 변의 길이가 모두 같다.
2) 마주 보는 두 쌍의 변이 서로 평행하다.
3) 마주 보는 각의 크기가 같다.

• 직사각형 : 네 각이 모두 직각인 사각형

- 직사각형의 성질
1) 마주 보는 두 쌍의 변이 서로 평행하다.
2) 마주 보는 변의 길이가 같다.
3) 마주 보는 각의 크기가 같다.

· 한 쌍의 변이 서로 평행
(직사각형 = 사다리꼴)
· 두 쌍의 변이 서로 평행
(직사각형 = 평행사변형)

• 정사각형 : 네 각이 모두 직각이고, 네 변의 길이가 모두 같은 사각형

- 정사각형의 성질
1) 마주 보는 두 쌍의 변이 서로 평행하다.
2) 네 변의 길이가 모두 같다.
3) 네 각의 크기가 모두 같다.

· 네 변의 길이가 같다
(정사각형 = 마름모)
· 네 각이 모두 직각
(정사각형 = 직사각형)

▍사각형 사이의 관계

▍다각형과 대각선

- 다각형 : 선분으로만 둘러싸인 도형 (변이 3개면 삼각형, 변이 4개면 사각형, 변이 5개면 오각형 등으로 부른다.)
- 정다각형 : 변의 길이가 모두 같고 각의 크기가 모두 같은 다각형

- 대각선 : 다각형에서 선분 ㄱㄷ, 선분 ㄴㄹ과 같이 이웃하지 않은 두 꼭짓점을 이은 선분

초등 5학년

직육면체, 정육면체

• 직육면체 : 직사각형 모양의 면 6개로 둘러싸인 도형

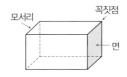

- 직육면체의 성질

1) 직육면체에서 서로 마주 보는 면은 평행하다.

2) 직육면체에서 서로 만나는 면은 수직이다.

면 : 네모 상자 모양에서 선분으로 둘러싸인 부분

모서리 : 면과 면이 만나는 선분

꼭짓점 : 모서리와 모서리가 만나는 점

• 직육면체의 겨냥도 : 직육면체의 모양을 잘 알 수 있도록 하기 위하여 보이는 모서리는 실선으로 그리고, 보이지 않는 모서리는 점선으로 그린 것

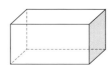

• 직육면체의 전개도 : 직육면체를 펼쳐서 잘리지 않는 모서리는 점선, 잘린 모서리는 실선으로 나타낸 것

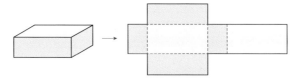

• 정육면체 : 정사각형 모양의 면 6개로 둘러싸인 도형 (정사각형은 직사각형에 포함되므로 정육면체는 직육면체에 포함된다.)

※ 직육면체/정육면체에서 면의 모양과 수

구분	면의 수	모서리의 수	꼭짓점의 수
직육면체	6	12	8
정육면체	6	12	8

도형의 합동

• 합동 : 모양과 크기가 같아서 포개었을 때, 완전히 겹쳐지는 두 도형
• 대응점, 대응변, 대응각 : 합동인 두 도형을 완전히 포개었을 때 겹쳐지는 꼭 짓점, 변, 각

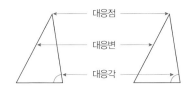

- 합동인 도형의 성질
1) 합동인 도형에서 대응변의 길이는 서로 같다.
2) 합동인 도형에서 대응각의 크기는 서로 같다.

- 합동인 삼각형을 그릴 수 있는 조건
1) 세 변의 길이를 알 때
2) 두 변의 길이와 그 사이에 있는 각의 크기를 알 때
3) 한 변의 길이와 그 양 끝각의 크기를 알 때

① 학년별 도형 개념

초등 5학년

▌ 선대칭도형

- 선대칭도형 : 한 직선을 따라 접어서 완전히 겹쳐지는 도형

대칭축

- 선대칭도형의 성질
1) 선대칭도형에서 대응변의 길이와 대응각의 크기는 각각 같다.
2) 선대칭도형에서 대응점을 이은 선분은 대칭축과 수직으로 만난다.
3) 선대칭도형에서 대칭축은 대응점을 이등분하므로 각각의 대응점에서 대 칭축까지의 거리는 같다.

▌ 점대칭도형

- 점대칭도형 : 한 도형을 어떤 점을 중심으로 $180°$ 돌렸을 때 처음 도형과 완 전히 겹치는 도형

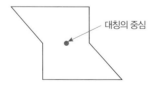

대칭의 중심

- 점대칭도형의 성질
1) 점대칭도형에서 대응변의 길이와 대응각의 크기는 각각 같다.
2) 점대칭도형에서 대칭의 중심은 대응점끼리 이은 선분을 이등분하므로 각 각의 대응점에서 대칭의 중심까지의 거리는 같다.

초등 6학년

▌각기둥

• 각기둥 : 위아래에 있는 면이 서로 평행이고 합동인 다각형으로 이루어진 입체도형

1) 밑면 : 각기둥에서 서로 평행하고 나머지 다른 면에 수직인 두 면

2) 옆면 : 각기둥에서 밑면에 수직인 면

3) 모서리 : 면과 면이 만나는 선

4) 꼭짓점 : 모서리와 모서리가 만나는 점

5) 높이 : 두 밑면 사이의 거리

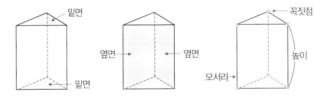

• 각 기둥의 이름 : 밑면의 모양에 따라 삼각기둥, 사각기둥, 오각기둥…… 이라고 한다.

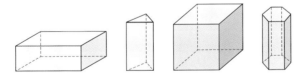

• 삼각기둥의 전개도

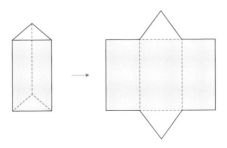

초등 6학년

▌ 각뿔

- 각뿔 : 밑면이 다각형이고, 옆면이 삼각형으로 둘러싸인 입체도형

  1) 밑면 : 밑에 있는 면

  2) 옆면 : 옆으로 둘러싸인 면

  3) 모서리 : 면과 면이 만나는 선

  4) 꼭짓점 : 모서리와 모서리가 만나는 점

  5) 각뿔의 꼭짓점 : 옆면을 이루는 모든 삼각형의 공통인 꼭짓점

  6) 높이 : 각뿔의 꼭짓점에서 밑면에 수직인 선분의 길이

  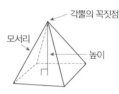

- 각 뿔의 이름 : 밑면의 모양에 따라 삼각뿔, 사각뿔, 오각뿔…… 이라고 한다.

- 각뿔의 전개도

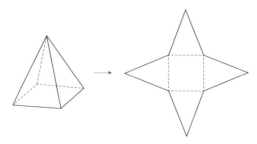

▌원기둥, 원뿔, 구

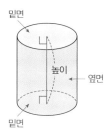

• 원기둥 : 둥근 기둥모양의 도형
  1) 밑면 : 서로 평행하고 합동인 두 면
  2) 옆면 : 옆을 둘러싼 굽은 면
  3) 높이 : 두 밑면에 수직인 선분의 길이

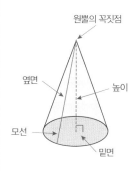

• 원뿔 : 둥근 뿔 모양의 도형
  1) 밑면 : 평평한 면
  2) 옆면 : 옆을 둘러싼 굽은 면
  3) 꼭짓점 : 원뿔의 뾰족한 점
  4) 모선 : 원뿔의 꼭짓점과 밑면인 원둘레
     의 한 점을 이은 선분
  5) 높이 : 원뿔의 꼭짓점에서 밑면에 수직
     인 선분의 길이

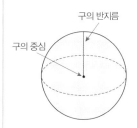

• 구 : 공 모양의 도형
  1) 구의 중심 : 구의 가장 안쪽에 있는 점
  2) 구의 반지름 : 구의 중심에서 표면의 한
     점을 잇는 선분

② 도형의 넓이

▌직사각형 넓이를 구할 수 있으면 넓이 구하기는 끝!

초등 수학교과서에서 각 도형의 넓이를 구하는 순서는 다음과 같습니다. 이 순서가 괜히 나온 게 아니에요. 왜 그런지 볼까요?

직사각형 → 정사각형 → 평행사변형 → 삼각형 ➡ 사다리꼴 → 마름모 ➡ 원

┗━━━━━━━━━━━ 초5 ━━━━━━━━━━━┛   초6

1. 너무나 쉬운 직사각형(정사각형)의 넓이

직사각형 넓이나, 정사각형 넓이나 똑같이 가로, 세로 곱하는 겁니다. 괜히 말만 조금 바꿔놓은 거죠.

(직사각형의 넓이) = (가로) × (세로)

(정사각형의 넓이) = (가로) × (세로) = (한 변의 길이) × (한 변의 길이)

2. 평행사변형도 직사각형의 넓이를 활용

평행사변형 넓이 구할 때 머리 아프게 공식 생각하려고 하지 마세요.
가위 들고 잘라서 직사각형을 만들면 되지, 우습잖아? 이렇게 생각하면 돼요.
'밑변과 높이를 곱한다'와 같은 말에 기죽지 마세요.
결국은 직사각형의 가로와 세로를 곱하는 거예요.

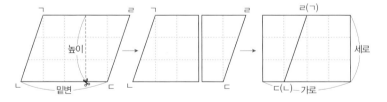

(평행사변형의 넓이) = (직사각형의 넓이) = (가로) × (세로) = (밑변) × (높이)

3. 삼각형은 평행사변형으로 생각

뭘 공식을 외워요. 똑같은 삼각형 2개를 돌려서 붙이면 평행사변형이 되거든요? 평행사변형은 직사각형처럼 가로, 세로 곱하는 건데 삼각형을 2개 붙였으니까 1개 넓이를 구하려면 당연히 2로 나누는 거지,라고 생각하면 되잖아요.

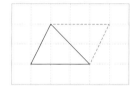 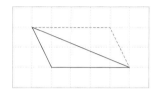

(삼각형의 넓이) = (평행사변형의 넓이) ÷ 2 = (밑변) × (높이) ÷ 2

※ 평행사변형으로 만들어 생각하는 것이 싫은 아이는 아래 그림을 그려주세요.

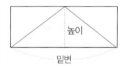

"삼각형 주위에 직사각형 그리고 가로, 세로 곱한 후 2로 나눈 것이 삼각형 넓이야"라고 말해주면 한방에 알아듣습니다.

(삼각형의 넓이) = (직사각형의 넓이) ÷ 2 = (밑변) × (높이) ÷ 2

★ 잊지 말아야 할 포인트!

아래 그림 한번 보세요. 삼각형과 평행사변형은 사촌지간이에요.
밑변과 높이가 같으면 어떻게 변형해도 넓이가 같답니다.

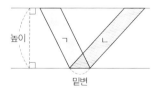 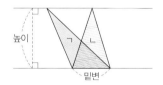

② 도형의 넓이

4. 사다리꼴, 또 직사각형 넓이

보통의 사다리꼴 2개를 붙이면 평행사변형이 된답니다. 평행사변형의 넓이는 결국 직사각형 면적과 같다고 했죠? 한 가지 더, 사다리꼴 넓이를 구할 때는 이 그림이 머리 속에 팍 떠오르면 됩니다. 왜 윗변과 아랫변을 더해야 하는지, 왜 2로 나누는지, 설명이 필요 없어집니다.

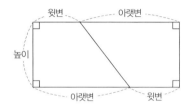

(사다리꼴의 넓이) = {(윗변 + 아랫변) × 높이} ÷ 2

5. 마름모, 역시 직사각형

마름모 주위로 직사각형 그림을 그리면 마름모의 넓이도 끝입니다.

마름모의 넓이를 구할 때 대각선끼리 곱하는 것은 각각의 대각선이 점선으로 된 직사각형의 가로, 세로이기 때문입니다. 2로 나누는 이유도 직사각형의 넓이가 마름모 넓이의 2배가 되니까 그런 거고요. 괜히 공식 외우느라 머리 싸매지 말고 그림을 떠올리자고요.

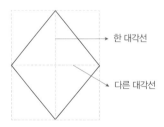

(마름모의 넓이) = (한 대각선) × (다른 대각선) ÷ 2

6. 원도 평행사변형의 넓이로 생각할 수 있다

원을 얇은 피자조각처럼 잘라 엇갈려 연결하면 평행사변형이 됩니다. 가만히 보세요. 반지름이 세로(높이), 원의 둘레의 반이 가로(밑변) 아닌가요? 아래 그림을 이해한다면 원의 넓이 공식은 쉽게 이해할 수 있습니다.

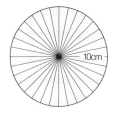 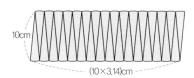

(원주) = (지름) × (원주율)

(원의 넓이) = (원주의 $\frac{1}{2}$) × (반지름)

= (지름) × (원주율) × $\frac{1}{2}$ × (반지름)

= (반지름) × (반지름) × (원주율)

※ 도형의 넓이 총정리

(직사각형의 넓이) = (가로) × (세로)

(정사각형의 넓이) = (한 변의 길이) × (한 변의 길이)

(평행사변형의 넓이) = (직사각형의 넓이) = (가로) × (세로) = (밑변) × (높이)

(삼각형의 넓이) = (평행사변형의 넓이) ÷ 2 = (밑변) × (높이) ÷ 2

(사다리꼴의 넓이) = {(윗변 + 아랫변) × 높이} ÷ 2

(마름모의 넓이) = (한 대각선) × (다른 대각선) ÷ 2

(원의 넓이) = (반지름) × (반지름) × (원주율)

③ 도형의 겉넓이와 부피

▌ 직육면체, 정육면체의 겉넓이

직육면체와 정육면체의 겉넓이는 전개도를 생각하면 쉽습니다.

직육면체의 겉넓이	정육면체의 겉넓이
= (여섯 면의 넓이의 합)	= (여섯 면의 넓이의 합)
= (합동인 세 면의 넓이의 합) × 2	= (한 면의 넓이의 합) × 6

▌ 직육면체, 정육면체의 부피

• 단위 부피의 이해

도형의 부피는 역시 단위부피를 기준으로 합니다. 아래처럼 가로, 세로, 높이
가 1cm인 쌓기나무의 부피를 $1cm^3$라 하고 기준을 삼는 거죠.

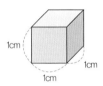

$2cm^3$라는 것은 $1cm^3$짜리 쌓기나무가 2개 있는 것이고, $3cm^3$라면 3개 있는
것이겠죠? 즉 쌓기나무의 개수만큼이 직육면체(사각기둥)의 부피가 되는 셈
입니다.

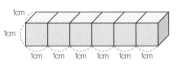

$1cm × 1cm × 2cm = 2cm^3$ $1cm × 1cm × 3cm = 3cm^3$ $1cm × 1cm × 6cm = 6cm^3$

• 직육면체와 정육면체의 부피

(직육면체의 부피) = (가로) × (세로) × (높이)

(정육면체의 부피) = (한 모서리) × (한 모서리) × (한 모서리)

원기둥의 겉넓이

원기둥의 겉넓이 역시 전개도를 생각하면 됩니다.

• 원기둥의 겉넓이
= (한 밑면의 넓이)×2 + (옆넓이)

원기둥의 부피

원의 넓이를 구할 때처럼 원기둥을 수직으로 여러 조각이 되게 잘라볼까요? 직육면체 모양이 된다는 것을 알 수 있습니다. 원주율을 3으로 생각하면 아래 그림처럼 됩니다.

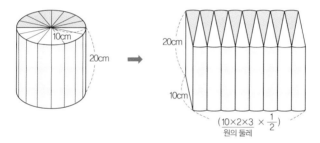

원기둥의 부피는 (반지름)×(원의 둘레)×½×(높이)가 되는 셈입니다.
원의 둘레는 (반지름)×2×(원주율)이므로
원기둥의 부피는 (반지름)×(반지름)×2×(원주율)×½×(높이)입니다.
정리하면 아래와 같습니다.

• 원기둥의 부피
= (반지름)×(반지름)×(원주율)×(높이)

④ 여러가지 단위 총정리

여러가지 단위 비교

	밀리(mili-) 1/1000	센티(centi-) 1/100	기본단위 1	헥토(hecto-) ×100	킬로(kilo-) ×1000
길이	1mm	1cm =10mm	1m =100cm =1000mm		1km =1000m
넓이		1cm² =1cm×1cm	1m² =1m×1m =100cm×100cm =10000cm²		1km² =1km×1km =1000m×1000m =1000000m² =100ha
넓은 면적			1a =10m×10m =100m²	1ha =100m×100m =10000m² =100a	
부피		1cm³ =1cm×1cm×1cm	1m³ =1m×1m×1m =100cm×100cm ×100cm =1000000cm³		
들이	1mL		1L =1000mL		
무게	1mg		1g =1000mg		1kg =1000g

길이

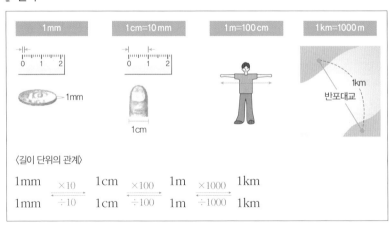

〈길이 단위의 관계〉

$$1mm \quad \xleftarrow[\div 10]{\times 10} \quad 1cm \quad \xleftarrow[\div 100]{\times 100} \quad 1m \quad \xleftarrow[\div 1000]{\times 1000} \quad 1km$$

넓이와 면적

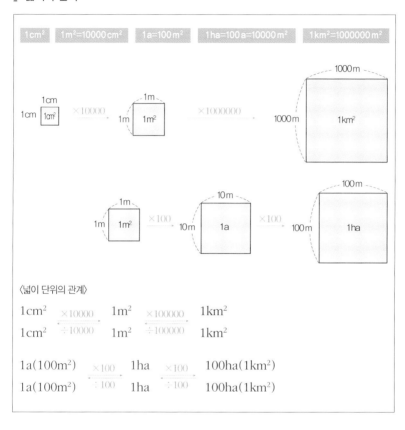

| 1cm² | 1m²=10000cm² | 1a=100m² | 1ha=100a=10000m² | 1km²=1000000m² |

〈넓이 단위의 관계〉

$1\text{cm}^2 \xrightarrow{\times 10000} 1\text{m}^2 \xrightarrow{\times 100000} 1\text{km}^2$

$1\text{cm}^2 \xleftarrow{\div 10000} 1\text{m}^2 \xleftarrow{\div 100000} 1\text{km}^2$

$1a(100\text{m}^2) \xrightarrow{\times 100} 1\text{ha} \xrightarrow{\times 100} 100\text{ha}(1\text{km}^2)$

$1a(100\text{m}^2) \xleftarrow{\div 100} 1\text{ha} \xleftarrow{\div 100} 100\text{ha}(1\text{km}^2)$

④ 여러가지 단위 총정리

▌ 부피와 들이

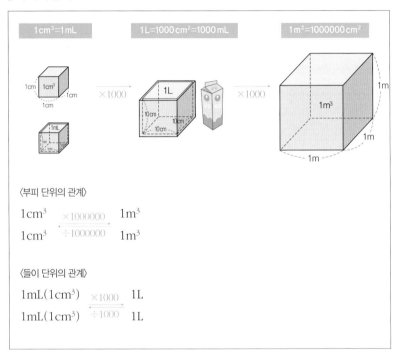

⟨부피 단위의 관계⟩

$1cm^3 \xrightarrow{\times 1000000} 1m^3$

$1cm^3 \xleftarrow{\div 1000000} 1m^3$

⟨들이 단위의 관계⟩

$1mL(1cm^3) \xrightarrow{\times 1000} 1L$

$1mL(1cm^3) \xleftarrow{\div 1000} 1L$

┃ 무게

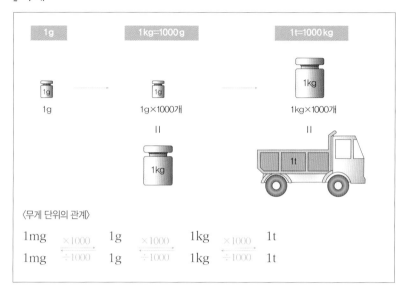

⟨무게 단위의 관계⟩

1mg	×1000 ⟶ ÷1000	1g	×1000 ⟶ ÷1000	1kg	×1000 ⟶ ÷1000	1t
1mg		1g		1kg		1t

┃ 시간

⟨시간 단위의 관계⟩

1초	×60 ⟶ ÷60	1분	×60 ⟶ ÷60	1시간	×24 ⟶ ÷24	1일	×7 ⟶ ÷7	1주일
1초		1분		1시간		1일		1주일

4

초1~고1 수학교과
연관단원 분석표

구분	초등학교					
	초1	초2	초3	초4	초5	초6
수	100까지의 수	네 자리까지의 수		큰 수	약수와 배수	
					약분과 통분	
연산과 문자식	덧셈과 뺄셈	덧셈과 뺄셈	곱셈과 나눗셈	자연수의 혼합계산	분수의 곱셈, 나눗셈	분수·소수 혼합계산
		곱셈구구		분수의 덧셈, 뺄셈	소수의 곱셈, 나눗셈	
				소수의 덧셈, 뺄셈		
규칙성과 함수	규칙 찾기	규칙 찾기		규칙과 대응		비와 비율
						비례식과 비례배분
						정비례와 반비례
						여러 가지 문제
도형	여러 가지 모양 (입체)	여러 가지 도형	평면도형	각도와 삼각형	직육면체	각기둥과 각뿔
	여러 가지 모양 (평면)		원	수직과 평행	합동과 대칭	쌓기나무
				다각형		원기둥, 원뿔, 구
측정	비교하기	길이 재기(개념)	시간(초)과 길이 (mm, km)	어림하기	다각형의 넓이	원의 넓이
	시계 보기	길이 재기 (cm, m)와 합차	들이와 무게 (ℓ, mℓ)		여러가지 단위	직육면체의 겉넓이, 부피
		시각과 시간 (시, 분)				
확률과 통계	사물 분류	표와 그래프		막대그래프	자료의 표현	비율그래프
				꺾은선 그래프		

구분	중학교			고등학교
	중1	중2	중3	고1 (수학1)
수	소인수분해	분수의 소수 표현	제곱근	
	최대공약수, 최소공배수와 활용	유리수와 순환소수	무리수와 실수	
연산과 문자식	일차식의 계산	다항식의 사칙계산	제곱근의 사칙연산	다항식의 연산
	방정식과 항등식	연립일차 방정식	인수분해	항등식과 나머지정리
	일차방정식의 개념과 활용	일차부등식	이차방정식	인수분해
		연립일차 부등식	이차방정식의 활용	복소수와 이차방정식
				여러 가지 방정식
				여러 가지 부등식
규칙성과 함수	함수의 그래프	일차함수와 그래프	이차함수와 그래프	이차방정식과 이차함수
		일차함수와 일차방정식	이차함수의 최댓값과 최솟값	
도형	점, 선, 면, 각, 평행선	삼각형, 사각형의 성질	피타고라스의 정리	평면좌표
	삼각형의 합동조건	도형의 닮음	삼각비	직선의 방정식
	다각형, 내각, 외각	삼각형의 닮음조건	원에서 현, 접선에 대한 성질	원의 방정식
	부채꼴의 넓이, 호의 길이	삼각형의 중점연결정리	원주각	도형의 이동
	원과 직선, 원의 위치관계	닮은도형의 넓이와 부피	원에 내접하는 사각형	부등식의 영역
	다면체, 회전체		원과 비례	
	입체도형의 겉넓이와 부피			
확률과 통계	도수분포표	경우의 수	대푯값, 산포도	
	상대도수와 그래프	확률		

② 2015 개정 교육과정

구분	초등학교		
	1~2학년군	3~4학년군	5~6학년군
수	네 자리 이하의 수	다섯 자리 이상의 수	약수와 배수
		분수	약분과 통분
		소수	분수와 소수의 관계
연산과 문자식	두 자리 수 범위의 덧셈과 뺄셈	세 자리 수의 덧셈과 뺄셈	자연수의 혼합계산
	곱셈	자연수의 곱셈과 나눗셈	분모가 다른 분수의 덧셈과 뺄셈
		분모가 같은 분수의 덧셈과 뺄셈	분수의 곱셈과 나눗셈
		소수의 덧셈과 뺄셈	소수의 곱셈과 나눗셈
규칙성과 함수	규칙찾기	규칙을 수나 식으로 나타내기	규칙과 대응
			비와 비율
			비례식과 비례배분
도형	평면도형의 모양	도형의 기초	합동
	평면도형과 그 구성요소	원의 구성 요소	대칭
	입체도형의 모양	여러 가지 삼각형	직육면체, 정육면체
		여러 가지 사각형	각기둥, 각뿔
		다각형	원기둥, 원뿔, 구
		평면도형의 이동	입체도형의 공간감각
측정	양의 비교	시간, 길이(mm, km)	원주율
	시각과 시간	들이와 무게	평면도형의 둘레, 넓이
	길이(cm, m)	각도	입체도형의 겉넓이, 부피
			수의 범위
			어림하기(올림, 버림, 반올림)
확률과 통계	분류하기	간단한 그림그래프	평균
	표	막대그래프	그림그래프
	O, X, /를 이용한 그래프	꺾은선그래프	띠그래프, 원그래프
			가능성

구분	중학교			고등학교
	중1	중2	중3	수학 (공통과목)
수	소인수분해	유리수와 순환소수	제곱근과 실수	집합
	정수와 유리수			명제
연산과 문자식	문자의 사용과 식의 계산	식의 계산	다항식의 곱셈과 인수분해	다항식의 연산
	일차방정식	일차부등식과 연립일차방정식	이차방정식	나머지 정리
				인수분해
				복소수와 이차방정식
				여러 가지 방정식과 부등식
규칙성과 함수	좌표평면과 그래프	일차함수와 그래프	이차함수와 그래프	이차방정식과 이차함수
		일차함수와 일차방정식의 관계		
도형	기본 도형	삼각형과 사각형의 성질	삼각비	평면좌표
	작도와 합동	도형의 닮음	원의 성질	직선의 방정식
	평면도형의 성질	피타고라스 정리		원의 방정식
	입체도형의 성질			도형의 이동
확률과 통계	자료의 정리와 해석	확률과 그 기본 성질	대푯값과 산포도	경우의 수
			상관관계	순열과 조합

5

출판사별
문제집

① 출판사별 초등수학 문제집

천재교육

구분	수학문제집 제목	출판사
초등/1단계	개념클릭 해법수학	천재교육
초등/1단계	1000 해법수학	천재교육
초등/1단계	에이스 해법수학	천재교육
초등/1단계	개념 수학 리더– 기초 개념 (구: 개념 뿌리뽑기 수학)	천재교육
초등/2단계	2000 해법수학	천재교육
초등/2단계	우등생 해법수학	천재교육
초등/2단계	스토리텔링 해법수학	천재교육
초등/2단계	베스트 해법 수학	천재교육
초등/3단계	응용 해결의 법칙 일등수학 (구: 일등 해법수학)	천재교육
초등/3단계	응용 수학리더–실력응용 (구: 챌린지 해법수학)	천재교육
초등/3단계	스토리텔링 통합교과 수학 문제집	천재교육
초등/4단계	최고수준 수학	천재교육
초등/도형/1단계	도형박사	천재교육
초등/유형/2단계	셀파 해법 수학	천재교육
초등/유형/2단계	3000 해법수학 실력	천재교육

개념원리

구분	수학문제집 제목	출판사
초등/1단계	개념원리 쌩큐 초등수학 기본서	개념원리
초등/유형/2단계	개념원리 문제 기본서 RPM	개념원리

디딤돌

구분	수학문제집 제목	출판사
초등/1단계	디딤돌 초등수학 원리	디딤돌
초등/2단계	디딤돌 초등수학 기본	디딤돌
초등/2단계	디딤돌 스토리텔링 수학	디딤돌
초등/3단계	디딤돌 초등수학 응용	디딤돌
초등/3단계	디딤돌 초등수학 기본+응용	디딤돌
초등/4단계	최상위 초등수학	디딤돌
초등/연산/2단계	최상위 연산 수학	디딤돌
초등/서술형 · 문장제/2단계	초등 톡 서술형	디딤돌
초등/유형/3단계	디딤돌 초등수학 문제유형	디딤돌

비상교육

구분	수학문제집 제목	출판사
초등/1단계	개념+유형 교과서 개념잡기 초등수학	비상교육
초등/2단계	개념+유형 라이트 초등수학	비상교육
초등/2단계	완자 초등수학	비상교육
초등/2단계	개념+유형 초등수학	비상교육
초등/2단계	스토리텔링 수학 문제집	비상교육
초등/3단계	개념+유형 파워 초등수학	비상교육
초등/유형/3단계	개념+유형 오답 잡는 문제집	비상교육

① 출판사별 초등수학 문제집

동아출판

구분	수학문제집 제목	출판사
초등/1단계	개념잡는 큐브수학	동아출판
초등/2단계	동아 백점 맞는 수학	동아출판
초등/2단계	동아 백점 맞는 단원평가 문제집	동아출판
초등/3단계	차이를 만드는 시간 수학	동아출판
초등/유형/2단계	유형잡는 큐브수학	동아출판
초등/사고력/5단계	융합 사고력수학 기초사고	동아출판

좋은책신사고

구분	수학문제집 제목	출판사
초등/1단계	우공비 자습서 수학	좋은책신사고
초등/2단계	우공비 문제짱 초등수학	좋은책신사고
초등/2단계	우공비 초등수학	좋은책신사고
초등/5단계	High 쎈 초등수학	좋은책신사고
초등/연산/1단계	쎈연산	좋은책신사고
초등/유형/3단계	쎈 수학 (초등)	좋은책신사고

시매쓰

구분	수학문제집 제목	출판사
초등/2단계	생각수학 1031 개념서	시매쓰
초등/3단계	생각수학 1031 문제서	시매쓰
초등/연산/1단계	이것이 연산이다	시매쓰
초등/연산/3단계	상위권 연산 960	시매쓰
초등/도형/3단계	상위권수학 960 도형편	시매쓰

에듀왕

구분	수학문제집 제목	출판사
초등/1단계	원리 왕수학	에듀왕
초등/2단계	포인트 왕수학 기본편	에듀왕
초등/3단계	포인트 왕수학 실력편	에듀왕
초등/4단계	점프 왕수학	에듀왕
초등/서술형 · 문장제/3단계	꼭 알아야 할 수학 문장제	에듀왕

① 출판사별 초등수학 문제집

길벗스쿨

구분	수학문제집 제목	출판사
초등/1단계	기적의 초등 수학	길벗스쿨
초등/연산/1단계	New 기적의 계산법	길벗스쿨
초등/도형/1단계	기적의 도형 계산법	길벗스쿨
초등/서술형 · 문장제/2단계	기적의 수학 문장제	길벗스쿨

매스티안

구분	수학문제집 제목	출판사
초등/연산/2단계	사고력을 키우는 팩토연산	매스티안
초등/사고력/3단계	초등 창의사고력 수학 팩토 원리	매스티안
초등/사고력/4단계	초등 창의사고력 수학 팩토 탐구	매스티안

메가북스

구분	수학문제집 제목	출판사
초등/1단계	메가스터디 개념수학	메가북스
초등/연산/2단계	메가 계산력	메가북스

구분	수학문제집 제목	출판사
초등/연산/2단계	하루 한장 쏙셈	미래엔
초등/서술형 · 문장제/3단계	문제핵결의 길잡이 원리	미래엔
초등/서술형 · 문장제/4단계	문제핵결의 길잡이 심화	미래엔

와이즈만북스

구분	수학문제집 제목	출판사
초등/사고력/2단계	즐깨감 기본편 시리즈	와이즈만북스
초등/사고력/5단계	창문 플러스 수학	와이즈만북스

기타 출판사

구분	수학문제집 제목	출판사
초등/1단계	EBS 초등 만점왕 수학	EBS
초등/연산/1단계	기탄수학	기탄교육
초등/연산/1단계	원리셈	천종현수학연구소
초등/연산/1단계	바쁜 초등을 위한 빠른 연산법	이지스퍼블리싱
초등/연산/2단계	소마셈	소마

② 출판사별 중등수학 문제집

구분	수학문제집 제목	출판사
중등/1단계	체크체크 개념수학	천재교육
중등/1단계	셀파 수준별 중학 수학 기본편	천재교육
중등/2단계	셀파 해법수학	천재교육
중등/2단계	셀파 수준별 중학 수학 실력편	천재교육
중등/4단계	최고수준 해법수학	천재교육
중등/연산 · 도형/1단계	체크체크 더블클릭 수학	천재교육
중등/유형/2단계	다문항 2000	천재교육
중등/유형/3단계	체크체크 유형 마스터	천재교육
중등/내신/2단계	올인 수학	천재교육

구분	수학문제집 제목	출판사
중등/3단계	에이급 원리해설 중학수학	에이급
중등/4단계	에이급 수학	에이급

구분	수학문제집 제목	출판사
중등/1단계	개념+유형 중학수학 기초탄탄 라이트	비상교육
중등/1단계	완자 중등수학	비상교육
중등/2단계	개념+유형 중등수학 실력향상 파워	비상교육
중등/3단계	개념+유형 중학수학 최고수준 탑	비상교육
중등/4단계	최고득점수학	비상교육
중등/5단계	수학의 신 중등수학	비상교육
중등/유형/2단계	유형 아작 중등수학	비상교육
중등/내신/1단계	내공의 힘	비상교육

좋은책신사고

구분	수학문제집 제목	출판사
중등/2단계	신사고 우공비 중등수학	좋은책신사고
중등/2단계	개념 쎈 중등수학	좋은책신사고
중등/2단계	신사고 우공비 Q 중등수학 표준편	좋은책신사고
중등/4단계	일품 중등수학	좋은책신사고
중등/4단계	신사고 우공비 Q 중등수학 발전편	좋은책신사고
중등/유형/2단계	라이트 쎈 중등수학	좋은책신사고
중등/유형/3단계	신사고 SSEN 쎈 중등수학	좋은책신사고

② 출판사별 중등수학 문제집

수경

구분	수학문제집 제목	출판사
중등/2단계	DMZ 수학	수경
중등/2단계	자이스토리	수경
중등/3단계	중등 일등급 수학	수경
중등/연산·도형/1단계	수력충전	수경

개념원리

구분	수학문제집 제목	출판사
중등/1단계	개념원리 GO단수	개념원리
중등/2단계	개념원리 중학수학	개념원리
중등/유형/1단계	개념원리 문제 기본서 RPM	개념원리

디딤돌

구분	수학문제집 제목	출판사
중등/1단계	투탑 수학	디딤돌
중등/4단계	중등 최상위 수학	디딤돌
중등/유형/3단계	최상위수학 라이트: 문제유형바이블	디딤돌

꿈을담는틀

구분	수학문제집 제목	출판사
중등/1단계	중학수학의 모든 것 표준편	꿈을담는틀
중등/2단계	중학수학의 모든 것 유형완성 발전편	꿈을담는틀

동아출판

구분	수학문제집 제목	출판사
중등/1단계	일등예감 중학수학	동아출판
중등/내신/1단계	기적내신 수학특강	동아출판

길벗스쿨 / 이지스에듀

구분	수학문제집 제목	출판사
중등/연산 · 도형/1단계	기적의 중학 연산	길벗스쿨
중등/연산 · 도형/1단계	기적의 중학 도형	길벗스쿨
중등/연산 · 도형/1단계	바쁜 중등을 위한 빠른 중학연산	이지스에듀
중등/연산 · 도형/1단계	바쁜 중등을 위한 빠른 중학도형	이지스에듀

이룸E&B

구분	수학문제집 제목	출판사
중등/1단계	숨마쿰라우데 중학수학 개념기본서	이룸E&B
중등/유형/2단계	숨마쿰라우데 중학수학 실전문제집	이룸E&B

지학사

구분	수학문제집 제목	출판사
중등/5단계	하이라이트 고난도 수학	지학사
중등/유형/2단계	풍산자 필수유형 중학수학	지학사

기타 출판사

구분	수학문제집 제목	출판사
중등/1단계	올리드 중등수학	미래엔
중등/2단계	수학의 바이블 중학수학	이투스교육
중등/2단계	이유 있는 수학 개념유형 중등수학	YBM솔루션
중등/4단계	하이레벨 중학수학	하이레벨
중등/4단계	블랙라벨 중학수학	진학사(블랙박스)
중등/유형/1단계	엠베스트 민정범의 유형학습 중 수학	메가북스
중등/유형/2단계	문제은행 3000제 꿀꺽 수학	수학은국력
중등/내신/2단계	절대공감 내신up	에듀왕